Law and Economics of International Telecommunications

Under the Auspices of the
Max Planck Institute for Foreign and International Private Law
edited by Prof. Ernst-Joachim Mestmäcker
and Prof. Christoph Engel

Volume 48

Dr. Christoph Fiedler

Meinungsfreiheit in einer vernetzten Welt

Staatliche Inhaltskontrolle, gesetzliche Providerhaftung und die Inhaltsneutralität des Internet

Nomos Verlagsgesellschaft
Baden-Baden

Die Deutsche Bibliothek – CIP-Einheitsaufnahme

Ein Titeldatensatz für diese Publikation ist bei
Der Deutschen Bibliothek erhältlich. (http://www.ddb.de)

ISBN 3-7890-7997-9

ISSN 0935-0624

1. Auflage 2002

Zur Orientierung

Wechselnde Tagesaktualitäten, oftmals unübersichtliche Sachverhalte und andere Erkenntnishindernisse verstellen vielfach den Blick auf Grundlagen Neuer Medien und behindern ihre angemessene juristische Bewertung. So finden der Charakter der Computernetze als Äußerungsweg und die damit verbundenen freiheitsrechtlichen Anforderungen an Inhaltskontrollen auf diesem Weg zur Zeit zu wenig Beachtung. Dennoch sollte sich in freiheitlich-demokratischen Gesellschaften die Erkenntnis durchsetzen, daß Äußerungsrechte wesentliche Strukturelemente für Organisation und Verfahren von Inhaltskontrolle in öffentlichen Datennetzen sind. Schlagwortartig kann von der *Inhaltsgleichgültigkeit der Vermittlungsnetze als Inhalt der Äußerungsfreiheit* gesprochen werden. En detail handelt es sich um konkrete Aussagen unterhalb des Abstraktionsgrades eines unausgefüllten Verhältnismäßigkeitserfordernisses. Sie betreffen der Tradition gemäß zunächst die Inhaltskontrolle staatlicher Stellen auf verwaltungs- wie strafrechtlicher Grundlage. Daneben und darüber hinaus kristallisiert sich mit medienspezifischer Brisanz und historischer Tragweite die Frage heraus, inwieweit Äußerungsinteressen auf Verpflichtung zur Kontrolle und Unterbindung von Drittäußerungen einwirken, die Internet-Providern im Wege zivil- oder strafgesetzlicher Inhaltshaftung auferlegt werden. Bei alldem ist es kein Nachteil, wenn die zur Erhaltung kommunikativer Freiheit nötigen Anforderungen bislang weithin auch ohne Durchgriff auf verfassungskräftige oder europäische Grundrechtsgarantien den hinreichend unbestimmten einfachen Gesetzen bzw. europäischen Sekundärrechtsnormen mit den Bordmitteln einfachgesetzlicher Auslegung entnommen werden können.

Inhaltsverzeichnis

I. Einleitung oder Problem- und Lösungsaufriß mit 12 Thesen

Im folgenden wird aus der Sicht der Äußerungsfreiheit nachgefragt, wer in welchen Verfahren Äußerungen in Computernetzwerken als inhaltlich rechtswidrig einstufen und deshalb unterbinden darf. Auf den ersten Blick mag es sich dabei nur um ein Randproblem der „Informationsordnung“ handeln, die die „Informationsgesellschaft“ sich mit Multimediagesetzen[1], einer E-Commerce-Richtlinie (ECRiLi)[2], TRIPS[3], Strafgesetzbuch, Bürgerlichem Gesetzbuch, Markengesetz, Urheberrechtsgesetz, einer Urheberrechts-Richtlinie (UrhRiLi)[4] usf. vielleicht schon gegeben hat oder noch geben wird. So finden sich weitgreifende Thematisierungen etwa „Öffentlich-rechtliche[r] Rahmenbedingungen einer Informationsordnung“[5] ebenso wie gesetzesscharfe Untersuchungen der Multimediarelevanz alter und neuer Gesetze[6], die allesamt wichtige Felder bearbeiten, ohne der Frage nach dem Schutz der per Datenpaket verschickten Äußerung gegen Organisation und Verfahren inhaltsbezogener Verbreitungsunterbindung viel Platz einzuräumen. Und wo Inhaltskontrolle explizit vorkommt, läßt sich eine gewisse Tendenz verzeichnen, der Kontrolle durch Datenverbreiter und ihrer Verantwortung für die Äußerungen anderer viel, der Äußerungsfreiheit der anderen hingegen wenig Aufmerksamkeit zu schenken. Gleichwohl ist zu zeigen, wie die zum Zwecke der Verbreitungsunterbindung zulässigen Verfahren über wesentliche Teile der Äußerungsfreiheit und so über einen zentralen Baustein jeder Kommunikationsordnung entscheiden. Sodann gilt es zu erkennen, daß diese Problematik für computernetzgestützte Äußerungen besonders relevant ist und daß Äußerungsgrundrechte, in der Regel aber auch schon der einfachgesetzliche Äußerungsschutz in einigen Punkten klare Strukturen für Äußerungswillige, Staat, Provider und Kommunikationsopfer schaffen.

Schwierigkeiten ergeben sich für ein solches Unterfangen vor allem aus einer Mehrzahl nicht logisch-planvoll, sondern eher zufällig-historisch miteinander verwobener Entwicklungslinien rechtlicher, verfassungsrechtlicher, außerrechtlich-gesellschaftlicher und technischer Natur. Ihr oft nur zwischen den Zeilen sichtbares Wirken verstellt leicht

---

1 Informations- und Kommunikationsdienstegesetz (IuKDG) v. 22.7.1997 (BGBl. I 1870), insbes. dessen Art. 1, das Teledienstegesetz (TDG), dieses zuletzt geändert durch das Elektronischer Geschäftsverkehr-Gesetz (EGG) v. 14.1.2001 (BGBl. I 3721), sowie der Mediendienstestaatsvertrag der Länder (MDStV) v. 20.1./12.2.1997 (etwa GV NW S. 158).

2 Richtlinie 2000/31/EG des Europäischen Parlaments und des Rates v. 8.6.2000 über bestimmte rechtliche Aspekte der Dienste der Informationsgesellschaft, insbesondere des elektronischen Geschäftsverkehrs, im Binnenmarkt (Abl. L 178 v. 17.7.2000, S. 1). Ihrer Umsetzung dient das EGG (Fn. 1).

3 General Agreement on Trade-Related Intellectual Property Rights (bspw. International Legal Materials, 33 [1994], S. 81).

4 Richtlinie 2001/29/EG des Europäischen Parlaments und des Rates vom 22. Mai 2001 zur Harmonisierung bestimmter Aspekte des Urheberrechts und der verwandten Schutzrechte in der Informationsgesellschaft (Abl. L 167 v. 22.6.2001, S. 10).

5 So der 2. Beratungsgegenstand der Tagung der Vereinigung der Deutschen Staatsrechtslehrer 1997, vgl. VVDStRL 57 (1998), 158 ff.

6 Als Beispiele *Freytag*, Haftung im Netz – Verantwortlichkeit für Urheber-, Marken- und Wettbewerbsrechtsverletzungen nach § 5 TDG und § 5 MDStV, 1999; *Sieber*, Verantwortlichkeit im Internet – Technische Kontrollmöglichkeiten und multimediarechtliche Regelungen, 1999; *Pankoke,* Von der Presse- zur Providerhaftung, 2000.

den Blick auf den Sachverhalt „Äußerungsfreiheit und Inhaltskontrollverfahren in Computernetzen". Um der Mehrschichtigkeit der Problematik gerecht werden zu können, müssen einzelne Stränge erkannt und verfolgt werden; um den Überblick trotz verwikkelter und zuweilen unterschwelliger Zusammenhänge zu behalten, scheint es sinnvoll, vorab einige Sinnschneisen zu schlagen und die hier vorgeschlagene Sichtweise in groben Zügen zu skizzieren.

1. *Der Äußernde, weder der Rezipient noch der Verbreiter steht im Mittelpunkt.* Das Internet ist nicht als Mittel des Zugangs zahlloser Empfänger zu unübersehbaren Informationsmassen, sondern als Äußerungsmöglichkeit für den Einzelnen zu begreifen. Insbesondere sollten Versuche, das Inhaltskontrollrecht um Zugangs-, Hostprovider oder andere Techniklieferanten herum zu zentrieren, ebenso aufgegeben werden wie sich das Recht pressemäßiger Äußerung nicht in einem Recht der Drucker, Transportunternehmer, Buchhändler, Zeitungsträger etc. erschöpfen kann.

2. *Jede gesetzlich geforderte Unterbindung fremder Äußerungen ist auch ein Äußerungsfreiheitsproblem.* Hoheitliche Löschungsverfügungen, Filtergebote und andere Verbreitungsunterbindungen, aber auch die im Wege straf- oder zivilgesetzlicher Inhaltshaftung technischen Verbreitern auferlegte Kontrolle und Unterbindung fremder Äußerungen sind auch als Problem der Freiheit der Äußerung und des Äußernden zu fassen.[7] Das gilt einfachrechtlich unabhängig von der Reichweite der Äußerungsfreiheit als Grundrechtsgut.

3. *Besonderer Schutz des Äußerungswegs Internet.* Insbesondere mit seiner derzeit dominierenden Anwendungsmöglichkeit, dem WorldWideWeb, ermöglicht es das Internet erstmalig fast jedermann, zu geringen Kosten technisch weitreichend und nachhaltig Texte, Bilder und anderes zu veröffentlichen, ohne geistige Verbreiter wie Verleger etc. einschalten zu müssen. Als *billige, technisch weitreichende* und *verbreiter- oder mittlerlose* Möglichkeit des Einzelnen zur Veröffentlichung von Texten und Bildern genießt die Internet-Äußerung höchsten Freiheitsschutz, der demjenigen pressemäßiger Äußerung zumindest gleichkommt.

4. *Irrelevanz der Auslandsleitungen für den Freiheitsschutz der Inlandsäußerung.* Sollten von ausländischen (außereuropäischen) Rechnern an inländische (innereuropäische) Empfänger versandte Äußerungen geringeren oder keinen inländischen (europäischen) Freiheitsschutz genießen und dürfte deshalb der Datenpaketimport intensiveren Inhaltskontrollen ausgesetzt werden, *ergäbe sich daraus keine Legitimation zur Absenkung des Schutzes der von inländischen Rechnern versandten Äußerungen.* Jede verschärfte Kontrolle oder Haftung müßte auf den Betrieb genau derjenigen Vermittlungsrechner im Internet begrenzt bleiben, die über Auslandsleitungen verfügen.

5. *Keine natürliche Äußerungsfreiheit im Internet.* Trotz gegenteiliger Kolportage ist das Internet nicht auf faktisch kontrollresistente Computertechnik festgelegt, die quasinaturgesetzlich normative Äußerungsfreiheit erzwingt. Vielmehr erlauben Computernetze wie das Internet beispiellos effektive Inhaltskontrollverfahren und *verschärfen* so die Bedeutung der *Entscheidung* für oder gegen Äußerungsfreiheit statt Recht, Politik

7 Zur staatlichen Kontrolle vor allem S. 62 ff. (V. und VI.), zur gesetzlichen Inhaltshaftung S. 91 ff. (VII. und VIII.). Beachte zum Verhältnis beider zueinander noch S. 62 f. (V., vor 1.).

und Gesellschaft nolens volens die Verantwortung abzunehmen. Internet-Äußerungen sind zwar weder von geistigen noch von technischen *Verbreitern der Äußerung als solcher* abhängig. Wohl aber ist jeder einzelne Äußerungsversand auf die Datentransportinfrastruktur Internet angewiesen, die in Gestalt der (anderen) am Internet beteiligten Vermittlungsnetze Datenpakete beliebigen Inhalts und für beliebige Anwendungen zwischen den jeweiligen Quell- und Empfängerrechnern transportiert. Der Quellrechner des Äußernden zerstückelt die Äußerungsdatei, verpackt die Datenportionen in Datenpakete, versieht sie mit der Rechneradresse des Empfängers und schickt sie los. Hinter der Grenze seines Rechners und ggf. seines Internet-Teilnetzes benötigt der Äußernde die Betreiber der (anderen) Internet-Teilnetze als *technische Verbreiter der Datenpakete.* Bei diesen Zugangsprovidern und anderen Vermittlungsnetzbetreibern kann Inhaltskontrolle als staatliche oder in der Form der Haftung des Verbreiters für den Inhalt der von fremden Rechnern stammenden oder an diese versandten Datenpakete ansetzen, *wird sie nur gewollt.* Verschickt der Äußernde seine Dateien hingegen nicht vom eigenen, sondern vom Rechner *eines anderen,* ist Kontrolle zusätzlich bei diesem Server-, Host- oder Hostingprovider möglich.

6. *Suche nach solventen Inhaltsverantwortlichen.* Die technische Kontrollmöglichkeit wird um eine Neuausrichtung der Inhaltskontrollinteressen ergänzt, die sich im Internet erstmalig auf eine Inanspruchnahme eher technischer Verbreiter konzentrieren. Denn mit dem Erfordernis inhaltsbeteiligter und in diesem Sinne geistiger Verbreiter wie Verleger etc. entfallen auch professionelle Inhaltsfilter sowie solvente Schuldner für inhaltsbezogene Ansprüche. Nur die Vergeistigung technischer Verbreiter wie Server- oder Zugangsprovider könnte dann noch den mühseligen oder gar erfolglos scheinenden Gang zum Äußernden vermeiden.

7. *Defizite spezifisch internetrelevanter Elemente des allgemeinen Äußerungsrechts.* Angesichts besonderer Relevanz sowohl der Inhaltskontrolle im Internet als auch der Internet-Äußerung erweist es sich als mißlich, dass die entsprechende Freiheit der Äußerung von Inhaltskontrollverfahren im Bereich klassischer Medien seit einiger Zeit vernachlässigt wird und deshalb nicht ohne weiteres mit klaren Strukturen zur Verfügung steht. Für die klassischen Medien hat dies jedoch aufgrund einfachrechtlicher Sicherungen bzw. abweichender tatsächlicher Strukturen und insoweit geringerer Relevanz der Kontrolle weniger gravierende Folgen.

8. *Staatliche Verbreitungsunterbindung.* Staatliche inhaltsbezogene Verbreitungsunterbindung wird im Internet wie außerhalb durch den Grundrechtsschutz einer formalen Seite der Äußerungsfreiheit eng begrenzt. Schutzgut ist die regelmäßige Freiheit der Äußerung von anderer als nachträglicher, öffentlicher, gerichtsförmiger und ahndungsakzessorischer inhaltsbezogener Verbreitungsunterbindung. Im Ergebnis dürfte die hoheitliche Unterbindung der auf Inlandsrechnern gespeicherten Äußerungen im Wesentlichen auf dateischarfe, ahndungsakzessorische Maßnahmen gegen den Quellrechner respektive dessen Betreiber beschränkt sein.

9. *Keinerlei Inhaltsverantwortung der Vermittlungsnetze.* Die gesetzliche Inhaltshaftung technischer Verbreiter wird als Zwang zu entsprechender *Kontrolle und Unterbindung der Äußerungen Dritter* zu einem Problem der Äußerungsfreiheit und stößt auf rechtliche Grenzen, wenn die Zurechnung fremder Inhalte keinen hinreichenden Grund

in der Tätigkeit des Verbreiters mehr findet. Einerseits sind typischerweise mit Inhaltseinfluß ausgestattete geistige Verbreiter wie Herausgeber oder Verleger auch im Netz ganz natürlich in einem ihrer Rolle entsprechenden Umfang verantwortlich. Ebenso können inhaltsfernere, typischerweise aber noch über minimalen Inhaltsbezug verfügende Tätigkeiten wie der Buch- oder Videoverkauf oder die Einräumung von Speicherplatz auf dem selbstgenutzten Rechner mit entsprechend eingeschränkter Inhaltsverantwortung belastet werden, die auch die nötige Inhaltskontrolle gegenüber den Äußernden trägt. Andererseits verlieren Inhaltshaftung wie -kontrolle mit der Ausdünnung des Inhaltsbezugs der zur Haftung herangezogenen Tätigkeit ihre Rechtfertigung. So muß die Verantwortlichkeit schon nach einfachem Recht, hilfsweise aber von Äußerungsgrundrechts wegen nicht nur mit dem abnehmenden Inhaltsbezug entspannt werden. Vielmehr hat die gesetzliche Anordnung einer Inhaltshaftung des Verbreiters mit der Folge der Inhaltskontrolle des Äußernden schlechthin zu unterbleiben, wenn allein der technische Betrieb einer inhaltskontaktlosen Datentransportinfrastruktur in Frage steht. Diese Grenze des über die Zuschreibung von Inhaltsverantwortung freiheitsrechtskonform ausübbaren gesetzlichen Zwangs zur Kontrolle Dritter ist jedenfalls überschritten, wenn Betreiber von Vermittlungsrechnern für die Inhalte der weitervermittelten Datenpakete einstehen sollen. Wer also mit oder ohne Gewinninteresse, im großen oder kleinen Stil, an seine(n) Internet-Rechner andere Rechner oder Rechnernetze dergestalt anschließt, daß sein(e) Rechner von den angeschlossenen Rechner(netze)n versandte und umgekehrt an diese adressierte Datenpakete bestimmungsgemäß weiterleitet bzw. -leiten, ist für den Inhalt der verschickten Daten rechtlich nicht verantwortlich. Das gilt unabhängig davon, inwieweit Dritte darlegen und beweisen können, dass Veröffentlichungen auf Rechnern mit unmittelbarem oder mittelbarem Anschluß an das Netz des Betreibers rechtswidrig sind. „Nicht verantwortlich" meint den umfassenden Ausschluß jedweder Schadensersatz-, Unterlassungs-, Kontroll-, Sperrungs-, und sonstigen Pflicht oder sonstigen Sanktionierung der Vermittlung.

10. *Eigener Server in eigenen Räumen als Schlüsselsituation.* Prototyp der verbreiterlosen, technisch nachhaltigen Äußerungsmöglichkeit und zugleich Schlüsselsituation für die Frage der Existenz rechtlicher Äußerungsfreiheit im Internet ist demnach der Organisationstyp „eigener Server in eigenen Räumen". Da zwischen dem Äußerungs-Internetrechner und den Empfänger-Internetrechnern außer Leitungen nur die Vermittlungsrechner (Router) der Vermittlungsnetze liegen und diese frei von jeder Verantwortung für Inhalte durchgeleiteter Pakete betrieben werden, können Beleidigte und andere Äußerungsopfer ebenso wie der Staat einzig den Äußernden zur Verantwortung ziehen. Kontrolle *an* Vermittlungsknoten ist nur als staatliche möglich, doch bleibt ihr angesichts des Abwehranspruchs der Äußerungsgrundrechte kaum Spielraum. Letztlich hat der Äußernde allein Inhaltsbestimmungsbefugnis und Inhaltsverantwortung. Quantitative Fragen sind für die rechtliche Bedeutung des eigenen Servers als Möglichkeit ausschließlich eigenverantwortlicher Äußerung ohne Belang. Bei ungeteilter Freiheit und Verantwortung für den eigenen Server bleibt es auch dann, wenn die Kosten für permanente und durchsatzstarke Datenleitungen zwischen Heim- oder Bürorechner bzw. -netz und Vermittlungsnetzen noch weiter nachgeben und der Anteil entsprechender Äußerungen am Kommunikationsaufkommen zunehmen sollte.

11. *Die Notwendigkeit professioneller Verbreiter als Freiheitsausübungshürde und vergangener Glücksfall.* Hoher Aufwand für technisch nachhaltige öffentliche Äußerungen ist mit der Notwendigkeit, geistige Verbreiter vom Sinn der Veröffentlichung zu überzeugen, für Äußerungswillige eine vielfach unüberwindbare faktische Freiheits- und Grundrechtsausübungshürde. Auf ihre Beseitigung bestand und besteht kein Anspruch. Ebensowenig haben aber Äußerungsopfer, für die das tatsächliche Erfordernis geistiger Verbreiter den Glücksfall kompetenter Inhaltsfilter und solventer Schuldner bedeutet, ein Recht auf Aufrechterhaltung dieser tatsächlichen Ausübungshürden oder können gar verlangen, dass dort, wo sie entfallen, dann eben die für Inhalte nicht verantwortliche Transportinfrastruktur künstlich vergeistigt wird. Geistige Verbreiter sind ebenso wie (eingeschränkt) inhaltsverantwortliche und damit inhaltsfilternde technische Verbreiter im Internet ersatzlos unnötig und nur noch Option. Hält die Gesellschaft an Äußerungsfreiheit als aktiver und primärer Kommunikationsfreiheit fest, bleibt es dabei. Wissen und andere Ressourcen zur Sicherung der Rechtmäßigkeit von Veröffentlichungen sowie zur Abfederung der Konsequenzen ungewisser gerichtlicher Entscheidungen sind ebenso unterschiedlich verteilt wie das sonstige Vermögen zu vielfältigen Tätigkeiten. Diese Ungleichheit wird aber über Zögern, Schweigen und das Risiko unangenehmer Folgen für den, der sich trotzdem äußert, nicht hingegen über die normative Bevormundung der Dummen und Dreisten aufgelöst.

12. *„The Stupid Network"*[8] *als Voraussetzung und Wirkfeld elektronischer Äußerungsfreiheit.* Der Aufbau des „dummen" Telekommunikationsnetzes Internet hat die Bestimmung der Verwendungszwecke der transportierten Daten aus den Händen der Netzwerkbetreiber in die Hände der Netzanwender[9] verlagert. So ist im ersten Schritt ein tatsächlich neuer Äußerungsweg entstanden, der im zweiten Schritt von den Äußerungs(grund)rechten normativ in Schutz genommen wird. Die Freiheitsrechte sollten das öffentliche Netz insbesondere in seiner Inhaltsneutralität gegen Versuche verteidigen, ihm über normative Zumutungen intelligente Architekturelemente aufzuzwingen, die den Zentren in Gestalt der Vermittlungsknoten und damit den Datenstraßennetzbetreibern Inhaltskontroll- und -bestimmungsbefugnisse zuweisen.[10]

8 Nach *David S. Isenberg*, näher dazu unten, S. 26 f. und S. 43.

9 Netzanwender oder Netznutzer ist jede, die das Internet für irgendwelche Datenanwendungen (Äußerung, Empfang von Äußerungen, e-mail, Dateitransport etc.) verwendet, die größte Web-Site-Betreiberin ebenso wie die Wochenendsurferin und also nicht nur letztere. Eine abweichende, netztechnisch wie sozial unsinnige Terminologie will nur einen Teil der Netznutzungen als Nutzung ansehen und wird noch von TDG und MDStV befördert. Vom Nutzer sind die Betreiber der Vermittlungsrechner (Router) und -netze zu unterscheiden, die Daten zwischen den Rechnern der Nutzer weiterleiten, also weder für eigene Anwendungen absenden noch empfangen. Dazu noch unten S. 25 und S. 35 ff.

10 Wer nicht mehr liest als im Text steht, bemerkt, dass von alldem das Recht eines jeden Nutzers unberührt bleibt, *sein* privates Netz mit denjenigen intelligenten Inhaltsfiltern auszustatten, die er für nötig hält, um Inhaltskontrolle in der Sonderrechtsbeziehung zu seinen Arbeitnehmern, Kindern oder anderweitig Untergebenen durchzusetzen.

II. Zwei Freiheiten, zwei Kontrollformen und zwei Verbreitungstypen

1. Zwei Freiheiten jeder Äußerung

Die Antwort auf die Frage, wer unter welchen Voraussetzungen eine Äußerung als inhaltlich rechtswidrig einstufen und unterbinden darf, zeigt dem Staat Möglichkeiten auf, seine gesetzlichen Kommunikationsinhaltsschranken im Einzelfall anzuwenden und durchzusetzen. Dem von der Kommunikation Betroffenen, dem Opfer, erklärt sie potentielle Abhilfemaßnahmen. Für den sich Äußernden, den Täter, beschreiben die zulässigen und unzulässigen Formen verbreitungsbeendender Inhaltskontrolle einen spezifischen Teil seiner Äußerungsfreiheit und ihrer Schranken. Diese Freiheit der Äußerung von bestimmten Vorgehensweisen bei der Anwendung abstrakt-genereller Inhaltsschranken ist medienübergreifend wenigstens im Umfang der Freiheit von staatlicher Zensur gemäß Art. 5 I 3 GG grundrechtlich garantiert. Jedenfalls für gedruckte Äußerungen sichern zumindest einfache (Presse-)Gesetze darüber hinaus eine Freiheit von inhaltsbezogenen Verbreitungsverboten durch exekutive Stellen zu Zwecken der Gefahrenabwehr. Zulässig ist hingegen fraglos diejenige Verbreitungsunterbindung, die der Strafrichter als Einziehung im Anschluß an das Urteil über die Strafbarkeit der Schriftenverbreitung anordnet. Es geht also mit der Freiheit der Äußerung von bestimmten Verfahren der Inhaltskontrolle um eine formale oder inhaltsunabhängige Freiheit, nicht hingegen um die inhaltsabhängige Frage, zu welchem Ergebnis ein freiheitskonformes Inhaltskontrollverfahren kommen muß, ob also die Äußerung letztlich gesetzlichen Inhaltsschranken unterfällt und dann zu Recht verboten wird oder effektive Inhaltsfreiheit genießt und frei bleibt.

Die zwei verschiedenen Freiheiten derselben Äußerung lassen sich anhand von Beispielen rechtlich problematischer Äußerungen illustrieren, wie sie, auf klassischen Wegen veröffentlicht, tagtäglich die Gerichte beschäftigen, inzwischen aber zunehmend auch parallel oder exklusiv über das Internet verbreitet werden.

(1) A, um die Verlagerung seines Betriebes bemühtes Mitglied des Ortsgemeinderats, veröffentlicht auch auf seinem WorldWideWeb-Server einen Text[11], der Abschnitte eines Streits um die Ausweisung eines Gewerbegebiets in etwa wie folgt beschreibt. Der Verbandsbürgermeister V lehnte das von A angeregte Gewerbegebiet wegen zu hoher Erschließungskosten ab, schlug dann aber eine noch kostenintensivere Gebietsausweisung vor, die auch ein Grundstück des 2. Beigeordneten der Verbandsgemeinde erfaßt hätte. Der Gemeinderat entschied sich für ein anderes, kleineres und kostengünstigeres Gebiet; allein V widersprach dem und brachte ein weiteres Gebiet ins Spiel, in dem wiederum ein Grundstück des 2. Beigeordneten der Verbandsgemeinde lag. Fachleute hielten dieses Grundstück für ungeeignet, woraufhin V zu seinem ersten, vom Rat bereits abgelehnten Vorschlag zurückkehrte.

(2) Ein Beitrag in einer WWW-Ausgabe eines von der B-KG auf dem eigenen Server veröffentlichten Magazins verreißt unter der Rubrik „Meinung“ in aggressiver und zynischer Weise Nachrichtensendungen des Fernsehsenders R. Es finden sich Sätze wie:

11 Leserbrief nach BVerfG (Kammer), B. v. 2.1.1995 – 1 BvR 109/94, Gründe I. 1.

„Wenn die Warlords gerade keinen neuen Schlachthof eröffnen, widmet sich Reporter X auch mal den heiteren Dingen des Lebens: der Mutter des gekillten Kevin etwa, um ihr auf der Schleimspur der Betroffenheit einen tödlichen Racheschwur abzunötigen, oder dem räudigen Kaiman Sammy, dessen Schicksal in der R.-Newswährung schwerer wiegt als tausend Leichen in Burundi. ... Mit Reklame will ‚Informationsdirektor' Y seine windigen R.-News stopfen, und dann wird X wohl endgültig zu Hochform auflaufen. Als Chansonnier der Kriegsreporter, mit dem Becksbier-Segler vor der Yugo-Küste kreuzend: ‚Sail away, dream your dream...'"[12].

(3) Der amerikanische Historiker C beschäftigt sich in einem englischsprachigen, auf einem amerikanischen Rechner veröffentlichten Text mit dem Standpunkt des deutschen Historikers R im sogenannten Revisionismusstreit. R versteht eine Passage in deutscher Übersetzung als Behauptung des C, er, R, verlange, „die Frage der deutschen Schuld solle zu einem Ende kommen, wir alle sollten die Vergangenheit hinter uns lassen, ‚ewige Schuld' sei unhistorisch und unfair".[13] C reagiert auf die Anforderung einer strafbewehrten Unterlassungserklärung nicht, woraufhin R beim Landgericht den Erlaß einer einstweiligen Verfügung beantragt.

(4) Über 50 Internet-Vermittlungsnetzbetreiber, die Bürgern und anderen Interessierten Anschlüsse an ihre Vermittlungsknoten anbieten, erhalten im Februar 2002 eine Verfügung der Bezirksregierung Düsseldorf, deren Tenor wie folgt lautet: „Hiermit gebe ich Ihnen auf, den Zugang zur Nutzung der Internet-Seiten http://www.stormfront.org/ und http://www.nazi-lauck-nsdapao.com/ im Rahmen des von Ihnen vermittelten Nutzungsangebotes zu sperren". Beide rechtsradikalen WWW-Sites befinden sich auf US-amerikanischen Rechnern. Die Begründung der auf § 18 III MDStV gestützten Anordnung führt unter anderem aus, es handele es sich um redaktionell gestaltete – zeitungsähnliche – Angebote mit strafrechts- und jugendschutzgesetzeswidrigen Inhalten. Die Sperrung sei auf verschiedene Weise umsetzbar. So könnten alle Anfragen von Anschlußinhabern nach den Sites auf der Ebene der Adressauskunft (DNS) oder der IP-Adressen verworfen werden. Auch sei die Verwendung eines (Zwangs-)Proxy möglich, der die Anfragen von Anschlußinhabern anhand des gewünschten Dateinnamens untersuche und ggf. unterbinde.[14]

(5) Der Journalist D gibt den monatlich gedruckt und im Web erscheinenden Wirtschaftsdienst „Die Anlage" heraus, der mit einem Gesamtabsatz von ca. 40.000 Exemplaren über Vermögensanlagen und Abschreibemöglichkeiten informiert. In einer Ausgabe befaßt D sich mit der Gefahr einer Wirtschaftskrise angesichts der politischen Verhältnisse in einigen Ölstaaten und gelangt zu dem Schluß, der Westen dürfe der Gefährdung seiner Ölversorgung nicht mehr tatenlos zusehen. Sein Fazit: „Noch ist die Fahrt in eine neue Wirtschaftskrise zu stoppen: mit militärischen Mitteln ... Die Antwort kann nur lauten: Einmarsch ... Die ... Erpressung der Industrienationen ... hat ihre Grenze erreicht. Das Kriegsrisiko ist minimal, sowohl militärisch als auch politisch."[15]

---

12 Zeitschriftenartikel nach OLG Köln, AfP 1996, 398 (398 f.).

13 In OLG Frankfurt, B. v. 10.2.1997 – 16 W 6/97, verfaßte C einen Beitrag zu einer mailing-Liste.

14 Zu den Kontrolltechniken näher unten, S. 49 ff. Der Text der Verfügung wurde unter http://odem.org/material/verfuegung veröffentlicht (22.2.2002).

15 Vgl. LG Köln, NStZ 1985, 261.

(6) „Voice – Das Tierrechtsmagazin“ bietet auf seiner WWW-Einstiegsseite neben einem eigenen Angebot unter „links“ u. a. einen um den Namen des E ergänzten Hyperlink „Kampagne zur Abschaffung der Jagd“, der auf eine von E gestaltete Web-Seite verweist, die unter dem Bild eines Fuchses vor allem Text gegen Jagd und Jäger, weitere Links sowie die Darstellung eines kleinen Männchens bietet, das auf die Markenabbildung des Deutschen Jagdschutzverbands zuläuft und, dort angekommen, in Richtung des Emblems uriniert.[16]

Für die Frage der *Inhaltsfreiheit* jeder der Äußerungen muß, wie immer, wenn es zum Streit kommt, zunächst aus der Sicht eines hypostasierten Durchschnittsempfängers unter Berücksichtigung der Gesamtaussage und ihres Kontextes[17] festgestellt werden, was und was nicht geäußert wurde, wobei unter anderem Behauptungs- und Meinungsanteile zu identifizieren und abzugrenzen sind. Sodann spielt die (Nicht)Erweislichkeit etwaiger negativer Behauptungen eine Rolle. Beide Schritte gehen in die Beurteilung der Aussage anhand der jeweils in Betracht kommenden straf- und zivilgesetzlichen Äußerungsinhaltsschranken ein. Ob A im Bsp. (1) seinen Bericht letztlich frei verbreiten darf oder sich nach § 186 StGB strafbar macht und Unterlassungs- sowie eventuell weiteren Ansprüchen des V gemäß §§ 823, 1004 BGB aussetzt, kommt es, die Wahrheit der behaupteten Eigentumsverhältnisse unterstellt, im Wesentlichen darauf an, ob A unter Berücksichtigung der Gesamtäußerung aus der Sicht des Durchschnittslesers eine nicht erwiesen wahre innere Tatsache verbreitet, weil er mit den zutreffenden Umständen zugleich konkludent unlautere Motive des V *behauptet*, oder ob der Tatsachenbericht dem Leser einen Schluß auf Motive des V nahelegt, der als solcher aber nicht Teil der Aussage des A ist[18]. Die inhaltliche Freiheit der TV-Kritik der B aus Bsp. (2) setzt zunächst voraus, dass die R-News über das Krokodil berichtet und Kevins Mutter interviewt haben. Sodann fragt sich, ob die im Medienbereich tätige B, vielleicht gerade angesichts der Schärfe der Polemik, (auch) zu Wettbewerbszwecken handelt und dann den strengeren Äußerungsinhaltsgrenzen des UWG unterliegt. Und ist verneinendenfalls die Kritik als zu herabsetzend von §§ 823, 1004 BGB analog erfaßt, sei es, weil der Schutz der Ehre oder des eingerichteten und ausgeübten Gewerbebetriebs den Vorrang vor der Meinungsfreiheit verdient, oder sei es, weil es sich um eine nie zu rechtfertigende Schmähkritik handelt?[19] Im Bsp. (3) ist die englische Aussage des C auf Behauptungs- und Meinungsgehalte hin zu analysieren und müssen ggf. Behauptungen auf ihre Korrespondenz mit den Veröffentlichungen des R zum Thema untersucht werden.[20] Das Beispiel (4) unterscheidet sich von den anderen dadurch, dass nicht eine konkrete Äußerung, sondern alle derzeitigen und künftigen unter einer Adresse angebotenen Äußerungen zu unterbinden sind; dem sachlichen und zeitlichen Umfang nach handelt es sich

16 Nach OLG Köln, 10.3.2000 – 6 U 152/99, JurPC Web-Dok. 75/2000, Abs. 1 – 21.

17 Zum Maßstab der Gesamtbeurteilung und des Empfängerhorizonts aus der ständigen Rechtsprechung bspw. des Bundesgerichtshofes etwa BGHZ 132, 13 – Lohnkiller.

18 Im ersteren Sinne wohl das Amtsgericht, im zweiten Land- und Oberlandesgericht, vgl. BVerfG (Fn. 11), dort auch zu der dritten Möglichkeit einer Aufnahme des Schlusses in die zugleich *insgesamt als Meinungsäußerung* bewertete Passage (Gründe II. 2. b).

19 Vgl. die divergierenden Bewertungen eines Zeitschriftenartikels durch erste und zweite Instanz in OLG Köln, AfP 1996, 398 ff.

20 In OLG Frankfurt, B. v. 10.2.1997 – 16 W 6/97, verfaßte D einen Beitrag zu einer mailing-Liste.

um das Verbot des Imports der jetzigen und künftigen Ausgaben einer aus den USA versandten elektronischen Loseblattsammlung. Ein weitere Besonderheit ergibt sich aus dem grenzüberschreitenden Charakter der Kommunikation. Das Angebot ist – so darf unterstellt werden – nach US-amerikanischem Recht insgesamt rechtmäßig, was Deutschland jedenfalls nicht daran hindert, konkrete Dateien, die gegen *seine* Gesetze verstoßen, im Falle des Imports auf *seinem* Hoheitsgebiet zu stoppen.[21] *Ob* eine solche Äußerung deutsche Inhaltsschranken überschreitet, wird hingegen im Prinzip ebenso wie bei Inlandsäußerungen bestimmt. Sieht man in D's Aufruf zur Präventivverteidigung der westlichen Ölversorgung aus Bsp. (5) die Befürwortung eines Angriffskriegs, hängt die Entscheidung zwischen einem Verstoß gegen § 80a StGB oder endgültiger Inhaltsfreiheit davon ab, was unter „Aufstacheln" i. S. d. Strafrechtsnorm zu verstehen ist und inwiefern D's Äußerung dem entspricht.[22] Ob E's verächtlicher Umgang mit der Marke des Deutschen Jagdschutzverbandes in seiner „Öffentliche[n] Erklärung gegen die Jagd" im Bsp. (6) Markenrechte bzw. §§ 823, 1004 BGB verletzt oder in geschmackloser, doch rechtlich zulässiger Weise die besondere Abscheu des E gegen den Verbandszweck des Jagdschutzes zum Ausdruck bringt, hängt hinsichtlich der Anwendbarkeit des Markengesetzes unter anderem davon ab, ob ein Handeln im „geschäftlichen Verkehr" vorliegt, dann aber wiederum sowohl von der Würdigung der Gesamtäußerung als auch der Bestimmung der Gehalte von Meinungsäußerungsfreiheit, Schmähkritik und Markenverunglimpfung[23].

All diese Fragen sind für die *inhaltsabhängige, endgültige* Freiheit der jeweiligen Äußerungen entscheidend, für ihre *inhaltsunabhängige, vorläufige* formale Freiheit hingegen gleichgültig. Sie interessiert nur, wer diese Fragen in welchen Verfahren mit der Folge einer Unterbindung der Äußerung beantworten darf. Sicherlich kann das Strafgericht akzessorisch zu einem Endurteil die Löschung des danach strafbaren Dateiangebots verfügen. Darf der Richter aber vorher auf Antrag der Staatsanwaltschaft schon bei jedem hinreichenden oder erst bei dringendem Tatverdacht die Sperrung des Angebots verfügen? Können daneben oder stattdessen Ordnungs- und Polizeibehörden den Host-Provider, in dessen Räumen der von A per Fernsteuerung als WWW-Server genutzte Internet-Host steht, anweisen, die fragliche Datei zu sperren oder zu löschen? Darf dem Host-Provider ggf. zusätzlich befohlen werden, den Datenbestand des A in Zukunft daraufhin zu überprüfen, ob er dieselbe Datei erneut anbietet? Und falls A keinen Host-Provider benötigt, weil er in seinen eigenen Räumen über einen als Web-Server arbeitenden Internet-Host verfügt: Können dann Gerichte oder Behörden den Zugangs- oder Anschlußprovider genannten Vermittlungsnetzbetreiber, mit dessen Netz der Internet-Host des A verbunden ist, dazu anhalten, die mit A's Rechner ausgetauschten Daten nach bestimmten Kriterien zu filtern und dann bspw. jeden Versand von Daten mit Bezug auf die fragliche Datei zu unterbinden? Oder darf der Staat den Datennetzbetreibern eine inhaltsbezogene Filterung des Datenverkehrs nur aufgeben, um

21 Davon ist die von BGHSt 46, 212 für einige Delikte recht eindeutig bejahte Frage zu unterscheiden, ob und unter welchen Voraussetzungen deutsches Äußerungsstrafrecht für die gesamte Erde gelten soll, wenn sie sich nur im Internet äußert.

22 Verneinend LG Köln, NStZ 1985, 261; a. A. *Klug*, FS für H.-H. Jescheck, 1985, S. 583 (594 ff., 598).

23 Erste und zweite Instanz waren uneins, vgl. OLG Köln, 10.3.2000, JurPC Web-Dok. 75/2000.

Kommunikationsimporte aus unerreichbarer Quelle zu bekämpfen? Sind darüber hinaus der Hosting- bzw. Zugangsprovider nicht ohnehin gesetzlich verpflichtet, spätestens nach Vorhalt seitens des von A in Mißkredit gebrachten V die Rechtmäßigkeit der Veröffentlichung zu prüfen und ggf. einzuschreiten? Mit der Folge, dass bloß die noch vorhandene Datei gelöscht werden muß oder dass auch künftige Neuveröffentlichungen zu unterbinden sind?

2. Inhaltskontrolle durch Private als Freiheitsfrage

Wenn es zur Zeit auch nicht üblich ist, liegt es doch wenigstens nahe, die Zulässigkeit von Inhaltskontrollverfahren im Falle grundrechtlich gebundener staatlicher Tätigkeit (Zensur, Beschlagnahme etc.) als Freiheitsproblem – einfachgesetzlicher wie grundrechtlicher Natur – zu fassen. Doch läßt sich auch die Inhaltskontrolle privater Betreiber einer Computernetzinfrastruktur (Zugangs-, Hostprovider u. a.) so begreifen? Praktisch und nach Maßgabe der einfachen Gesetze: Ja. Für die Äußerungsfreiheit macht es zunächst keinen großen Unterschied, ob der Provider infolge straf- oder zivilgesetzlicher Haftung für Äußerungsinhalte die Kundendatei mit der fraglichen Veröffentlichung inhaltlich kontrolliert, (teilweise) als (möglicherweise) rechtswidrig einstuft und deshalb die Datei sperrt oder löscht, ob er die Anordnung einer Behörde zur Sperrung der Datei befolgt oder ob die Behörde selbst auf die Datei zugreift. Gesetzliche Inhaltshaftung der Verbreiter einer Äußerung stellt sich für den Äußernden als gesetzlich angeordnete inhaltsbezogene Verbreitungskontrolle dar. Die Grenzen der Haftung seiner Verbreiter umschreiben für ihn die insoweit rechtlich mögliche Freiheit und – angesichts des typischen Desinteresses vor allem technischer Verbreiter an Inhaltskontrolle sowie vorbehaltlich der Einschaltung eines Herausgebers oder anderer geistiger, mit Inhaltseinfluß ausgestatteter Verbreiter – die tatsächlich erreichbare Freiheit von Inhaltskontrolle. Dabei ist es für die praktische Freiheitsfrage unerheblich, ob eine solche Inhaltskontrolle Äußerungsfreiheit *als grundrechtlich geschütztes Gut* überhaupt berührt und welche Folgen dies ggf. hätte. Auch in grundrechtlicher Hinsicht lohnt jedoch die Nachfrage. Denn weder steht die Irrelevanz gesetzlicher Inhaltshaftung der Verbreiter für die Grundrechte der sich Äußernden kategorisch fest noch wäre die Einsicht in eine solche Irrelevanz für die Computernetze ohne Belang.

3. Äußerung über eigenen oder fremden Quellrechner (Internet-Host)

Äußerungen über die Internet-Anwendung des WorldWideWeb werden durch die Versendung von Dateien umgesetzt. Der *Quellrechner* verpackt eine Kopie der auf ihm gespeicherten Äußerungsdatei in viele kleine an den Empfängerrechner adressierte Datenpakete, die dann in Abhängigkeit von der relativen Lage des Empfängerrechners im Netzverbund von unterschiedlich vielen *Vermittlungsrechnern* und durch unterschiedlich viele Vermittlungsnetze hindurch zum nahen oder fernen *Empfängerrechner* transportiert werden.

Kontrolle kann also – sei sie staatlich organisiert oder per Inhaltshaftung den Verbreitern auferlegt – *immer* bei *Vermittlungsrechnern* ansetzen.

Demgegenüber werden die Möglichkeiten des Kontrollzugriffs auf den *Quellrechner* davon beeinflußt, wer diesen Internet-Rechner beherrscht. *Staatliche* Maßnahmen muß das nur wenig kümmern. Denn für Dateisperrungen, -löschungen, Beschlagnahmen und andere an den Betreiber des *Quellrechners* adressierte Maßnahmen spielt es kaum eine Rolle, ob der Äußernde selbst über den Rechner verfügt oder ob er seine Dateien auf den Quellrechner eines Verbreiters (Server- oder Hostprovider) überträgt. Allein eine *Indienstnahme* des Quellrechnerbetreibers für staatliche Kontrolle dürfte voraussetzen, dass der Rechner von einem Dritten (Server- oder Hostprovider) gestellt wird. Denn es ist nur schwer vorstellbar, Bürger im Wege der Indienstnahme zur inhaltlichen Kontrolle eigener Äußerungen zu verpflichten. Hingegen fällt *Inhaltskontrolle* als Folge der *Inhaltsverantwortung privater Verbreiter* durch den *Quellrechnerbetreiber* aus tatsächlichen Gründen völlig aus, wenn der Äußernde den Rechner in eigenen Räumen selbst betreibt.

Bevor Grenzen staatlicher (VI.) und haftungsvermittelter (VII.) Kontrollen untersucht und vermessen werden, ist nach der freiheitsrechtlichen Relevanz des Internet als Äußerungsweg zu fragen (III.). Zudem lassen sich minimale Erläuterungen der Strukturen des Verbreitungswegs schon als Voraussetzung des Verständnisses der möglichen Kontrollmechanismen nicht vermeiden (IV.) und ist die Freiheit von Inhaltskontrollverfahren als *allgemeine* äußerungs(grund)rechtliche Kategorie aufzuzeigen (V.).

III. Internet-Äußerungen und ihr Freiheitsschutz

Der Äußernde, seine Freiheit und ihr Schutz spielen in der juristischen Diskussion um Inhaltskontrolle in Computernetzen bislang keine prominente Rolle. Gründe dafür sind nicht nur aufmerksamkeitsabsorbierende Unsicherheiten bei der Einordnung der sich ständig wandelnden Technik sowie deren unsteter Organisation (IV.). Und auch die Defizite bei der Verarbeitung von Inhaltskontrollverfahren durch das allgemeine Äußerungsrecht und seine grundrechtliche Abteilung können nicht allein verantwortlich gemacht werden (V.). Es kommen weitere Spezifika der Wahrnehmung vieler sogenannter Neuer Medien hinzu:

1. Die Äußerung im Fokus des rechtlichen Interesses statt weiter Horizonte oder verengter Perspektiven

Nicht selten hat schon die Wahl der Leitbegriffe Gewicht. „Informationsgesellschaft“, „Neue Medienfreiheit“, „Internationale Datennetze“, „Tele- oder Mediendienste“ usf. legen bestimmte Perspektiven nahe, mit denen Relevantes schnell unter den Tisch fällt. Insbesondere die Neuheit als Kennzeichen statt positiver Beschreibungen wie „Presse“ oder „Rundfunk“ impliziert neben schwerer Faßbarkeit vor allem, das „neue“ Medium sei durch ein „nicht alt“, ein „anders“ entscheidend gekennzeichnet. Dies suggeriert wiederum, das vorhandene, „alte“ Recht werde keine angemessenen Antworten finden, und schon ist der Kunstgriff gelungen, ohne genaue Analyse dessen, was anders, und dessen, was gleich ist, allein mit der Bezeichnung des Gegenstandes als neu quasi automatisch auch neues Recht für erforderlich zu erklären.[24] Tatsächlich ist es aber z. B. keineswegs neu, daß jemand einen Text verfaßt oder Bilder erstellt, die Vorlage vervielfältigt und ungezählte Stücke in die Welt hinausträgt. Ungewohnt ist allein, daß der Äußernde nichts bedrucken, der Empfänger das Bedruckte nicht in die Hand nehmen muß, dass beiden vielmehr der Computer mit Bildschirm und Tastatur genügt und dass die Lieferung des elektronischen Drucks nichts weiter benötigt als ein paar Internet-Router zwischen Äußerungs- und Empfängerrechner. Erleichtert die Qualifikation als „neu“ Bewertungsrevisionen ohne den Nachweis veränderter Bewertungsgrundlagen, (ver)führt die Rede von der „Informationsgesellschaft“ schnell zu einer Vogelperspektive, die, wie aus solcher Höhe üblich, einiges sieht, was am Boden entgeht, zugleich aber in vielerlei Hinsicht distanziert und unscharf bleibt. Wird zudem der Assoziation zur „Informationsfreiheit“ als der Freiheit des Rezipienten nachgegeben, erkennt man plötzlich nur noch eine amorphe Masse anonymer Kommunikation und, wenn überhaupt Einzelne, nur noch Empfänger, aber keinen Äußernden mehr. Wenn dann hinzu kommt, daß die Äußerungsgrundrechte sich im Rahmen eines ihrer Hauptbetätigungsfelder der letzten Jahrzehnte, der Rundfunkgarantie, an empfängerorientierte, den Äußernden als Pflichtenträger erfassende Blickwinkel gewöhnt haben und daß zudem Bildschirm und Lautsprecher als die technischen Schlußsteine des Rundfunks ebenso

---

24 Kritisch auch *Herberger* NJW 2000, 2082 (2083, r. Sp. unter IV.).

wie vieler computernetzgestützter Äußerungen Schlüsse auf rechtliche Konvergenzen nahelegen mögen, können sich Tendenzen zur Ausblendung oder Zurückstellung des Äußernden einstellen.

Gleich mehrere Wahrnehmungsschieflagen werden durch Begriffskonzepte gefördert, wie sie insbesondere Teledienstegesetz und Mediendienstestaatsvertrag regulatorisch zu zementieren versuchen. Beide Gesetze *erfassen* mit ihren Inhaltshaftungs- und -kontrollregeln fast *alle* Äußerungen im Internet, legen aber mit „Tele-“ und „Mediendiensten“, die „Diensteanbieter“ erbringen und „Nutzer“ nachfragen, nahe, ihre Tragweite – wenn nicht das Internet – reduziere sich auf im Zweifel gewerbliche, gewinnorientierte, finanzstarke Unternehmen auf der aktiven und Verbraucher bzw. Konsumenten auf der passiven Seite. Zum zweiten wird der Irrtum gefördert, allein derjenige, der das Internet quantitativ häufiger für die Anforderung und den Empfang von Daten als das Angebot eigener Dateien benutzt, sei ein Internet-*Nutzer*, nicht aber derjenige, der das Netz vor allem als Anbieter nutzt. Tatsächlich sind beide Nutzer des Computernetzverbundes Internet und nichts sonst. Etwa so wie auch ein über hundert Telefonberater verfügendes Unternehmen mit jedem der von ihm geplagten Konsumenten die Eigenschaft eines schlichten Nutzers des Telefonnetzes teilt, so verwenden große Inhaltsanbieter ebenso wie der Gelegenheits-Surfer jeweils Endknoten (Hosts) des Internet, um Daten für bestimmte Anwendungen (Nutzungen) mit Hilfe der zwischen ihnen liegenden Vermittlungsnetze auszutauschen. Schließlich unterstützt die nivellierende Qualifikation der Äußernden ebenso wie der Quellrechner- und Vermittlungsrechnerbetreiber als „Diensteanbieter“ bzw. „Anbieter“ im Verein mit dem Schwerpunkt der Regelungen auf der Haftung der Rechnerbetreiber für fremde Inhalte die Verengung der Diskussion auf technische Datenverbreiter und ihre Interessen. E Commerce-Richtlinie und Elektronischer Geschäftsverkehr-Gesetz bringen wenig terminologische Besserung, demonstrieren jedoch schon in ihren Namen eine noch weitergehende Wahrnehmungsverkürzung der Datennetze, die allein im Falle der europäischen Regelung auf kompetenziell bedingte Bemäntelungszwänge verweisen kann.

Läßt man die diversen Fehletikette und Zwecküberschriften beiseite, zeigt die zurechtgerückte Perspektive, wie nur kommuniziert wird, was zuvor geäußert wurde, und dass selbst hunderte und mehr Millionen Seiten etwa des WorldWideWeb (WWW) aus konkreten Äußerungen bestehen. Auch die größte „Informationsmasse“ ist nur als Folge einer Vielzahl von *Äußerungen* zu begreifen. Im Kontext von Kommunikationsinhaltskontrolle ist nicht die mit welchem Mehrwert auch immer assoziierte *„Informationsgesellschaft“*, sondern *die einzelne Äußerung* das relevante Geschehen. Geht der Frage nach der „Informations-“ die Frage nach der „Äußerungsgesellschaft“ voraus, schließt das vier Aussagen ein:

– Die *einzelne* Äußerung zählt, nicht eine amorphe *Masse* ungezählter Kommunikationen.

– Primär interessiert der *Äußernde* und seine Freiheit, weder der *Empfänger* noch seine Informationsfreiheit.

– Die *Äußerung*, nicht die ihr dienenden *Verbreiter oder Vermittler*, steht im Mittelpunkt. Finden sich Verbreiter im Zentrum der Kontrollfrage, heißt das nicht, dass ihre Belange auch den Schwerpunkt der Antwort bilden.

– Mit der Äußerung geht es um *jedwede Internet-Äußerung*, *nicht* um gewinnorientierte, dienstleistende, gemeinnützige oder sonst *qualifizierte* Äußerungen oder Äußerungssubjekte.

2. Transport vielfältiger Äußerungstypen und Schutzdifferenzierungsmöglichkeiten

Einfaches Recht und Verfassungsrecht bewerten Äußerungen nicht nur nach ihrem Inhalt, sondern differenzieren die Schutzwürdigkeit ganzer Typen und Verbreitungsarten anhand solcher Kriterien wie Druck, Bewegtbild, Versandhandel, öffentliche Vorführung, Rundfunk etc. Eine Besonderheit des Internet als Äußerungsweg besteht nun darin, dass es nicht auf einen Äußerungstyp festgelegt und in diesem Sinne kein Medium ist, sondern neben beliebigen sonstigen Anwendungen auch den *Transport vielfältiger Äußerungstypen* erlaubt. Das epochal Neue des anwendungsgleichgültigen öffentlichen Datentransportnetzes läßt sich im Vergleich mit dem überkommenen Telefonnetz erkennen. Die herkömmlichen Telefonnetze sind intelligente Netze mit dummen Endgeräten (Telefonen), die nur für die vom Netzbetreiber mit dem Netz installierten und kontrollierten Kommunikationsarten verwendet werden können (Gesprochene Sprache, Fax). Demgegenüber handelt es sich beim Internet um ein dummes Netz, das beliebige Daten zwischen den intelligenten Endgeräten, den Computern hin- und hertransportiert, ohne sich darum zu kümmern, welche Anwendungen die Endgeräte mit den Daten realisieren (e-mail, Dateitransport, Rechnerfernsteuerung, WorldWideWeb etc.). Das Internet dreht also die Hierarchie um. Nicht mehr die Betreiber der Netze definieren und kontrollieren die wenigen Anwendungsmöglichkeiten, sondern die Nutzer der intelligenten Endgeräte (Computer, Internet-Hosts) machen mit den gelieferten Bits, was *sie* wollen.[25] Neue Anwendungen kommen hinzu, wurden und werden entwickelt. Im Bereich der Kommunikationsdienste ist nach wie vor der schon alte e-mail-Dienst bedeutsam; öffentliche Äußerungen nutzen heute ganz überwiegend den erst in den 90ern entwickelten Dienst des WorldWideWeb. An ihm beteiligt sich die ganz überwiegende Zahl der am Internet hängenden Endcomputer (Hosts) und schon wegen dieser Vorherrschaft steht er auch hier im Vordergrund. Insgesamt dient das anwendungsoffene Internet inzwischen dazu, einem weitgehend beliebig eng oder weit gezogenen, privaten oder öffentlichen Empfängerkreis weitgehend beliebige Zeichen und damit auch Äußerungen zu übersenden: Schrift und unbewegte Bilder (Briefe, elektronischer Druck), gesprochene Worte und andere Töne (Audio) sowie bewegte Bilder mit und ohne Ton (Video), und das alles nicht nur aufgezeichnet, sondern auch live (Echtzeitschreiben, Telefonat, Videokonferenz, Rundfunk)[26]. Damit erlaubt das Netz abgesehen von der Kommunikation unter Anwesenden praktisch alle außerhalb der Datennetze von Art. 5 GG ge-

---

25 Grundlegend *David Isenberg*, Rise of the stupid Network, 1997, unvollständiger Abdruck in: Computer Telephony, August 1997, p. 16 – 26; *ders.*, The Dawn of the Stupid Network, ACM Networker 2.1, February/March 1998, p. 24 – 31; beide Artikel zugänglich über http//www.isen.com (5.10.2001).

26 Noch spürbare Bandbreitenprobleme etwa bei Bewegtbildern beginnen mit dem Einsatz von Übertragungstechniken wie DSL (Digital Subscriber Line) zwischen den hinreichend durchsatzstarken Internet-Vermittlungsnetzen und den häuslichen oder büroeigenen Internet-Rechnern bzw. lokalen Netzen bereits zu schwinden.

schützten Äußerungsformen, außerdem mit dem Telefonat und der elektronischen Post die klassischerweise durch Art. 10 GG gegen Ausspähung geschützte Kommunikation, darüber hinaus noch jede Mitteilung, die vielleicht primär in die Schutzbereiche anderer Freiheitsverbürgungen (Art. 12, 2 I GG) fallen mag. Aus der Sicht der Internetnutzungen wird insgesamt eine Art (voll)elektronische Verdoppelung der Vielfalt der überkommenen Äußerungstypen geboten, höchstens als Draufgabe noch zusätzlich die eine oder andere neue Äußerungsform, etwa falls enge Verbindungen zwischen Bild und Ton im Verein mit Einflußmöglichkeiten des Empfängers als solche gelten. Aus der Sicht der klassischen Äußerungstypen handelt es sich um die Möglichkeit, den jeweils eigenen Typ, der *außerhalb* des Internet auch technisch deutlich getrennt transportiert wird, nun *zusätzlich* über ein Transportmittel verbreiten zu können, *das zugleich andere Typen versenden kann.* Jeder Typ, jedes Medium streckt einen elektronischen Verbreitungsarm in das Datennetz und weicht dort von seinen nicht computernetzgestützten Varianten mehr oder weniger ab. Doch diese Varianten bleiben distinkt gegenüber den netzgestützten Varianten anderer auch netzunabhängig existenter Äußerungstypen ebenso wie im Verhältnis zu denkbaren vorbildlosen Äußerungsformen. Schriftseiten mit und ohne Bild, selbst wenn im Autorenlogo briefmarkengroß die Erdkugel kreist, unterscheiden sich zu deutlich von Video und Ton ebenso wie von der alles drei mischenden „Wanderung" durch ein Bildschirm-Kaufhaus. Die Vorstellung von *einer* multimedialen Kommunikationsform bleibt Einbildung und in diesem Sinn virtuell. Konvergenz läßt nicht nur als Ende des bedruckten Papiers, der Filmvorführung etc. zugunsten der Computernetze oder anderer elektronischer Kommunikation auf sich warten, sondern findet auch *innerhalb* der *Datennetze* nur eingeschränkt statt.

Was heißt das aber für die Schutzwürdigkeit der Freiheit der verschiedenen Äußerungen? Die technische Gemeinsamkeit in punkto Versandtechnik und Empfangsgerät, dem äußerlich wie auch immer gestalteten Computer mit Bildschirm, Lautsprecher, Drucker und weiterer Peripherie, mag die einschlägige Industrie inspirieren. Hingegen besteht keine Notwendigkeit, die unterschiedlichen Äußerungsformen auf *rechtliche* Konvergenz festzulegen. Insbesondere wären Versuche abzulehnen, im Falle unterschiedlicher Schutzintensitäten eine Art Äußerungsfreiheitsdurchschnitt zu bilden. Wenn z. B. der Freiheitsschutz der Veranstaltung von Rundfunkprogrammen im Vergleich zu anderen Äußerungsgrundrechten in mancher Hinsicht schwach ist, insbesondere über das nach Art. 5 II GG Zulässige hinaus Unausgewogenheitsverbote, Vielfaltsanforderungen und Genehmigungsvorbehalte hinzunehmen hat, erfaßt eine solche rundfunkspezifische Ausgestaltungsbefugnis das auch per Internet verbreitete Rundfunkprogramm, bleibt dort aber ebenso wie außerhalb der Datennetze deutlich auf diesen Äußerungstyp beschränkt. Es sind äußerungstypspezifische Überlegungen, die allein es zu rechtfertigen vermögen, den Rundfunk zu vielfältiger und ausgewogener Kommunikation zu verpflichten, ihn also vom Empfänger und dessen inhaltlicher Versorgung, nicht hingegen, wie es sich für ein Äußerungsgrundrecht ziemt, vom Äußernden und dessen Belieben her zu verstehen. Rundfunkprogramme jedenfalls des bekannten Zuschnitts mögen ungeachtet des Wegfalls technologiebedingter Sendekapazitätsengpässe immer noch spezifisch suggestive und breit wirkende Kommunikationsmöglichkeiten verschaffen. Und wenn diese Äußerungsmöglichkeit, wie Senderfamilien, Fusionen und Reichweitestatistiken belegen, trotz hoher Übertragungskapazitäten nach wie vor nur einer relativ kleinen Zahl von Veranstaltern zur Verfügung stehen, scheint es nicht ausgeschlossen, derartige Kommunikationsmacht gewissen Ausgewogenheitspflichten zu unterwerfen. Doch wäre es abwegig, solche Vorstellungen mit Texten und Bildern zu verbinden, wie sie ungezählte Organisationen und Einzelpersonen im Internet verbreiten und fast jedermann verbreiten kann. Wieso sollten gedruckt *und* zugleich im WWW veröffentlichte Texte wie (Presse)Erklärungen, Zeitungen, Rundbriefe, Aufsätze, Polemiken, Flugblätter etc. in der Variante ihrer elektronischen Vervielfältigung und Verteilung mit besonderen, außerhalb der Netze verfassungswidrigen Begrenzungen belegt werden können? Und wieso sollten dieselben Texte, *nur* über das Internet verbreitet, weniger grundrechtliche Freiheit genießen als deutlicher verkörperte Schriften? Auch Filme, die Empfänger nach Bedarf über ein Netz anfordern, werden durch das Transportmittel ebensowenig zu ausgewogenheitsverpflichtetem Rundfunk wie die Videokassette oder die Kinovorführung. Und mögliche Randzonen nicht trivialer Abgrenzung ändern nichts an weiten Bereichen deutlich unterscheidbarer Typen.

Die Konsequenzen der Möglichkeit unterschiedlichen Schutzes verschiedener Äußerungstypen im Internet für die Zulässigkeit von Inhaltskontrolle hängen von der Art der Kontrolle ab. *Einschränkungen, die nur gegenüber einem bestimmten Äußerungstyp gerechtfertigt sind*, können *in Kenntnis des Typs der beeinträchtigten Äußerung* stattfinden. Die Programme des Rundfunkveranstalters mögen über Internet verbreitet den spezifischen Eingriffen exekutiver Rundfunkaufsicht wie Rüge u. a. unterliegen; der ebenfalls auf einem Internet-Rechner zugängliche Filmbericht des X zum selben Thema nicht usw. Und gibt es unterschiedliche Anforderungen an strafprozessuale Löschungsverfügungen gegenüber periodisch und nicht periodisch erscheinenden Netzschriften, läßt sich das realisieren. Demgegenüber sind *Einschränkungen in Unkenntnis der beeinträchtigten Äußerungstypen* nicht deshalb zulässig, weil sie gegenüber dem schwächsten der voraussichtlich getroffenen Kommunikationstypen zu rechtfertigen wären. Sollen also etwa Vermittlungsnetzbetreiber Datenpakete nur nach dem Abgleich mit einer Sperrliste weitervermitteln dürfen, genügt es für die Rechtfertigung dieses Kontrolleingriffs *gegenüber allen* Äußerungstypen einschließlich des elektronischen Drucks nicht, dass eine solche Kontrolle auf dem Weg zwischen Sender und Empfänger vielleicht gegenüber *einem* der transportierten Äußerungstypen gerechtfertigt werden könnte[27].

3. Zumindest pressegleicher Schutz des elektronischen Drucks

Ist das Rundfunkprogramm ein Beispiel dafür, wie ein abwehrrechtlich gedämpft geschützter Äußerungstyp mit diesen Schwächen auch im Internet für sich bleibt und andere Äußerungen nicht infiziert, kann der elektronische Druck von Schrift und Bildern zeigen, daß auch die von Verfassungs wegen vielleicht bestgeschützte Form der öffentlichen Äußerung unter Abwesenden im Internet mit ungeschmälerter, ja vielleicht sogar in mancher Hinsicht eher noch verstärkter Wirkkraft vorkommt. Außerhalb der

27 Das schließt nicht aus, dass das beschriebene Verfahren überhaupt nicht zu rechtfertigen ist; näher unten S. 62 ff. (V., VI. u. VII.).

Computernetze dürfte kein potenzielles Massenmedium soweit von der Möglichkeit grundrechtskonformer Ausgewogenheitspflicht, exekutiver Inhaltsverbote und ähnlichem entfernt sein wie zur Entäußerung vervielfältigte Schriften oder Bilder, seien es Bücher, Periodika, Broschüren oder Flugblätter. Zwar wird immer wieder behauptet, auch die Pressefreiheit solle vor allem der Meinungsvielfalt in der offenen Demokratie dienen, wodurch der fatale Eindruck entsteht, sie sei nicht die Freiheit eines jeden, sich unter Nutzung der Druckerpresse und ihrer Äquivalente wozu auch immer zu äußern, sondern ein unter dem Vorbehalt der Aufgabenerfüllung verliehenes Privileg professioneller Organisationen bzw. ihrer periodischen Druckwerke. Doch lassen sich Passagen zumindest in der jüngeren Rechtsprechung des Bundesverfassungsgerichts durchaus als Rückbesinnung darauf begreifen, daß der Grundrechtsschutz einen „weiten und formalen Pressebegriff" zum Gegenstand hat, insbesondere nicht von „besonderen Eigenschaften der Publikation" abhängt und so „allein" dem „Kommunikationsmedium"[28] gilt. Zudem sollen wohl selbst auf dem Boden der Annahme, die Pressefreiheitsgarantie sei auch als Mittel vielfältiger öffentlicher Meinungsbildung zu verstehen, die Möglichkeiten von Ausgewogenheitsverpflichtungen etc. weitgehend ausscheiden. Und gegenständliche Ausgrenzungen bestimmter, etwa nicht periodischer oder nicht professioneller Druckwerke aus der grundrechtlichen Pressefreiheit müßten natürlich nachweisen, in welcher Hinsicht die am Kopierer erstellte Broschüre als „bloße" Meinungsäußerung engeren Schranken unterworfen werden kann als derselbe Text, erscheint er in einem zur Presse erklärten Druckwerk. Immer jedenfalls genießt die Äußerung im Wege der Übergabe vervielfältigter Schriften und Bilder außerhalb der Datennetze vergleichsweise effektiven Grundrechtsschutz.

Es ist dann nicht zu erkennen, wieso die Etablierung eines neuen Vervielfaltigungs- und Transportmittels dazu führen sollte, den nun zusätzlich auch oder nur über das Internet transportierten Texten einen sachlich-inhaltlich geringeren Schutz zuzusprechen. Man mag der Auffassung sein, „Presse" meine zwar nicht nur die „Druckerpresse", sondern praktisch alle Möglichkeiten zur Vervielfältigung von Schrift und Bild vorzugsweise auf Papier wie bspw. die Lithographie, den Kopierer oder auch den Drucker am Herstellungsort, könne aber aus historischen Gründen weder die zum Empfänger über das Computernetz geschickte und erst dort ausgedruckte noch die vom Empfänger überhaupt nicht ausgedruckte, sondern nur am Bildschirm gelesene Zeitung erfassen. Doch bleibt dann unklar, wieso und in welcher Hinsicht der Grundrechtsschutz des Art. 5 I 1 Var. 1 GG für solche Meinungsäußerungen in seiner Intensität hinter dem Schutz der Pressefreiheit zurückbleiben sollte[29]. Ausschlaggebend scheint doch, daß Texte und Bilder in automatisch vervielfältigten Stücken Empfängern zu je persönlicher Kenntnisnahme übergeben werden, sei es am Kiosk, über den Briefkasten oder den Computernetzanschluß. Daß die einzelnen Exemplare zunächst an einem zentralen Ort in

28 BVerfGE 95, 28 (33) – Werkszeitung, freilich auch mit nach wie vor mißverständlichen Wendungen.

29 Würden aus diesem pressegleich intensiven Schutz der Meinungsäußerungsfreiheit bestimmte Tatsachenbehauptungen herausgenommen, verbliebe eine Schutzlücke, deren Bedeutung allerdings angesichts des weitgehenden deutlichen Meinungsbezugs der Mehrzahl aller Berichte nur gering wäre. Dazu, daß ein inhaltlich abgegrenzter Schutzbereich ohnehin nur für die inhaltliche Komponente der Äußerungsgrundrechte in Betracht kommt, noch unten S. 63 ff. (V. 1.).

verkörperter Form hergestellt und dann verschickt wurden, daß in einem zweiten Schritt die Zeichen elektronisch an mehrere Druckorte versandt und erst dort verkörpert werden, daß letztlich und für manchen schon heute nur noch Geschmack und Gelegenheit darüber entscheiden, ob die Tageszeitung am Bildschirm, in der vom eigenen Computer ausgedruckten oder fertig gekauften Variante gelesen wird, ist aus der Sicht einer Äußerungsfreiheit der historischen Zufälligkeit zu verdanken, daß zuerst die Druckerpresse und nicht das Computernetz erfunden wurde.[30] Jedenfalls ändert es nichts am immer gleichen Schutz der Herstellung und Verbreitung der fraglichen Zeichen; sei es, weil die Pressefreiheit des Art. 5 I 2 GG gilt, oder sei es, weil der identische Schutz für die nur am Bildschirm gelesene Version einer allgemeinen (Meinungs)Äußerungsfreiheit entnommen wird.

4. Freiheit minderer Art infolge besonderer Verderbtheit?

Die Diagnose eines wenigstens pressegleich intensiven Grundrechtsschutzes zumindest des elektronischen Drucks könnte durch die Einschätzung in Frage gestellt werden, Kommunikation über Computernetze habe generell eher wenig Bezug zu den ansonsten bedeutsamen Kommunikationsfreiheiten. Soweit dabei der tatsächliche und mögliche Mißbrauch für schädliche und rechtswidrige, vor allem strafbare Kommunikation das im Vergleich zu anderen Medien ausschlaggebende Charakteristikum der Datennetze sein soll, muß allerdings jede unreflektierte Übernahme dieses Topos in grundrechtliche Zusammenhänge merkwürdig erscheinen. Allzu deutlich handelt es sich um eine bislang jedem neuen Medium in der Anfangszeit seiner gesellschaftlichen Relevanz mit stereotyper Regelmäßigkeit entgegengebrachte Perspektivenverengung. Druckerpresse, Film, Rundfunk oder Video; die jeweils „Neuen Medien" wurden typischerweise zunächst nicht als weitere inhaltsneutrale Möglichkeit zu guter und schlechter, rechtmäßiger und rechtswidriger Kommunikation erlebt, sondern angesichts ihrer ungewohnten, teilweise beeindruckenden und zuweilen verstörenden Art kurzschlüssig mit den selbstverständlich vorhandenen negativen Inhalten gleichgesetzt und als Initiatoren oder Beschleuniger des Niedergangs bewertet. Die Druckerpresse hat definitiv neue Möglichkeiten kommunikativen Unrechts und rechtmäßiger geistig vermittelter Schädigungen geschaffen, die für lange Zeit und nur heute für viele schwer vorstellbar als Bedrohung jeder friedlichen Gesellschaft galten. In den Anfängen des Stummfilms zogen die Zuschauer instinktiv die Köpfe vor dem auf der Leinwand entgegenkommenden Zug ein[31], und noch viel später lobte *Tucholsky* ausnahmsweise Art. 10 II 17 ALR, „denn siehe, ER zeugte die Filmzensur"[32]. Doch die jeweils aufregenden neuen Dimensionen werden gewöhnlich, man sieht wieder, daß sich zwar einiges verändert hat, nicht aber die Tatsa-

30 Beim Buch können inzwischen beliebige, ja alle Teile des Wegs zwischen Autor, Buchherstellung und Leser elektronisch, mit oder ohne Internet, gestaltet werden; Stichworte hierzu sind „book on demand" und „e-book".

31 „Le train entrant en gare de La Ciotat" (1895) der Brüder *Lumière*, vgl. etwa *Noel Burch*, in: Karsten Witte (Hrsg.), Theorie des Kinos, 3. Aufl. 1982, S. 39 (40).

32 Verbotene Films, Die Schaubühne, 2.10.1913, zit. nach *Gunther Nickel*, Tucholskys Plädoyer für eine Film-Zensur, in: Juni, Nr. 20 (1994), S. 43.

che, daß sich Gutes wie Schlechtes aller Verbreitungsmedien bedient. Der denkbare Einwand, Rundfunk und vielleicht auch die öffentliche Filmvorführung seien bis heute weniger frei als die Druckerpresse, vernachlässigt die medienspezifischen und geschichtlichen Differenzen, muß auf Rundfunk und Film beschränkt bleiben und kann jedenfalls den elektronischen Druck nicht erfassen.

5. Kein Schutzabschlag für Inlandsäußerungen wegen der Möglichkeit des Äußerungsimports

Gewichtiger scheint die Erwägung, der grenzüberschreitende Charakter der Datennetze müsse zu grundrechtlichen Sonderfolgen führen. Die Kehrseite rechtlich geschützter Freiheit ist rechtliche Verantwortlichkeit für die Wahrung der Schranken der Freiheit. Wenn nun Kommunikation ihren Äußerungsstandort weltweit wählen und sich so der Verantwortung gegenüber deutscher (europäischer) Hoheitsgewalt nach Belieben entziehen kann, scheint es nur folgerichtig, auch den grundrechtlichen Freiheitsschutz der Äußerung im globalen Netzwerk zu relativieren. So pauschal gezogen, handelte es sich freilich um einen Kurzschluß. Zwar ist nicht sicher, ob alle von ausländischen Computern versendeten Daten in jeder Hinsicht den vollen Schutz der *Äußerungs*grundrechte des Art. 5 GG genießen. Und sollten danach z. B. intensivierte Inhaltskontroll*verfahren* gegenüber dem Kommunikationsimport zulässig sein, müßten diese auch nicht in jedem Fall an der Informationsfreiheit der Empfänger scheitern.[33] *Doch gäbe es selbst dann keine Rechtfertigung, den Grundrechtsschutz der von Inländern auf inländischen Computern gespeicherten und von dort aus verbreiteten Äußerungen abzusenken.* Das Internet ist nicht auf den Empfang grenzüberschreitender Daten beschränkt; die an ihm im Geltungsbereich des Grundgesetzes (des EGV) beteiligten Teilnetze dienen ebenso der innerstaatlichen (innereuropäischen), d. h. national beginnenden und endenden[34], wie der von Deutschland (Europa) ausgehenden Kommunikation[35]. Es müßten also intensivierte Inhaltskontrollmaßnahmen auf die Internet-Vermittlungsrechner mit Leitungen zu Vermittlungsrechnern im Ausland und alle verschärften Inhaltshaftungsregelungen auf die Betreiber solcher Rechner beschränkt bleiben (unten, V. 1., S. 73 f.).

---

33 Die Informationsfreiheit schützt zwar jedenfalls die adressierte Äußerung auf ihrem Weg zum Empfänger gegen staatliche Beschlagnahmen, Verzögerungen und ähnliche Eingriffe, läßt aber deren Rechtfertigung zu (vgl. für den Import von Schriften BVerfGE 27, 71; E 27, 88; E 27, 104).

34 Die deutschen Internet-Teilnetze sind nicht (mehr) nur voneinander isolierte Wurmfortsätze der amerikanischen Mutter, sondern auch vielfach untereinander verbunden.

35 Ob eine in Deutschland an einen ebenfalls im Geltungsbereich des Grundgesetzes befindlichen Host versandte Web-Seite über andere Länder transportiert wird, dürfte unerheblich sein. Ebenso genießt die Äußerung, die Inländer in Deutschland erstellen und dann per Datennetz auf einem ausländischen Computer übertragen, um sie dort für Abrufe anzubieten, zumindest solange ungeschmälerten Grundrechtsschutz, wie der Äußernde und mit ihm seine Zugriffsrechte auf den ausländischen Computer greifbar bleiben. Daß die internationale Abrufbarkeit der im Geltungsbereich des Art. 5 GG gespeicherten Äußerung ihren Schutz schwächen könnte, scheint ebenfalls ausgeschlossen. *Wilhelm Elfes* wurde die Ausreise verboten, um ihn an möglichen Äußerungen *im* Ausland zu hindern; seine Web-Seiten hätten selbst bei bewußt internationalem Charakter von deutscher Seite keines Passes bedurft.

6. Erste technisch weitreichende und verbreiterlose Möglichkeit öffentlicher Äußerung für jedermann

Ändert die mögliche Internationalität nichts an dem wenigstens pressegleich intensiven Äußerungsschutz zumindest der auf Inlandsrechnern stationierten Texte und Bilder, deutet die mit dem elektronischen Druck verbundene Absenkung der Voraussetzungen für öffentliche Äußerungen vor allem aus individualgrundrechtlicher Perspektive sogar eine besondere Freiheit an.

a) Einfache Verfügbarkeit

Bereits für weniger als 51,13 € jährlich kann jedermann genügend Speicherplatz auf einem Internet-Host und Datentransfervolumen von und zu diesem Rechner anmieten, um am heimischen PC erstellte WWW-fähige Texte und Bilder via Internet auf den Rechner des Host-Providers zu übertragen und von dort aus unter eigener Adresse im WorldWideWeb auf Abruf an jeden anderen Internet-Teilnehmer zu versenden (Web-Hosting, virtueller Server). Für mehr Geld überläßt der Server-Provider dem Kunden einen Rechner zum Alleingebrauch (dedizierter Server) oder stellt an seinem Vermittlungsknoten Raum für die Unterbringung des Kundenrechners zur Verfügung (Server-Housing). Und auch der permanente Internet-Anschluß (always on) des zu Hause oder im Büro aufgestellten Rechners wird mit Sende- und Empfangsbandbreiten erschwinglich, die den eigenen WWW-Server in eigenen Räumen vielfach als praktikable Alternative erscheinen lassen. Vergleicht man all diese Veröffentlichungsmöglichkeiten mit dem finanziellen, organisatorischen und personellen Aufwand, der erforderlich ist, um bedrucktes Papier herzustellen, vorrätig zu halten und entsprechend weitgestreut anzubieten sowie zu verteilen, erschließen sich hier tatsächlich ganz neue Äußerungswege.

b) Technische Egalität der empfangenen Äußerung

Zwei weitere Umstände verdienen gesonderte Erwähnung: Jedes Anfordern verschiedener Seiten von WWW-Servern, das sich für den Nutzer am Empfänger-Rechner als Blättern in den Seiten des WWW darstellt, zeigt, wie die auf finanziellen oder anderen Gewinn gerichteten Angebote Einzelner, verschiedenster Unternehmen, beliebiger Vereinigungen und Vereine, staatlicher Organisationen und überhaupt eines jeden, der schreiben kann und das Produzierte anbieten möchte, in erstaunlicher Weise *technisch gleichermaßen leicht* zur Verfügung stehen. Ist die weltweit eindeutige Adresse bekannt bzw. ein Hyperlink-Verweis vorhanden, können in Australien gespeicherte Kochrezepte ebenso schnell angefordert und – es sei denn ein Datenstau – auf dem eigenen Bildschirm sichtbar gemacht werden, wie der Fahrplan des heimischen Verkehrsbetriebes, die auf dem Server von Amnesty International vorgehaltenen Länderberichte, Angebote verfassungsfeindlicher wie -tragender Vereinigungen bzw. Parteien, die Homepage des lokalpolitischen Gegners, schon nicht mehr zu zählende Online-Ausgaben verschiedenster Zeitschriften oder sonst praktisch beliebige Äußerungen zu beliebigen Themen. Zudem *hat jeder den gleichen Bildschirm für die Vermittlung seiner Anliegen zur Verfü-*

gung und nicht selten wirkt die sparsame, mit relativ geringem Aufwand übersichtlich gestaltete Einstiegsseite ansprechender als die von professionellen Dienstleistern graphisch aufgeblasene, Datenunmengen fressende und den Zugang zur gewünschten Information zuweilen eher behindernde Präsentation. Das Internet hängt nicht nur die Eingangshürden selbst für nachhaltige öffentliche Äußerungen so niedrig, daß sie praktisch jeder daran Interessierte unabhängig von der Refinanzierung aus Gewinnen überschreiten kann; es wahrt darüber hinaus mit dem Mausklick als technisch identischem Abstand zwischen allen Äußerungen sowie dem gemeinsamen Äußerungsformat eine gewisse Gleichheit der Äußernden[36].

c) Insbesondere geistige Verbreiter sind unnötig

Die Veröffentlichungsmöglichkeit Internet ist nicht nur billig und für jeden zu organisieren, sondern einzigartig auch darin, dass sie zugleich technisch weit reicht und dennoch keinen professionellen Verbreiter benötigt. Geistige Verbreiter sind in jeder Variante der Veröffentlichung über das WWW unnötig; selbst der Hosting-Provider ist kein Herausgeber oder Verleger, sondern stellt nur Vervielfältigungs und Sendetechnik bereit. Und wer einen eigener Server in eigenen Räumen betreibt, bedarf nicht einmal dieses technischen Verbreiters mehr, sondern nur noch der Datenweiterleitung durch die Vermittlungsnetzbetreiber (Internet-Anschlußprovider und andere).

d) Technisch mögliche und tatsächlich erzielte Verbreitung

All das bedeutet in dem dann verstärkten Kampf um das knappe Gut Aufmerksamkeit natürlich keinesfalls, daß nun ein jeder für seine Veröffentlichungen im Web zwingend auch nur nach Hunderten zu zählende Interessenten findet oder daß finanzielle Ressourcen bedeutungslos werden. Nur vergleichsweise wenige Web Sites zählen zu den Massenmedien in einem engeren Sinn, die Hunderttausende oder Millionen erreichen und insgesamt sehr viel größere Anteile an der öffentlichen Kommunikation halten. Zum einen *kann* jedoch nun die mit einfachen Mitteln erstellte und angebotene Äußerung viele erreichen; nicht umsonst stellen die klassischen Massenmedien sich darauf ein, die Rolle des Gatekeepers für das, was veröffentlicht wird, zu verlieren. Und zum anderen würden geringe Auswirkungen auf die öffentliche Meinungsbildung die Frage nach der Äußerungsfreiheit nur dann interessieren, wenn die tatsächlich große Reichweite einer öffentlichen Äußerung Voraussetzung wenigstens für das Maß ihres grundrechtlichen Schutzes wäre. Doch hängt der Schutz der Pressefreiheit für periodische oder nicht periodische Schriften ebensowenig von der Auflage, deren Absetzbarkeit oder der Professionalität der Herstellung ab wie der Schutz der über das Internet verbreiteten WWW-Pages von den Zugriffsstatistiken. Wenn zuweilen der entgegengesetzte Eindruck entsteht, erst die effektiv zu real massenhafter Kommunikation eingesetzte und also entsprechend erfolgreiche Druckschrift rechtfertige den Schutz der Pres-

36 Vgl. auch *A.C.L.U. v. Reno*, 929 F. Supp. 824, 877, 883 (ED Pa. 1996); *Reno v. A.C.L.U.*, 138 L.Ed.2d, 874 = 117 S.Ct. 2329 (1997), unter V., a. E.

sefreiheit, wird das geschützte Medium, das als solches technisch geeignet ist, *auch* Massen zu erreichen, mit *einem* konkreten Gebrauch dieses Mediums verwechselt. Schließlich dürften stärker fragmentierte Öffentlichkeiten als denkbare Folge einer größeren Zahl der sich öffentlich Äußernden selbst im zuweilen prognostizierten Falle damit einhergehender desintegrierender Effekte den Grundrechtsschutz der Äußerungen ebensowenig berühren wie es die zuvor stärkere Konzentration der Meinungsbildung, d. h., der geringere Grad an Pluralismus mit seiner Kehrseite einer denkbaren Integrationswirkung vermochte. Auch mögen die Tatsachen andere sein. Ein Mehr an Äußerungen muß kein Mehr an Inhalten bedeuten. Die Vielzahl der Programme insbesondere der wenigen Unternehmensgruppen, die sich nach der Jahrtausendwende den deutschen Privatfernsehmarkt im Wesentlichen teilen, vermittelt dem oberflächlichen Betrachter ganz im Gegenteil den Eindruck, es werde eine geringere Themenbandbreite in noch banaleren und dümmeren Formen immer neu variiert.[37]

Im Ergebnis wird man kaum umhinkommen, den elektronischen Druck nicht nur als Anhängsel der Druckerpresse, sondern als selbstwerten Weg für öffentliche Äußerungen anzuerkennen, der mit seiner einfachen Begehbarkeit für jedermann und dennoch technisch großen Reichweite höchsten Grundrechtsschutz aus Art. 5 I GG erhält.

37 Abstoßend wirkt unter anderem die Dreistigkeit und Scheinheiligkeit, mit der alle Sendeformate praktisch alles und jeden fast ausschließlich unter dem Aspekt der Emotionalisierbarkeit verunstalten und verwursten. Sofern Information mehr meint als den Sinnesreiz, der den satten und im Experiment schon abgestumpften Primaten dennoch erreicht, hat das Fernsehen in der Regel keinen Anteil an einer Informationsgesellschaft, sondern nur an einer Information verachtenden Gesellschaft des Reizes.

IV. Ein nicht schon von Natur aus kontrollresistenter Äußerungsweg

Erkennt man den intensiven Schutz, den die Freiheit der Veröffentlichung von Text und Bild über Computernetze genießt, wird für die Inhaltskontrollfrage eine gewisse Vorstellung von den Strukturen des Äußerungsweges erforderlich, die nicht vorausgesetzt werden kann[38], ohne die es jedoch schwerfällt, Relevantes von Irrelevantem zu unterscheiden und plausible Wertungen zu treffen. Insbesondere gilt es zu erkennen, wer mit welchem Verhalten als Subjekt von Kontrolle oder Haftung in Betracht kommt. Deshalb müssen technische Minima ebenso wie die gesellschaftliche Organisation der Technikumsetzung soweit veranschaulicht werden, daß ein Urteil über Einflußbereiche im Internet möglich und deutlich wird, welche tatsächlichen Vorgaben für Inhaltskontrolle und -haftung Dritter mit der jeweiligen Organisation der Äußerung im WWW verbunden sind. Die folgende Darstellung richtet sich vor allem an Leser, die mit den einschlägigen Strukturen nur wenig vertraut sind. Wer sich auskennt, kann eventuell aufgrund der Kontrollfrage als leitender Perspektive den einen oder anderen neuen Aspekt gewinnen; im übrigen mag sie unter V. (S. 62 ff.) fortfahren. Insbesondere folgende Punkte sollten im Laufe der Erläuterung plausibel werden.

(1) Das Internet kennt zwei Arten von Rechnern, die unterschiedliche Kontrollansatzpunkte bieten. Zum einen Hosts oder Endgeräte, d. h. Rechner, die für ihre Nutzer Daten verarbeiten (e-mails, WWW-Dokumente) und Daten an andere Hosts versenden und von diesen empfangen. Zum anderen Router oder Vermittlungsrechner, die sich zwischen den Hosts befinden und vom Quell- oder Senderhost versandte Daten zum Ziel- oder Empfängerhost vermitteln. Tertium non datur, Kontrolle kann nur an Hosts oder an Vermittlungsknoten ansetzen.

(2) Jede Inhaltskontrolle, die Äußerungen unterbinden will, muß zunächst die zu kontrollierenden Äußerungen auswählen und die ausgewählten Kommunikationen anhand des jeweiligen Kontrollmaßstabs inhaltlich bewerten. Für diesen ersten Schritt, das „Erkenntnisverfahren", steht jeder Kontrolle, sei sie staatlich oder privat, ziele sie auf den Quellhost oder auf Vermittlungsrechner, ein technisch weithin identisches Instrumentarium zur Verfügung. Der Kontrolleur, Mensch oder Computer, fordert über einen eigenen Internet-Host das WWW-Dokument vom Quellrechner an, bewertet es und entscheidet über seine Maßstabskonformität. Dabei ist es unerheblich, wie die Kontrolle auf das Dokument aufmerksam wurde, ob durch Vorhalt Dritter, im Rahmen von Webpatrouillen oder beim systematischen Absuchen der öffentlichen WWW-Server eines Internet-Teilnetzes usf. Die danach als maßstabswidrig eingestuften Äußerungen sind in einem zweiten Schritt zu unterbinden. Für dieses „Vollstreckungsverfahren" kommt es verstärkt auf die Befugnisse der Kontrolle sowie die Frage an, ob Hosts oder Router die Maßnahme umsetzen sollen.

---

38 Insbesondere einige strafrechtliche Entscheidungen hatten sich den Vorwurf unzureichender Funktionskenntnis eingehandelt (vgl. Generalbundesanwalt, Verf. v. 26.11.97, MMR 1998, 93, mit Anm. *Hoeren*, MMR 98, 97; AG München, 28.5.98, NJW 98, 2836, dazu *Moritz*, CR 98, 505; *Sieber*, MMR 98, 438; *Hoeren*, NJW 98, 2792); Begründungen, die dem noch nicht kundigen Leser ihre Tatsachengrundlage verdeutlichen, machen sich bislang jedenfalls rar (vgl. aber *A.C.L.U. v. Reno*, 929 F. Supp. 824, [ED Pa. 1996], 830 – 849).

(3) Umsetzung der Kontrolle in Gestalt des *Zugriffs auf den Quellhost* ist *technisch einfach*, gleich, ob sich der Rechner in den Räumen des Äußernden oder bei einem Host- oder Serverprovider befindet. Der Kontrolleur befiehlt dem Quellrechnerbetreiber die Sperrung bzw. Löschung der entsprechenden Datei, beantragt bei einem Zivilgericht eine einstweilige Verfügung oder, falls er z. B. als Hostprovider selbst Administrationsbefugnisse für den Quellrechner hat, sperrt bzw. löscht die Datei selbst. *Rechtlich* interessieren vor allem zwei Fragen. Eine betrifft beide Konstellationen, sowohl den eigenen Server in eigenen Räumen als auch die Äußerung mittels fremder Internet-Quellrechner. Darf der Staat, besonders in Gestalt exekutiver Äußerungsverbote, gegenüber der Äußerung auf dem WWW-Server, was ihm gegenüber dem bedruckten Papier verboten ist? (unten V. und VI.). Die zweite ist auf die Äußerung mittels fremder Server an fremden Orten beschränkt und kümmert sich um das Maß an Inhaltsverantwortung, das Server- oder Host-Provider auferlegt werden kann. Auch dieser zweite Komplex verlangt keine besonderen technischen Einsichten in den Internet-Datentransport, nur eine Differenzierung der diversen Funktionen von Host- und Serverprovidern (VIII.).

(4) Hingegen ist Kontrolle in der Form des *Zugriffs an den Vermittlungsrechnern (Routern)* gleichermaßen *technisch interessant* wie *rechtlich brisant*. Angesichts der Möglichkeit des eigenen Servers in eigenen Räumen, der keinen Host- oder Serverprovider, sondern nur die Vermittlungsrechner des Internet benötigt und insoweit verbreiter- oder mittlerlose Veröffentlichungen ermöglicht, geht es hier um den Schlüssel zur Frage nach Äußerungsfreiheit im Internet.

(5) Verbreitungsunterbindung an Vermittlungsknoten und damit der Sinn einer Inhaltshaftung ihrer Betreiber scheitert nicht daran, dass jeder Vermittlungsknoten, der Daten den Weitertransport verweigert, über alternative Router umgangen würde. Der *eine* dezentrale Computernetzverbund Internet ist eine lose Ansammlung *vieler selbständiger* Internet-Teilnetze, die der jeweilige Betreiber gestaltet und zentral steuert. Jedes Einzelnetz wird erst dadurch zu einem Teil des Internet, dass es einen oder mehrere *seiner* Router mit einem oder mehreren Routern eines oder mehrerer *anderer* Internet-Teilnetze verbindet. Zugleich entscheidet jedes Teilnetz weitgehend autonom über die eigene Routing-Politik, den Einsatz von Paket-Filtern, Web-Block-Rechnern etc. Das gilt für den netzinternen Datenverkehr wie für den Datengrenzverkehr zwischen den eigenen Grenzroutern und den Grenzroutern anderer Internet-Teilnetze bzw. unmittelbar angeschlossener Internet-Hosts. So können Normen, die jedem Betreiber von Vermittlungsrechnern in ihrem bspw. staatsweiten Geltungsbereich bestimmte Vorkehrungen zur Filterung abverlangen, sinnvolle Inhaltskontrollmöglichkeiten eröffnen. Hat etwa der Betreiber des Internet-Teilnetzes, das über einen seiner Router den Router des lokalen Netzes der B-KG anschließt, die Infotainment-Kritik aus dem Bsp. (2)[39] im Falle ihrer Rechtswidrigkeit zu sperren und zieht er die Sperrung einer von X angedrohten Klage vor, gibt es keinen ungesperrten Alternativweg für die Datenpakete der B-KG. Schließt sie ihr Netz alternativ oder zusätzlich an das Netz eines anderen Zugangsproviders an, ist dieser ggf. zur selben Maßnahme verpflichtet usf.

39 Oben, S. 18 f.

(6) Vermittlungsknoten sind anhand verschiedener Kriterien in der Lage, aus den sie erreichenden Datenpaketen diejenigen herauszufiltern, die mit dem Transport der fraglichen Äußerung zu tun haben. Grob ist das Kriterium der Adresse des Quellrechners oder seines Netzes. Da jeder Internet-Rechner eine weltweit eindeutige Adresse hat und jeder Router diese Adressen ohnehin liest, um zu entscheiden, über welche seiner Leitungen er das Paket weiter vermittelt, ist es einfach, alle Datenpakete, die von oder zu einem bestimmten Rechner oder Netz unterwegs sind, aufzuhalten oder zu einem speziellen Filterrechner zu senden. Genauer ist die Filterung anhand des ebenfalls weltweit eindeutigen Namens des WWW-Dokuments (Uniform Resource Locator – URL). Dieser Name zählt allerdings schon zur Nutzlast der Datenpakete, die die Router nicht lesen können, so daß der Vermittlungsknoten um einen URL-Filter aufgerüstet werden muß. Das ist möglich, wird bspw. in vielen Unternehmensnetzen praktiziert und ist auch durch Zugangsprovider realisierbar. Sogar die Kontrolle des Inhalts versendeter Äußerungen ist technisch machbar, indem die Vermittlungsknoten um Zwangs-Proxies (Zwangs-Stellvertreter) mit Filterfunktionen aufgerüstet werden.

(7) Letztlich gilt es einen Doppelirrtum über den Zusammenhang von Technik und Äußerungsfreiheit im Internet zurechtzurücken: Das Internet ist nicht, wie häufig implizit oder explizit vorausgesetzt wird, auf kontrollresistente Technik fixiert. Und Inhaltskontrolle läuft auch nicht schon dann ins Leere und bedeutet somit „in Wahrheit“ Äußerungsfreiheit, wenn es Umgehungsmöglichkeiten gibt und also die Kontrolle Lücken läßt.

1. Das Internet als anwendungsgleichgültige Datentransportinfrastruktur

Die Frage nach Inhaltskontrolle durch Vermittlungsknoten des Internet muß zwischen der *einen* Datentransportinfrastruktur Internet und den *verschiedenen* Anwendungen (Nutzungen) der transportierten Daten unterscheiden. An der Infrastruktur zum Transport beliebiger, in kleine Datenpakete verpackter Nutzdaten sind alle Internet-Rechner beteiligt, Endknotenrechner (Hosts) und Vermittlungsknotenrechner (Router) (unten, b). Die unterschiedlichen Nutzungen der transportierten Nutzdaten finden hingegen nur an den Endpunkten des jeweiligen Datenversands statt, im Sender- und im Empfängerhost (unten, a). Die Unabhängigkeit des Datenpakettransports von der Nutzung der Daten durch Versender und Empfänger (unten, c) beeinflußt die Möglichkeiten inhaltsbezogener Äußerungsunterbindung in den Vermittlungsknoten, ohne sie auszuschließen oder auch nur technisch unzumutbar zu machen (2. und 3.).

a) Datennutzungen oder -anwendungen wie e-mail, Dateiaustausch im WWW etc. finden nur in den Endgeräten statt (Anwendungsschicht)

Sinn und Zweck des Zusammenschlusses von Computern zu Computernetzen (Networks = Nets) und von Computernetzen zu Computernetzverbünden (Internetworks = Internets) ist es, den Nutzern der angeschlossenen Computer *Nutzungen* (Anwendungen, Dienste) zu ermöglichen. Eine Anwendung ist etwa der Zugriff entfernt voneinander lebender Nutzer auf die Rechenleistung eines Supercomputers oder auf eine Datenbank.

Andere Anwendungen leisten Kommunikationsdienste, indem sie den Austausch von Texten, Bildern etc. mit anderen Nutzern erlauben, ohne die Zeichen auf Papier oder anderen Datenträgern verkörpert verschicken zu müssen. Alle Anwendungen sind Datenverarbeitungen, die allein in den Rechnern an den Endpunkten des jeweiligen Datenaustauschs stattfinden und nur funktionieren, wenn beide, Quell- wie Empfängerhost, über Instanzen (Software, intelligente Hardware) verfügen, die die für die jeweilige Anwendung geltenden Regeln (Protokolle) beherrschen. Eine viel genutzte Internet-Anwendung ist das Senden und der Empfang von elektronischer Post (e-mail) nach den Regeln des Simple Mail Transfer Protocol (SMTP). Auch das Senden von Nachrichten zu sog. News-Servern oder das Abfragen der von anderen dorthin gesendeten und vom News-Server gespeicherten Nachrichten (News-Dienst, elektronische schwarze Bretter) aufgrund des Network News Transfer Protocol (NNTP) zählt hierzu. Für Veröffentlichungen steht das erst in den 90er Jahren des letzten Jahrhunderts entwickelte Anbieten und Abfragen von Texten, Bildern etc. im sogenannten WorldWideWeb (WWW) nach den Regeln des HyperText Transfer Protocol (HTTP) im Vordergrund. Soll beispielsweise ein Internet-Rechner der B-KG das P-Magazin im WorldWideWeb anbieten, muß er mit einem das Protokoll HTTP beherrschenden Server-Programm als WWW-Server eingerichtet werden und kann dann die auf ihm in einzelnen Dateien gespeicherten Texte, Bilder des Magazins etc. bereithalten. Will jemand solche Texte etc. anfordern und auf seinem Internet-Rechner sichtbar machen („surfen"), muß er ein ebenfalls nach den Regeln des HTTP arbeitendes WWW-Client-Programm, einen sog. Browser, auf seinem Rechner installieren. Dabei ist es dem WWW-Server des Internet-Rechners der B-KG egal, auf welchem Weg die Anfrage eines Browsers nach einer Datei mit Namen „03meinung.html" aus dem Verzeichnis „pmagaktuell" zu ihm gelangt. Kann der Server aber tatsächlich auf ein so benanntes Verzeichnis zugreifen und findet darin eine Datei dieses Namens, gibt er eine Kopie als Datenstrom für den Browser ab. Der WWW-Browser seinerseits schert sich nicht darum, *wie* der Datenstrom ihn erreicht, interpretiert ihn aber, ist er einmal angekommen, nach den Regeln von HTTP und stellt so den Infotainment-Verriß aus dem obigen Beispiel (2)[40] dar. Es können also die Daten auch auf Diskette abgespeichert zum Empfängerhost gebracht werden, ganz ohne Beteiligung des Internet. Entscheidend für das Funktionieren der Datenanwendung „WWW" wie jeder anderen Anwendung ist allein, *dass* der Datenstrom, der für die Anwendungsinstanzen im Sender- wie im Empfängerrechner den gleichen Text etc. bedeutet, *unverändert* von der sendenden Anwendung im Quellrechner zu der entsprechenden Partneranwendung im Empfängerrechner gelangt.

b) Allein am Datentransport sind auch die zwischen den Hosts liegenden Vermittlungsknoten (Router) beteiligt

Genau darum – und nur darum – kümmert sich das Internet als Datentransportinfrastruktur. Eines seiner wesentlichen Kennzeichen ist, dass es die Daten beliebiger, auch völlig unbekannter Anwendungen als Transportgut entgegennimmt und zum Ziel bringt.

40 Oben, S. 18 f.

Zum anderen, und hier liegt wohl vor allem der Kern der Revolution, ist das Internet in der Lage, sich über all die technisch verschiedenen und untereinander weithin inkompatiblen Netze hinweg zu erstrecken. Zur Strukturierung der dafür nötigen Aufgaben und Prozesse verfügt das sogenannte Internet- oder TCP/IP-Referenzmodell über mehrere aufeinander aufbauende Netzwerkschichten oder -ebenen mit je eigenen Funktionen und Protokollen[41]. Deren Zusammenspiel läßt sich veranschaulichen, wenn man den Weg eines Nutzdatenstroms von einer Anwendung im Quellhost, hier der WWW-Server-Instanz im Host der B-KG durch die Internet-Schichten hindurch und über die Vermittlungsknoten hin zur Partneranwendung im Zielhost, hier dem WWW-Browser im Host des namenlosen Surfers verfolgt.

Zunächst ein kurzer Blick auf alle Schichten: Die oberste Schicht, die *Anwendungs- oder Verarbeitungsschicht* wurde schon behandelt; auf ihr finden sich die jeweiligen Partneranwendungen im Sender- und Empfängerhost (e-mail, News-Service, file transfer = Dateitransfer etc.). Im Beispiel handelt es sich um den WWW-Server, der einen Datenstrom mit einer Kopie der Datei des Namens „03meinung.html" dem WWW-Browser im Empfängerhost zukommen lassen will. Den Transport dieses Datenstroms erledigen die tiefer liegenden Netzwerkebenen oder -schichten. Unmittelbar unterhalb der Anwendungsebene befindet sich die *Transportschicht*, eine Art Datenver- und -entpackungsstation, die hauptsächlich nach den Regeln des Transmission Control Protocol (TCP) arbeitet. Da die von der Transportinstanz gepackten Datenpakete auf der Reise vom Senderhost zu der Transportschicht im Empfängerhost nicht aufgeschnürt werden, findet sich die Transportschicht ebenso wie die Anwendungsschicht nur in den Internet-Hosts als den Endpunkten der Datentransporte, nicht hingegen in den zwischen den Endpunkten liegenden Vermittlungsknoten. Die verbleibende zentrale Aufgabe, die von der Transportschicht verpackten Datenstücke über die wenigen oder vielen zwischen den Endknoten liegenden Vermittlungsknoten zum Empfängerhost zu leiten, übernimmt die unter der Transportschicht liegende und von den Regeln des IP (Internet Protocol) geprägte *Internetschicht (Netzschicht).* Unter der Internet-Schicht ist noch die sogenannte Netzzugangsschicht angesiedelt, die sich mit dem Transport der Daten zwischen den einzelnen Internet-Rechnern bzw. innerhalb der einzelnen am Internet beteiligten Netze nach deren spezifischen Regeln richtet. Sie ist also anders als die internetspezifischen höheren Schichten nicht einheitlich, ja so verschieden wie die am Internet teilnehmenden Netze (die „nets" des Inter*net*).

(1) Die unmittelbar unter der Anwendungsschicht angesiedelte *Transportschicht* wird in jedem Internet-Endknoten durch ein Software- oder intelligentes Hardwareteil repräsentiert. Diese Transportinstanz beherrscht unter anderem TCP[42] und steht „nach

41 Als fundierte und weiterführende Einführung in Netzwerke und Netzwerkschichten ebenso wie in das Internet und sein Schichtenmodell bislang unerreicht *Tanenbaum*, Computer Networks, 3rd ed. 1996, dt. Ausgabe: Computernetzwerke, 1997; ferner *Mathias Hein*, TCP/IP Internet-Protokolle im professionellen Einsatz, 4. Auflage 1998. Das Internet folgt nicht dem komplizierteren, jetzt und auf absehbare Zeit praktisch irrelevanten OSI-Schichtenmodell; zu ihm *Tanenbaum*, S. 44 ff.; *Hein*, S. 53 ff.

42 Die Transportschicht des Internet kennt außer TCP noch das Protokoll UDP, das unter anderem für Netzwerkadministrationszwecke eingesetzt wird; es unterscheidet sich von TCP insbesondere dadurch, dass keine Fehlerkontrolle stattfindet, also verlorengegangene Pakete verloren bleiben.

oben“ über durchnummerierte „Ports“ (Tore) mit je einer Anwendung in Verbindung. Im Senderhost des Beispiels besteht etwa über den Port 80 eine Verbindung zum WWW-Server bzw. im Empfängerhost ebenfalls über den Port 80 zum WWW-Browser. Im Rahmen der Versendung der html-Datei erhält nun die Transportinstanz im Host der B-KG über ihren Port 80 von der WWW-Server-Anwendung die zu versendende Datei als Datenstrom, zerlegt den Strom in viele kleine Datenstücke (Datengramme), versieht diese unter anderem mit Kennzeichnungen der richtigen Reihenfolge und gibt die so für die Transportinstanz im Empfängerrechner zurechtgemachten TCP-Pakete an die unter ihr liegenden Schichten weiter, die sich darum kümmern, dass die Daten den Empfängerrechner erreichen (dazu sogleich [2] und [3]). Dort angekommen erhält letztlich die Transportinstanz des Empfängerrechners die von ihrer Partnerin im Senderrechner verpackten Datenstücke, entpackt sie und stellt aus ihnen wieder den Ausgangsdatenstrom zusammen, den sie an die an ihren Port 80 angeschlossene Anwendung, hier den WWW-Browser weitergibt. Der kann dann die html-Seite für den Nutzer darstellen.

(2) Unter der Transportschicht liegt die *Internetschicht* (Vermittlungsschicht) mit ihrem Internet Protocol, dem „Klebstoff, der alles zusammenhält“[43]. Aufgabe der Internetschicht ist es, die ihr im Quellhost von der Transportschicht übergebenen TCP-Datenpakete in Internet-Protocol-Datenpakete (IP-Pakete) zu verpacken und diese nach bestem Bemühen[44] zum Zielhost zu befördern, und zwar auch dann, wenn beide Rechner sich in verschiedenen Netzen befinden und wenn weitere Netze dazwischenliegen. Dementsprechend findet sich die Internetschicht, anders als die Anwendungs- und die Transportschicht, zwingend in *allen* Knoten des Internet, in den Hosts wie in den Routern[45]. Da jeder Host über eine weltweit eindeutige Internet-Protocol-Adresse (IP-Adresse) verfügt, ist die tatsächliche Vielzahl der verschiedenen Netze mit ihren ungezählten Hosts für die Internet-Schicht *ein* logischer Verbund, in dem jeder Rechner erreichbar ist. Dabei fügt die Internetschicht im Quellhost den ihr von der Transportschicht übergebenen TCP-Datenstücken die vom Internet Protocol geforderten Informationen hinzu, insbesondere Quell- und Zieladresse, und gibt die so verfertigten IP-Pakete noch einmal nach unten in Richtung auf den ersten Internet-Vermittlungsknoten (Router) weiter.

(3) In der untersten, im TCP/IP Modell praktisch kaum geregelten Host-an-Netz-Schicht (Netzzugangsschicht)[46] herrscht die Vielzahl und die Uneinheitlichkeit der am Internet beteiligten Netze, auf die die netzübergreifende einheitliche Datentransportstruktur der beiden darüberliegenden, von IP und TCP geprägten Schichten aufsetzt. Hier „unten“ bestimmt jedes Internet-Teilnetz mit seinen eigenen Regeln und Übertragungsmedien, wie es innerhalb seines Bereiches den Transport der Bits von einem Internet-Rechner zum nächsten realisiert. So wandern die Daten unterhalb der Internet-

43 *Tanenbaum*, S. 430.

44 Fehler, wie verlorene Pakete, muß die Transportschicht durch Neuanforderung beheben.

45 Die Internet-Schicht verfügt neben IP noch über diverse Steuerprotokolle, in den Routern beispielsweise „Open Shortest Path First“ (OSPF) für das Routing innerhalb einzelner an das Internet angeschlossener Netze oder das „Border Gateway Protocol“ (BGP) für dasjenige zwischen solchen Netzen, *Tanenbaum*, S. 442 ff., *Borowka*, InterNetworking, 2. Auflage 1998, S. 272 ff.

46 Häufig noch in Sicherungs- und Bitübertragungsschicht unterteilt.

Schicht des Server-Hosts beispielsweise über das lokale Netzwerk der B-KG zur Internet-Schicht des ebenfalls an diesem Netz des Typs FastEthernet teilnehmenden Router des Unternehmens. Dieser erste, noch in den Räumen der B-KG plazierte Router schickt die Daten in Richtung auf den zweiten Router der Reise, der zugleich der erste Router im Vermittlungsnetz des Anschluß-Providers der B-KG ist, durch eine von einer Telefongesellschaft gemietete Stand(telefon)leitung. Nach dem ersten Router des Providers mögen die Daten zunächst dessen ATM-Netz durchreisen und in den Netzen weiterer Provider auf noch andere Übertragungstechniken wechseln. Schließlich müssen sie zwischen dem letzten Router der Reise, der sich am sog. Point of Presence des Anschlußproviders des Betreibers des Zielhosts befindet, und dem Zielhost noch in eine von Modems eingerahmte analoge Telefonwahlleitung.

Während der Reise steigen die Daten in jedem Router „nach oben" in die Internetschicht, die das Ziel eines jeden IP-Pakets liest, in Routing-Tabellen nachschlägt, anhand dieser und anderer Kriterien über die effektivste Ausgangsleitung entscheidet und so den nächsten „Hop" bestimmt. Die Tabellen eines Routers enthalten die Adressen der unmittelbar an ihn angeschlossenen (lokalen) Hosts, im übrigen und wenn der Router nur über Routerverbindungen verfügt, Informationen darüber, wie nicht lokal zustellbare Pakete weiterzuleiten sind. Schließlich erreichen die Daten den Router, der über eine Leitung zum Zielhost verfügt, werden an diesen weitergeleitet und marschieren im Zielhost durch die Schichten nach oben Richtung Browser. Die Internetschicht des Zielhosts befreit die einzelnen Pakete von den Informationen, die die Internetschicht des Quellhosts hinzugefügt hatte, und reicht die Daten an die Transportschicht weiter, die ihrerseits die von ihrer Partnereinheit im Quellhost hinzugefügten TCP-Informationen entfernt, alle verbleibenden Nutzdatenstücke zu dem Ausgangsdatenstrom zusammensetzt und diesen über ihren Port 80 an den WWW-Browser auf der Anwendungsschicht weitergibt.

Es läßt sich erkennen, dass den mit dem Transport beschäftigten Instanzen der Transport- und Internetschicht unbekannt bleibt, welchen Sinn der zu transportierende Datenstrom für die jeweilige Anwendung (WWW, e-mail etc.) in Sender- und Empfängerrechner hat. Kein Router weiß oder kann auch nur in Erfahrung bringen, was etwa der WWW-Server im Senderhost oder der WWW-Browser im Empfängerhost mit den Nutzdaten anfängt oder was gar der Nutzdatenstrom konkret bedeutet. Der Router liest immer nur die Empfängeradresse des IP-Pakets, dessen Inhalt ihm gleichgültig ist und den er nicht verstehen würde, und schickt das Paket in Richtung auf den Empfängerhost zum nächsten Router weiter. Das wiederholt sich, bis derjenige Router erreicht ist, der über eine Verbindung zum Empfängerhost verfügt und das Paket zustellt. Erst im Empfängerhost packen die unter der Anwendung liegenden Schichten die ankommenden Pakete aus, die Transportschicht fügt schließlich die Nutzdatenstücke zum Ausgangsnutzdatenstrom zusammen und übergibt diesen der Anwendung. Vergleiche mit einem klassischen Paket- oder Briefdienst sind möglich. Der Absender (die Anwendung im Senderhost) schreibt einen Brief oder versendet einen Datenträger, den der jeweilige Transportdienst (in den Hosts und den Routern) transportiert, aber nicht nutzen, anwenden, verstehen kann, weil er der Schriftsprache nicht mächtig ist oder ihm das Abspielgerät fehlt. Erst der Empfänger (die Anwendung im Empfängerhost) kann den Brief lesen, den Datenträger abspielen.

So gesehen bezeichnet „das Internet" heute einen seit den siebziger Jahren wachsenden Datentransportverbund aus inzwischen weit mehr als 134.000 selbständigen Computernetzen, von denen ein jedes über wenigstens eine Verbindung mit wenigstens einem der anderen Internet-Teilnetze verfügt. Damit kann jeder an einem der Internet-Teilnetze beteiligte Rechner jedem anderen der über 100.000.000 Rechner[47] im Computernetzverbund Datenpakete mit Nutzdaten für beliebige Zwecke zuschicken, auch durch viele andere Netze hindurch. Die dafür nötige weltweit eindeutige (IP-)Adresse eines jeden Internet-Rechners kennzeichnet, einer Postleitzahl vergleichbar, zunächst sein Heimatnetz und an zweiter Stelle, Straßenname und Hausnummer ähnlich, ihn innerhalb des Netzes.[48] Beispielsweise kann die IP-Adresse eines Internet-Hosts der B-KG „194.231.082.77" lauten, wobei der Netzteil „194.231.082." das Netz der B-KG und der Hostteil „77" den Rechner innerhalb des Netzes kennzeichnen würde. Unter dieser Adresse verschickt und empfängt der Rechner IP-Datenpakete für alle Anwendungen, die auf ihm installiert sind. Wurde er als WWW-Server zur Veröffentlichung der Online-Ausgabe des P-Magazins eingerichtet, erreichen ihn unter dieser Adresse die Datenpakete anderer Internet-Rechner, deren Nutzlast Anfragen um die Übersendung von WWW-Dokumenten enthält. Und unter derselben Adresse versendet er anfragegemäß die Kopien der Dateien, die die Texte und Bilder des Magazins enthalten. Gibt etwa jemand in das Adresseneingabefeld des WWW-Browsers eines Internet-Rechners die fragliche IP-Adresse ein und schickt eine Anfrage ab, wird der WWW-Server darum ersucht, dem nachfragenden Browser seine WWW-Startseite (Homepage) zu schicken. Da Menschen aber lieber mit Namen als mit solchen Zahlen umgehen, gibt es das sogenannte Domain Name System (DNS), das die eindeutigen IP-Adressen mit ebenso eindeutigen Rechnernamen verbindet, im Beispiel etwa „194.231.082.77" mit „www. bkg.de". Hierbei entspricht „bkg.de" dem Netzteil, „www" dem Hostteil der IP-Adresse. Gibt nun der Surfer „www.bkg.de" in die Adresszeile seines Browsers ein, ermittelt DNS die IP-Adresse, und es wird die Anfrage an den Rechner der B-KG verschickt, dessen WWW-Server die Datei mit der Homepage des P-Magazins zurückschickt. Die Darstellung dieser Einstiegsseite durch den Browser des Empfängerrechners zeigt dem Leser neben mehreren Rubriken auch einen unterstrichenen Verweis mit dem Text „Meinung". Es handelt sich um einen sog. „Hyperlink", hinter dem sich die Angabe der Fundstelle[49] derjenigen Datei auf dem Rechner der B-KG verbirgt, die den Infotainment-Verriss aus dem Beispiel (2)[50] enthält. Dieser sog. Uniform Resource Locator (URL) lautet: „http://www.bkg.de/pmagaktuell/03Meinung.html". Wieder ist „www. bkg.de" der Rechnername, der für jeden Datentransport in die IP-Adresse umgewandelt wird. „Pmagaktuell" heißt das Dateiverzeichnis auf dem Rechner, in dem sich unter an-

47 Netzzahlen von 1996 und Rechnerzahlen von 2000 nach *R. H. Zakon*, Hobbes' Internet Timeline v5.4, http://www.zakon.org/robert/internet/timeline/ (9.10.2001).

48 Zum Folgenden und weiterführend *Tanenbaum* (Fn. 41), S. 434 ff., 641 ff.; *Hein* (Fn. 41), S. 147 ff.; *Borowka*, InterNetworking, 2. Auflage 1998, S. 257 ff.

49 Erstmals im zudem auch noch weltweit eindeutigen Wortsinn.

50 Oben, S. 18.

deren die Datei „03meinung.html“ befindet. Bleibt man im Bild des Internet-Hosts als Gebäude mit eindeutiger Adresse, kann das Dateiverzeichnis als Kennzeichnung eines Raums, der Dateinamen als Kennzeichnung des in diesem Raum aufbewahrten Gegenstands (Buch, Brief etc.) gedacht werden. Klickt nun der Leser den unterstrichenen Verweis „Meinung“ an, liest sein Browser den – auf dem Bildschirm häufig nicht dargestellten – URL und schickt eine entsprechende Anfrage los. Natürlich kann eine solche Fundstelle auch auf Dateien anderer WWW-Serverrechner verweisen. Z. B. mag sich auf der Meinungsseite ein weiterer Hyperlink auf die Homepage des attackierten Fernsehsenders befinden; seine Aktivierung würde eine Anfrage an den im Link genannten Internet-Rechner auslösen, der, ist er vorhanden und arbeitet er als WWW-Server, der Bitte um Übersendung der Einstiegsseite[51] nachkommen würde usf.

c) Der Datentransport zwischen den Hosts und die Datenanwendungen durch die Hosts sind voneinander unabhängig

Die Datenverarbeitung findet also nur in den Partnereinheiten der Anwendungsschicht von Empfänger- und Senderrechner statt, ohne zu wissen, wie die Daten von einem zum anderen kommen. Der Datentransport seinerseits ist anwendungsgleichgültig und bringt alles, was man ihm gibt (WWW-Anfragen, WWW-Dokumente, e-mail, Datenmüll etc.), unbesehen und ignorant zum Empfängerrechner. Diese wechselseitige Unabhängigkeit von Datenanwendung und Datentransport erlaubt die Kennzeichnung des Internet als dummes Netzwerk, weil sie die Anwendungsherrschaft dem Netz und den Netzbetreibern nimmt und den Nutzern einräumt[52]. So werden immer neue Anwendungen auf die eine Datentransportstruktur aufgesetzt. Auch der Dienst des WWW ist nur eine, vergleichsweise junge Nutzungsmöglichkeit des Internet. Für Inhaltskontrolle entstehen aus der wechselseitigen Unabhängigkeit von Datentransport und -anwendung Schwierigkeiten, sobald sie nicht an den Endpunkten der Verbindung auf die Äußerungsdatei bzw. ihre Kopie beim Empfänger zugreifen, sondern die Daten während ihres Transports in den Vermittlungsrechnern aufhalten will. Können Vermittlungsknoten, die bestimmungsgemäß nichts vom Inhalt der Datenpakete wissen und auch nichts wissen können, überhaupt wirksame Inhaltskontrolle leisten? (unten 3.) Eine womöglich vorrangige Frage läuft darauf hinaus, ob es in einem dezentralen Netzverbund sinnvoll sein kann, Datenpakete an Vermittlungsknoten aufzuhalten, oder ob die Pakete dann nicht über andere Router den Empfänger erreichen (sofort 2.).

---

51 Die Einstiegsseite eines WWW-Angebots wird häufig auch „Homepage“ genannt. Sie verweist regelmäßig auf weitere Web-Seiten (Seiten, Pages). Als „WWW-Site“ oder „Site“ wird häufig die Gesamtheit der Seiten eines zusammenhängenden Angebots bezeichnet.

52 Vgl. schon oben S. 26.

2. *Autonome Internet-Teilnetze bilden das eine Internet*

a) Computernetze aus Endknoten (Hosts), Vermittlungsknoten (Routern) und Leitungen als funktionale Einheit und ihr Verhältnis zum Internet

Der Computernetzverbund Internet läßt sich als Netz aus *Rechnern* und *Leitungen* beschreiben. Die Rechner sind die Knoten, die Leitungen sind die Fäden des Netzes. Jede Leitung (Kupfer-, Glasfaserkabel etc., aber auch Satelliten- und anderer Funk) verbindet jeweils zwei Knoten. Die Hosts sind die *Endknoten* des Netzes und als Absender und Empfänger der Datenpakete zugleich die Endpunkte des jeweiligen Datenversands. Nur auf den Endknoten laufen von Menschen genutzte Anwendungen wie das Erstellen, Absenden, Empfangen und Darstellen einer e-mail oder das Bereithalten, Abfragen, Versenden, Empfangen und Darstellen von WWW-Dokumenten. Als Netzendknoten verfügt jeder Host über nur eine Leitung zu einem *Vermittlungsknoten* (Router), der seinerseits auch noch andere Hosts anschließen kann, immer aber mit wenigstens einem anderen Router in Verbindung steht. Die Router besorgen den Transport der vom Senderhost mit seiner Absenderadresse sowie der Adresse des Zielrechners versehenen Datenpakete. Der Datenpaketversand zwischen Hosts desselben Internet-Teilnetzes kann von dessen Routern erledigt werden, Datenpakete an Rechner fremder Internet-Teilnetze werden besonderen Grenzroutern des Absendernetzes zugeleitet, die über eine Verbindung zu einem Grenzrouter eines anderen Netzes verfügen und so die Pakete weiterleiten können. Dabei arbeiten die Router im Wesentlichen auf der Ebene der Rechneradressen, d. h., sie können nach Maßgabe ihrer Routing-Tabellen ohne weiteres Pakete nach diesen Kriterien sortieren, über bestimmte Routen schicken, auf besondere Filterrechner leiten, nicht weitertransportieren etc., sind aber ohne Aufrüstung nicht in der Lage, Paketinhalte zu untersuchen.

Wer kontrolliert die Router? Im Hinblick auf die Funktion des Datenpakettransports kann man sich die Gesamtheit der Router aller Internet-Teilnetze als *ein* weltweites Vermittlungs(verbund)netz vorstellen, das dann freilich von niemandem gesteuert wird. Denn in Kategorien der Computernetztechnik und der Funktionsherrschaft[53] sind die vielen Internet-Teilvermittlungsnetze autonome Systeme, die allein der jeweilige Betreiber, sei er Mensch, Personenvereinigung oder juristische Person, kontrolliert. Solche Computernetze, die an wenigstens einer Stelle mit einem anderen Internet-Teilnetz IP-Datenpakete austauschen, also zwischen einem Router ihres Netzes und einem Router des anderen Internet-Teilnetzes eine Verbindung herstellen, und nur so überhaupt zum Teil „des" Internet werden, existieren in allen Größen und zu den verschiedensten Zwecken. Sie variieren von weiträumigen und durchsatzstarken, mit zig anderen Teilnetzen zusammengeschlossenen Hochleistungsnetzen großer Telekommunikationsunternehmen über kleinere Fernnetze bis hin zum bloß stadt-, gebäude-, büro- oder wohnungsweiten (lokalen) Netz. Die B-KG etwa mag in ihrem lokalen Netz neben anderen Rechnern einen Router installiert haben, der nach außen über eine Standleitung mit ei-

53 So nennt § 3 Nr. 2 TKG die nach seiner Definition für das Betreiben eines Telekommunikationsnetzes erforderliche rechtliche und tatsächliche Netzkontrolle.

nem Router des Netzes eines Internet-Teilnetzbetreibers verbunden ist und so nach innen jeden an dem lokalen Netz beteiligten Rechner zum Internet-Host und das lokale Netz zum Internet-Teilnetz machen kann. Der andere Internet-Teilnetzbetreiber, der einen seiner Router mit demjenigen der B-KG verbindet, mag seinerseits ein auf die Region begrenztes Netz mit mehreren Routern betreiben, die er gegen Entgelt mit Routern lokaler Netze oder auch mit Einzelrechnern seiner Kunden zusammenschließt, er betätigt sich mit anderen Worten als sogenannter Zugangs- oder Anschlußprovider. Nach „oben" hin ist er zwecks Abwicklung des überörtlichen Datenverkehrs selbst Kunde des Betreibers eines größeren Internet-Teilnetzes, der als Anschlußprovider für kleinere Anschlußprovider etwa über ein deutschlandweites Vermittlungsnetz verfügt. Ein solches Backbone-Netz kann an mehreren oder zig Standorten über Hochleistungsrouter verfügen, die mit eigenen oder angemieteten durchsatzstarken Datenleitungen ring-, sternförmig oder sonstwie untereinander verbunden sind. Dabei mag der kleinere Vermittlungsnetzbetreiber gleich zwei Router seines Netzes an je einen Router des größeren Internet-Teilnetzes anschließen, um nicht schon beim Ausfall nur eines Grenzrouters auf seiner oder der anderen Seite abgetrennt zu sein. Sinnvoll kann es auch sein, das regionale Netz mit mehreren voneinander unabhängigen größeren Netzen zu verbinden. Der Betreiber des nationalen Backbones schließt nicht nur nach „unten" kleinere Netze von Internet-Connectivity-Händlern und häufig Endkunden an seine Vermittlungsknoten an, sondern stellt auch den Datenaustausch mit anderen größeren Backbones über entsprechend durchsatzstarke Vermittlungsknoten sicher. Verbindungen zwischen national beschränkten und Internet-Teilnetzen im Ausland werden ebenfalls dergestalt realisiert, dass ein Router eines inländischen Netzes über eine Leitung mit einem Router bspw. eines US-amerikanischen Netzbetreibers verbunden wird. Die Zwecke seines Netzes sind dem Belieben des Betreibers überlassen.

Grob lassen sich der Groß-, Zwischen- und Einzelhandel mit Internet-Connectivity und die Nutzung für bestimmte Zwecke wie Warenvertrieb, Veröffentlichungen etc. unterscheiden. Die „Zugangs-" oder „Accessprovider" genannten Anbieter von Internet-Anschlußmöglichkeiten sind nichts anderes als Telekommunikationsunternehmen, die ein mehr oder minder großes Internet-Vermittlungsnetz aus untereinander verbundenen Routern betreiben und anderen Internet-Teilnetzbetreibern oder Einzelhostinhabern anbieten, ihr Netz oder ihren Rechner mit einem Router des Vermittlungsnetzes zwecks IP-Paketaustauschs zu verbinden.[54] Die Internet-Vermittlungsnetze agieren im Wesentlichen anwendungsgleichgültig, während nutzungsorientierte Netze gewinnorientierter und anderer Organisationen und Personen vor allem für Internet-Dienste (www, e-mail, ftp, telnet etc.) benötigt werden. Natürlich kann auch ein anwendungsorientiertes Netz freie Kapazitäten für Internet-Anschlüsse anderer Netze und Hosts verwenden. Zwischen Anwendungs- und Vermittlungszweck finden sich die Netze von Host- oder Serverprovidern, die weder (nur) Router für den Anschluß der Hosts und Netze anderer

54 Ein Internet-Anschlußanbieter kann sich auch auf den Betrieb eines (lokalen) Internet-Vermittlungsknotens beschränken, den er einerseits (upstream) an das Internet-Vermittlungsnetz eines anderen anschließt und andererseits (downstream) Kunden zum Anschluß anbietet. Das im Text zu Vermittlungsnetzen Gesagte gilt im Folgenden entsprechend auch für einzeln betriebene Vermittlungsknoten.

betreiben, noch ihre Internet-Hosts selbst nutzen, sondern *ihre* Internet-Hosts *anderen* für Anwendungen wie Publikationen etc. zur Verfügung stellen.

Über jedes dieser Internet-Teilnetze, sei es groß oder klein, anwendungs- oder durchleitungsorientiert, bestehe es vor allem aus Routern oder Hosts, hat allein sein Betreiber die Funktionsherrschaft, d. h., er allein bestimmt, wieviele Router mit welcher Leistung wo aufgestellt werden, welche der Router wie miteinander verbunden werden, welche Router nur den netzinternen Datenverkehr abwickeln und welche Router als sogenannte Grenzrouter über Leitungen mit den Grenzroutern anderer Netze den wechselseitigen Datenverkehr mit dem angeschlossenen Netz abwickeln sollen.

An dieser Stelle gilt es ein Mißverständnis zu vermeiden, das manche Darstellung, mag sie selbst ihm auch nicht erliegen, eher befördert als unterbindet. Angesichts des Rückgriffs vieler Internet-Teilnetze auf Leitungen aus anderen Telekommunikationsnetzen anderer Telekommunikationsunternehmen könnte man der Idee verfallen, *diese* Unternehmen seien als Betreiber eines Telekommunikationsnetzes die Betreiber des Internet-Teilnetzes und *ihr* Telekommunikationsnetz sei Internet-Teilnetz. Daß das Eigentum an Übertragungsleitungen, ja selbst der Betrieb von (einzelnen) Übertragungsleitungen und der Betrieb des Netzes, das diese Leitungen verwendet, auseinanderfallen, ist jedoch nicht nur im Internet weit verbreitet und in § 3 Nr. 1 u. 2 TKG mit der Unterscheidung des Betreibens von Übertragungsleitungen und des Betreibens von TK-Netzen anerkannt. Es ist auch praktisch leicht nachvollziehbar. Ein Internetprovider wie derjenige der B-KG, der Anschlußknoten an beispielsweise zehn Standorten zu einem Internet-Teilnetz verbinden will, stellt die Netzknoten in der Gestalt von Routern an jedem Standort auf und nutzt für ihre Verbindung das Angebot der Telefongesellschaften, die zwischen beliebigen Punkten *ihrer* Telekommunikationsnetze Standleitungen von unterschiedlicher Bandbreite vermieten. Sind die Router einmal durch Mietleitungen untereinander verbunden, verfügt der Internet-Provider über ein Internet-Netz mit zehn Vermittlungsknoten, an die sich nun Kunden anschließen können, in dem allein er – durch entsprechende Einrichtung der Router – bestimmt, von welchem Router welche IP-Pakete auf welchem Weg zu welchem anderen Router geschickt werden. Die Telefongesellschaft betreibt nur einzelne Übertragungswege zwischen je zwei Routern, d. h., sie kümmert sich darum, daß an einem Ende der vermieteten Leitung eingespeiste Bits am anderen Ende ankommen. Sie hat jedoch keinen Einfluß darauf, wo in dem 10-Knotennetz welche Datenströme eingespeist und in welche Richtung sie weitergeschickt werden, es sei denn, sie unterbricht eine Leitung. Unabhängig davon, ob Leitungen nur einer oder mehrerer Telefongesellschaften zum Einsatz kommen, handelt es sich immer um *ein* von dem Internetprovider betriebenes, unter seiner Funktionsherrschaft stehendes Netz aus eigenen Vermittlungsstellen, den Routern, und angemieteten Übertragungswegen[55].

---

55 Vgl. allgemein für Telekommunikationsnetze *Schütz*, in: Büchner u. a. (Hrsg.), Beck'scher TKG-Kommentar, 2. Auflage, § 6 Rn. 68. Indem der Provider die Übertragungswege nicht selbst betreibt, entgeht er der Lizenzpflicht des § 6 I Nr. 1 TKG; solange er mit seinem Internet-Vermittlungsnetz keinen „Sprachtelefoniedienst“ anbietet, bedarf er auch keiner Lizenz nach § 6 I Nr. 2 TKG. Selbstverständlich können auch Betreiber von Übertragungswegen ein Internet-Teilnetz mit ihren eigenen Lei-

Bis 1985 betrieb die National Science Foundation (NSF) in den USA *das* dominante Internet-Backbone; seit seiner Einstellung bilden mehrere große Internet-Backbones den Kern des US-amerikanischen Teils des Internet. Verschiedene deutsche Internet-Teilnetze waren lange Zeit im Inland ohne Verbindung und mußten inländischen Datenverkehr über den Umweg der USA abwickeln. Inzwischen hat sich allerdings ein dichtes Geflecht schon im Inland untereinander verbundener Netze herausgebildet, das internationale oder Übersee-Verbindungen in der Regel auch nur noch für den internationalen oder interkontinentalen Paketversand benötigt. So existierten in Deutschland im Jahr 2001 wenigstens einige zig Internet-Backbones von überregionaler Bedeutung und vermutlich weniger als 100 Internet-Teilnetze unterschiedlichster Größe verfügten über eigene Auslandsverbindungen. Gleichzeitig realisierten ca. 25 paneuropäische Netzwerke bessere Verbindungen zwischen den europäischen Städten als im inneramerikanischen Internet-Datenverkehr.[56]

b) Selbst eine Inhaltskontrolle durch Vermittlungsnetzbetreiber scheitert nicht an der Natur des Internet

Was heißt all das für die Möglichkeiten von Inhaltskontrolle und Inhaltshaftung der Internet-Teilnetzbetreiber? Jeder Netzbetreiber bestimmt das Routing in seinem Netz, d. h., wie welcher Router mit welchen IP Paketen zu verfahren hat. Sortierkriterien sind, der natürlichen Aufgabe des Pakettransports zwischen Sender und Empfänger entsprechend, die IP-Adressen von Sender- und Empfängerhost. Möglich ist rechnergenau jede Sortierung: Verwerfen aller Pakete eines oder bestimmter Sender- oder Empfängerrechner oder Netze, die Vorgabe bestimmter Routen für bestimmte oder alle Pakete, sei es über besondere Router oder auch über Hosts mit Filteranwendungen etc.

In Kontrollfragen kann also jeder Netzbetreiber sein Vermittlungsnetz nach Belieben einrichten und erfaßt mit der jeweiligen Maßnahme *lückenlos* alle an sein Netz angeschlossenen Hosts sowie die nur mit seinem Netz verbundenen anderen Internet-Teilnetze. Das gilt für den netzinternen Datenverkehr, der in unmittelbar an das eigene Netz angeschlossenen Hosts beginnt und endet, aber auch für Pakete aus anderen Netzen. Jeder Datentransport in andere und aus anderen Netzen läuft über Grenzrouter, die importierte Datenpakete ebenso sortieren können wie interne. Verwirft etwa der Router des Providers der B-KG, mit dem der Router des Netzes der B-KG Verbindung hat, alle Pakete des WWW-Servers der B-KG oder gleich alle Pakete aus ihrem Netz, nützt es nichts, wenn der Router der B-KG das Verwerfen als Fehler interpretiert und einen anderen Weg sucht. Denn es gibt keinen. Gleiches gilt für Pakete, die aus beliebigen Teilen des Internet in Richtung auf den WWW-Server der B-KG in Marsch gesetzt werden. Sie müssen durch das Netz des Providers der KG, das sie nicht passieren läßt.

Ergibt sich aber eine natürliche Freiheit nicht zwangsläufig aus der Vielzahl der Netze? Immerhin kann die B-KG ihr Netz zusätzlich oder alternativ mit demjenigen eines

---

tungen aufbauen und vermarkten. Und schließlich ist es möglich, daß ein Netzanbieter „sein" Netz gar nicht selbst betreibt, sondern Netzkapazitäten eines anderen auf vertraglicher Grundlage nutzt.

56 So jedenfalls FAZ v. 8.11.2001, S. 27.

zweiten Providers zusammenschließen. Das würde zwar keine Verbindung zu den *nur* mit dem ersten Provider zusammengeschlossenen Netzen und Hosts schaffen[57], wohl aber zum Rest des Internet. Dennoch hilft die zweite Anbindung allein gegen Sperrungen, die der erste Provider aus freien Stücken vornimmt. Denn wenn etwa Kanada bestimmt, dass von inländischen Rechnern versandte und für inländische Rechner bestimmte Datenpakete das Land nicht verlassen dürfen, muß *jeder* Internet-Teilnetzbetreiber, der kanadische Rechner oder Netze anschließt, seine Router so einrichten, dass Pakete mit kanadischen IP-Netzadressen im Sender- *und* Empfängerfeld nicht ins Ausland geleitet werden. Und wenn nur aus dem Ausland stammende, die Grenze zu Deutschland (zur EU) passierende IP-Pakete vor dem Weitertransport einem URL-Filter zuzuführen sein sollten, müßte eben jeder Netzbetreiber, dessen Netz über Router mit Auslandsleitungen verfügt, von dort kommende Pakete einem solchen Filter zuleiten. Und würde sich im Inland bspw. die Rechtsauffassung durchsetzen, dass Zugangsprovider Ehr-, Urheberrechts- oder Markenrechtsverletzungen begehen, wenn sie Anfragen aus dem Internet nach rechtswidrigen WWW-Dokumenten an über sie angeschlossene WWW-Server weiterleiten, obwohl sie nach einem Vorhalt das fragliche Dokument mittels eines URL-Blocks hätten sperren können, nützt es nichts, wenn die B-KG sich gleich an mehrere zur Sperrung verpflichtete Vermittlungsnetze anschließt. Sollen also z. B. Betreiber von Internet-Teilnetzen, die anderen Anschluß an ihr Netz gewähren, Datenpakete bestimmter Provenienz oder mit bestimmtem Ziel unterbinden oder Kontrollhosts zuleiten, ist das möglich.

c) Exkurs: Der Rechner des Feierabendsurfers ist temporärer Internet-Host

Aus Verständnisgründen bleibt eine Frage zu klären, die manchen beschäftigt, der das Internet hauptsächlich als WWW-Anwendung auf dem Bildschirm des heimischen PC, Notebook oder Mac erlebt. Selbst das lokale Heim-Netzwerk mit z. B. nur zwei Hosts und einem Router ist, wenn es als Internet-Teilnetz eingerichtet ist und der Router mit einem Router eines anderen Internet-Teilnetzes verbunden ist[58], Teil des Internet. Was aber gilt für den Einzelrechner (PC, Notebook), den man über Modem, ISDN etc. vorübergehend Verbindung mit dem Vermittlungsnetz seines Providers aufnehmen läßt, um im Web zu surfen, seine e-mail von einem Mail-Server zu holen oder seinen Web-Server zu administrieren, der in den Räumen eines Server-Providers untergebracht ist und an dessen Netz angeschlossen ist?

Nimmt der Heimnutzer an keinem der vom Internet netztechnisch getrennten Online-Dienste teil, baut sein Einzelrechner eine TCP/IP Verbindung mit einem Router am Point of Presence (POP) des Providers auf, erhält für deren Dauer eine weltweit eindeu-

---

57 Die Relevanz hängt von der Größe des Providers ab. Streicht ein großer Backbone-Provider, wie es schon vorgekommen sein soll (cf. *Jack Rickard*, Internet Architecture, http://boardwatch.internet.com /isp/internetarch.html [ISP Directory 10th edition, 1998, nicht mehr online]), aus welchen Gründen auch immer die IP-Adresse des Netzes eines kleinen Providers aus den Listen seiner Router, ist dessen Netz für das Backbone-Netz *und dessen Kunden* inexistent und vice versa.

58 Die Verbindung wird unterhalb der Netzwerkschicht bspw. mit der Übertragungstechnik Digital Subscriber Line (DSL) realisiert, die das Kupfertelefonkabel nutzt; möglich ist aber auch die Verbindung per ISDN etc.

tige IP-Adresse und kann dann mit jedem anderen Internet-Rechner IP-Datenpakete austauschen. Er ist dann für die Zeit der Verbindung ein Internet-Host und das Internet ist temporär um einen Endknoten erweitert. Auch wenn der Kunde keinen eigenen Router betreibt, endet das Internet also nicht bei dem letzten Vermittlungsknoten der „Access-“ oder „Zugangsprovider“ genannten Vermittlungsnetzbetreibers, sondern erst mit den Endknoten (Internet-Hosts). Gleichgültig ist, welche Datenübertragungstechnik (DSL, Modem, ISDN etc.) auf welchem physikalischen Leiter (Kupfertelefon-, Glasfaserkabel, Richtfunk etc.) unterhalb der Internetschicht für den Datenaustausch zwischen letztem Router und Host im konkreten Fall verwendet wird.[59]

3. *Filterung und Unterbindung von Äußerungen an Vermittlungsknoten beispielsweise nach Rechneradresse, Dokumentenname und Äußerungsinhalt*

Können Datenpakete den kontrollwilligen Vermittlungsknoten nicht einfach ausweichen, fragt sich, über welche Paketfiltermöglichkeiten Vermittlungsknoten verfügen. Für Router heißt die Unterbindung einer Äußerung im WWW immer die Verweigerung des Weitertransports derjenigen Datenpakete, die das fragliche WWW-Dokument bzw. Teile von ihm zum Empfänger transportieren, oder, im Schritt davor, die Verwerfung des oder der Datenpakete, die der potenzielle Empfänger zum WWW-Serverrechner schickt und deren Nutzdaten um Zusendung des fraglichen WWW-Dokuments bitten. Schon das zu 1. und 2. Gesagte legt drei unterschiedlich grobe Kriterien nahe, anhand derer Vermittlungsknoten Pakete filtern können:

a) IP-Adresse des Quellrechners

Erstens bietet sich die *IP-Adresse des Quellrechners*, d. h., die weltweit eindeutige Internet-Adresse des WWW-Server-Rechners an, der das zu unterbindende WWW-Dokument bereithält. Diese Methode hat den Vorteil, dass es ohnehin zum funktional notwendigen Geschäft und der natürlichen Aufgabe der Router gehört, die IP-Ziel- und nötigenfalls auch Absenderadresse eines jeden eingehenden IP-Pakets zu lesen und die Pakete nach diesen Kriterien zu sortieren. Das Verwerfen aller an einen bestimmten Rechner adressierten oder von ihm stammenden Datenpakete durch Vermittlungsknoten verlangt m. a. W. keinen Eingriff in die aktuelle Struktur des Internet und kaum Investitionen auf seiten der Internet-Teilnetzbetreiber. Es hat den Nachteil, dass mit der Adresse des WWW-Servers als Verwerfungskriterium auch alle anderen WWW-Dokumente desselben Rechners sowie alle anderen von oder zu ihm versandten IP-Pakete anderer Anwendungen (e-mail etc.) nicht passieren können. Noch gravierender sind die Folgen, wird gleich die ganze Netzadresse gesperrt. Im Beispiel der B-KG würde die Sperrung aller an die Adresse ihres WWW-Servers gerichteten Pakete dazu führen, dass niemand mehr außerhalb des lokalen Netzes der B-KG auch nur irgendeine auf dem Rechner ge-

59 Im Falle der Teilnahme an einem Online-Dienst mit technisch abgegrenztem eigenen Netz wird der Rechner zum Endknoten dieses gesonderten Netzes. Alle proprietären Online-Dienste gewähren inzwischen Übergänge von ihrem Netz zum öffentlichen Internet (vgl. zu den Gründen Fn. 200), ohne dass der Rechner des Teilnehmers dadurch selbst zum Internet-Endknoten wird.

speicherte Seite des P-Magazins anfordern könnte. Die Verfügung der Bezirksregierung zur Sperrung zweier US-amerikanischer WWW-Angebote aus Bsp. (4) sieht eine solche Maßnahme vor.

b) WWW-Dokumentenname (URL-Block, bspw. RPS)

Zweitens ist eine *Filterung nach WWW-Dokumenten-Namen* möglich, d. h., anhand des weltweit eindeutigen Uniform Resource Locator (URL) des zu unterbindenden Dokuments, der aus der Rechneradresse und der Angabe des Speicherorts der Datei auf dem Rechner besteht. Vorteil dieser Filterung ist die Verschonung der nicht als normwidrig eingestuften Äußerungen auf dem fraglichen WWW-Server sowie aller IP-Pakete, die anderen Anwendungen (e-mail etc.) dienen. Ihr Nachteil besteht darin, dass Router funktionsgemäß nur Pakete zwischen Hosts befördern, dementsprechend im Wesentlichen nur Rechneradressen verstehen und jedenfalls den Namen des Dokuments als Teil der Nutzlast der transportierten Pakete gar nicht lesen können.[60] Deshalb sind Vermittlungsknoten, sollen sie nur diejenigen von bzw. zu einem bestimmten Internet-Host versandten Pakete herausfiltern, die ein spezifisches WWW-Dokument auf dem Rechner betreffen, überfordert und müssen um URL-Filter (URL-Block) aufgerüstet werden. Sie sind dann nicht mehr nur Vermittlungsknoten, sondern um Inhaltsfilter ergänzt.[61] Das ist technisch möglich; es verursacht nur gewisse Kosten, wird aber in dem Maße billiger, in dem Betreiber privater Netze solche Filtertechniken für die Rechner in ihrem betriebs- bzw. organisationsinternen Netz vermehrt einsetzen. Auch der Einsatz durch Zugangsprovider wurde insbesondere in Zusammenarbeit mit der Phonoindustrie bereits erprobt. Diese vertritt die Rechtsansicht, zum Schutz der Urheberrechte an der von ihr vermarkteten Musik seien die Betreiber von Vermittlungsknoten mit Auslandsleitungen verpflichtet, für importierte Datenpakete solche URL-Filter zu installieren, die dann fortlaufend von einer Art Urheberrechtsaufsicht mit den zu sperrenden Adressen versorgt werden. Auch staatliche Stellen scheinen solche Inhaltskontrolltechniken zu befürworten. Die Sperrungsverfügung im Bsp. (4) führt sie jedenfalls als mögliche Umsetzungsmaßnahme auf (unter 2. auf S. 7 der Verfügung).

---

60 Die Anfrage eines Browsers eines Hosts aus den Weiten des Internet an den WWW-Server der B-KG nach der Seite mit der Infotainment-Kritik enthält als für den Router nicht lesbare Nutzlast den URL „http://www.bkg.de/pmagaktuell/03meinung.html“. Nur die dem Rechnernamen „www.bkg.de“ entsprechende IP-Zieladresse „194.231.082.77“ können die Router lesen.

61 Ein möglicher URL-Filter läßt sich ungefähr wie folgt skizzieren: Soll ein WWW-Dokument gesperrt werden, bspw. weil der Provider der B-KG anders als diese eine Klage des Fernsehsenders nicht riskieren will, wird die URL des Dokuments, hier „http://www.bkg.de/pmagaktuell/03meinung.html“ auf eine Sperrliste gesetzt, die dem Filterrechner bekannt gemacht wird. Der Filterrechner gibt die dem Namen „www.bkg.de“ entsprechende IP-Adresse des Äußerungsrechners an den Router des Vermittlungsknotens weiter, der von da an IP-Pakete mit dieser Adresse im Zielfeld nicht weiter in Richtung Ziel, sondern dem Filterrechner zuleitet. Dieser verfügt über eine Filteranwendung, die auch Paketinhalte versteht und alle an den Rechner der B-KG gerichteten IP-Pakete daraufhin durchsucht, ob das WWW-Dokument „pmagaktuell/03meinung.html“ angefordert wird. Nur solche Pakete werden verworfen, alle anderen werden wieder in das Vermittlungsnetz des Providers der B-KG eingespeist und zum WWW-Server der B-KG transportiert. Der Verkehr von und zu Hosts, auf denen keine gesperrten Dokumente liegen, bleibt – vom IP-Adressen-Screening abgesehen – unberührt.

Man muß sich darüber klar sein, dass der Einsatz solcher und anderer inhaltsbezogener Filter auf den öffentlichen Datenstraßen des Internet dessen Grundstruktur konterkariert. Die Architektur des Internet basiert auf einer Ende-zu-Ende-Kommunikation. Nach diesem Konzept steht der Senderhost mit dem Empfängerhost unmittelbar in Verbindung, d. h., jeder von beiden kann darauf vertrauen, dass Datenpakete, die er vom anderen unter dessen Absenderadresse empfängt, tatsächlich von diesem Rechner stammen, dass sich also die Router zwischen den beiden allein mit der Weiterleitung der Datenpakete beschäftigen. In der Sprache des Internet-Schichten-Modells gesprochen: Allein in den Hosts der Nutzer sind die Anwendungsschichten beteiligt; in den zwischen ihnen liegenden Routern kommen die IP-Pakete nur bis in die Internet-Schicht, die Nutzdateninhalte ungeöffnet läßt. Der URL-Filter beeinträchtigt das Prinzip; er schaltet sich zwangsweise in die Kommunikation ein, indem er die Anfrage des Rezipienten auf die Anwendungsschicht hochzwingt, ihren Inhalt überprüft und ggf. die Ende-zu-Ende-Kommunikation vollständig unterbindet. Im Vergleich mit dem klassischen Paket- oder Briefdienst: Die Transportdienstleister öffnen an den Zustellpostämtern alle Zeitungs- oder CD-Bestellungen (mit bestimmten Adressen) und werfen sie weg, wenn indizierte Medien angefordert werden.

URL-Filteranwendungen können beispielsweise nur an den Grenz-Routern eines Netzes oder nur in Verbindung mit denjenigen Routern eingesetzt werden, über die Endkunden ihre Netze oder Hosts anschließen. Hätten etwa alle Datenpaketimporteure oder alle Zugangsprovider in Deutschland (Europa) solche Filtermöglichkeiten vorzusehen, könnte nicht nur jeder von ihnen seine eigene Liste mit zu sperrenden WWW-Dokumenten führen. Stattdessen oder zusätzlich ist auch eine zentrale Liste realisierbar, die in kurzen Zeitabständen aktualisiert wird und ihren neuesten Stand jeweils allen angeschlossenen Vermittlungsnetzen bzw. -knoten annonciert. Sowohl eine staatliche als auch eine durch Inhaltshaftung den Providern auferlegte Kontrolle könnte solche Filtersysteme nutzen. So ließe sich etwa die strafgerichtliche und dennoch rein präventive Dateilöschungsanordnung nach §§ 74 d, 74 b II StGB[62] auch dann noch vollstrecken, wenn der Zugriff auf den Quellrechner des fraglichen WWW-Dokuments nicht gelingt. Und § 18 MDStV scheint eine ideale Befugnisnorm für die Anordnung solcher Sperrungen. Der Staat könnte auch, sei es durch richterliche Gesetzesauslegung oder sei es – vom Gesetzesvorbehalt geleitet – durch entsprechende Normen die Zwangsvollstrekkung aus Titeln auf Unterlassung der Verbreitung bestimmter Äußerungen so organisieren. Oder private Provider würden ihre eigenen dezentralen oder fremde zentrale Listen verwenden, um der straf- bzw. zivilrechtlichen Inanspruchnahme zu entgehen.

c) *Äußerungsinhalt*

Drittens kann der *Inhalt des WWW-Dokuments* kontrolliert werden, was größeren Aufwand erfordert. Machbar ist es mit Hilfe sogenannter Zwangs-Proxies („Zwangs-Stellvertreter"), die um entsprechend intelligente Filterelemente ergänzt werden. Solche Zwangs-Proxies sind auch Grundlage des soeben behandelten URL-Filters, der aber nur

62 Dazu noch näher unten, S. 76 ff.

die Anfragen der Rezipienten allein auf die angeforderten Dateinnamen hin untersucht. Der Interception-Proxy (Abfang-Stellvertreter) geht mit dem Zugriff auf den gesamten Kommunikationsinhalt weiter. Die Unfreiwilligkeit des Eingriffs in die Ende-zu-Ende-Kommunikation gepaart mit der inhaltlichen Reichweite der Eingriffsmöglichkeiten machen ihn zu etwas Besonderem.

Benutzt ein Host einen Proxy, einen „Stellvertreter-Host", schickt er alle Anfragen an andere Hosts im Internet nicht an diese, sondern an den Proxy, der die Anfrage *als eigene* (mit seiner Adresse) an den Zielrechner weiterschickt, die Antwort *als eigene* (unter seiner Adresse) erhält, sie speichern, analysieren, sperren etc. oder auch – mit oder ohne Änderungen – an den ursprünglich anfragenden Host weiterleiten kann. So ist ein entsprechend eingerichteter Proxy-Server nicht nur in der Lage, den Transport bestimmter Dateien anhand der URL zu sperren oder z. B. die Bannerwerbung in einem Dokument durch eine andere zu ersetzen, sondern könnte auch, hinreichend schnelle Filterfunktionen vorausgesetzt, das Dokument selbst vor dem Weitertransport inhaltlich bewerten und verwerfen. Ein Proxy-Server agiert wie ein Mittelsmann, dem allein der Bittsteller seine Nachricht für den König mitteilen kann und der dann allein entscheidet, was er wie dem König mitteilt *und vice versa*. Proxy-Hosts werden in der Regel an Vermittlungsknoten in der Nähe der vertretenen Rechner angesiedelt. Der einfachste Proxy hat keine Filter-, sondern nur Caching-Funktion, indem er einmal nachgefragte Dokumente temporär vorrätig hält, so dass weitere Nachfragen aus dem lokalen Netz direkt beantwortet werden können. Häufig wollen aber auch (private wie staatliche) Organisationen ihr Netz nach außen abschirmen, ihren Mitarbeitern nur bestimmte WWW-Sites zugänglich machen, den aktuellen Datenverkehr filtern etc. All das ist unproblematisch, solange der Host-Nutzer bzw. Netzinhaber über den Einsatz eines Proxies entscheidet. So benutzen die derzeit üblichen Browser einen im lokalen Netz angebotenen Proxy nur, wenn der Nutzer den Proxy statt der Einstellung „direct connection to the Internet" aktiviert. Und wenn der Arbeitgeber den Arbeitsplatzrechnern Außenkontakte nur über einen hauseigenen Proxy erlaubt, ist das vorbehaltlich einfachgesetzlicher Regelungen seine Entscheidung.

Der Interception-Proxy ist hingegen Zwang; den betroffenen Hosts bleibt keine Möglichkeit, mit anderen Hosts eine direkte Kommunikation aufzunehmen. Der Interception-Proxy ist zudem unsichtbar. Der Nutzer wie sein Rechner glauben, mit einem entfernten Internet-Host zu kommunizieren, während sie tatsächlich nur Daten mit dem Interception-Proxy austauschen. Abfang-Stellvertreter-Rechner sitzen bspw. am Vermittlungsknoten des Zugangsproviders, der allen Datenverkehr von Hosts des Kunden ohne Rücksicht auf dessen Kenntnis oder Entscheidung und auch im Falle der Einstellung „direct connection to the internet" im Kundenbrowser auf den Interception-Proxy zwingt. Dieser leitet wie jeder Proxy die Anfrage als eigene an den entfernten Internet-Host weiter, erhält dessen Antwort und kann sie verändert oder gar nicht an den anfragenden Host weiterleiten. Der gravierende Unterschied besteht darin, dass der Interception-Proxy anders als der normale Proxy dem ursprünglich anfragenden Host *vorspiegelt, er, der Proxy, sei der entfernte Host, dem die Anfrage galt*. Bspw. glaubt der Host-Nutzer in Japan, der eine Seite des P-Magazins vom Rechner der B-KG aus Deutschland angefordert hat und tatsächlich ein html-Dokument unter der Absenderadresse dieses Rechners erhält, er sei mit dem Rechner der B-KG verbunden. Tatsächlich ist es der Interception-Proxy seines japanischen Providers, der die Datei angefordert und erhalten hat und ihm nun eine veränderte, die authentische, gar keine Page oder auch eine fingierte Fehlermeldung unter der Absenderadresse des Rechners der B-KG schicken kann. Solche Systeme, die wie frei wählbare Proxies auch der Entlastung des Datenfernverkehrs dienen können, werden von einigen Providern eingesetzt. Sie erlauben aber eben auch dem Nutzer unerkannt bleibende Filterungen auf beliebige sekundäre und primäre Inhaltskriterien hin, immer nach dem Stand der Kontrolltechnik.

Inhaltskontrolle ist in vielfältigen Verfahrensformen möglich. Mit schnellen und leistungsfähigen Filterelementen läßt sich sogar ein echtes Zensurverfahren realisieren, das inhaltlich mißbilligte Inhalte für das Einsatzgebiet der Interception-Proxies schon vor der ersten Weitersendung und damit *vollständig* unterbinden kann. Ist ein solches Verfahren dem Staat zurechenbar, verstößt es gegen Art. 5 I 3 GG. Werden hingegen unbekannte Datensendungen beim ersten Mal sowohl weitergeleitet als auch inhaltlich überprüft und erst bei der zweiten Sendung unterbunden, liegt keine technische Zensur vor, die freilich nicht schon allein deshalb mit Art. 5 I, II GG vereinbar ist.[63] Ähnliches gilt für ein Vorgehen, bei dem beispielsweise nur Verbindungen zu Rechnern näher kontrolliert werden, von denen schon problematische Dokumente ausgingen oder auf denen sich gesperrte WWW-Dokumente befinden.

d) Organisationsinterne Inhaltsfilter und Inhaltsfilter für öffentliche Datenstraßen

Wenn eine gewinn- oder anderweitig orientierte Person oder Organisation im Rahmen ihrer vertraglichen oder sonstigen Sonderrechte gegenüber den Nutzern der Hosts ihres Internet-Teilnetzes dieses Netz mit inhaltsbezogenen Filtern versieht, um den Nutzern bestimmte Inhalte oder Anwendungen vorzuenthalten, ist das zunächst einmal kein Freiheitsproblem, sondern Freiheitsausübung. So etwa, wenn Kindern zu Hause oder im privaten Kindergarten mit Hilfe hostbezogener und von Rating-Agenturen gespeister URL-Filter nur der Zugriff auf bestimmte Web-Seiten gestattet wird, wenn der Arbeitgeber am Arbeitsplatz bestimmte Netzanwendungen völlig unterbindet oder wenn zu diesen oder anderen Zwecken Interception-Proxies eingesetzt werden. Der private oder organisationsinterne Internet-Host (Endknoten) kann gewissermaßen mit dem privaten oder organisationszugehörigen Gebäude oder Grundstück verglichen werden, dessen Nutzung der Nutzungsberechtigte steuern und überwachen kann. In beiden Fällen ist das Wesen der Inhaltsfilter, entweder zu grob zu sein und dann auch Unerwünschtes durchzulassen oder sich als zu eng zu erweisen und dann auch Erlaubtes auszusperren[64], kein Problem. Vielmehr ist die willkürliche Justierung weithin dem Nutzer überlassen und sein gutes Recht. Werden jedoch Inhaltsfilter nicht alleine von Netznutzern gegenüber ihren Untergebenen eingesetzt, sondern von Zugangsprovidern an den Vermittlungsknoten der öffentlichen Internet-Vermittlungsnetze installiert, sind es nicht mehr die Grundstücksnutzer, die entscheiden, welche von anderen Grundstücken stammenden

63 Näher unten, S. 63 ff.
64 Vgl. bspw. FAZ v. 2.5.2001, S. 27 (Napster-Filter); FAZ v. 5.3.2001 (Jugendschutz-Filter).

Sendungen sie auf ihr Grundstück lassen und welche Sendungen sie an andere verschikken. Es sind dann die Kreuzungen des öffentlichen Straßennetzes, an denen die Kreuzungsbetreiber prüfen und entscheiden, welcher Verkehr zwischen den Grundstücken stattfindet und welcher nicht.

4. Irrtümer über das Verhältnis von Freiheit und Technik oder: Äußerungsfreiheit ist auch im Internet eine normative und keine naturwissenschaftliche Frage

Bis in die juristische Literatur hinein kursieren problematische Vorstellungen über das Verhältnis von Technik und Inhaltskontrolle in Computernetzen. Ihr Tenor läuft trotz diverser Abstufungen im Einzelnen darauf hinaus, Unkontrollierbarkeit sei die unabänderliche Natur des Internet. Die Technik mache Kontrolle unmöglich und Kommunikationsfreiheit zum Naturgesetz. Insbesondere könne nicht, wie es die alten Medien verlangen, normativ über das Maß von Freiheit und Kontrolle entschieden werden. Recht und Politik seien – bedauerlicherweise oder zum Glück – von der Verantwortung befreit. Endlich, so möchte man fast glauben, ist die unbedingte Verknüpfung von technischem Fortschritt und menschlicher Freiheit, ja vielleicht sogar der Schluß vom Sein aufs Sollen gelungen.[65]

Es läßt sich auch von einem Doppelirrtum sprechen. Der erste, mehr tatsächlicher Natur, liegt in der Annahme, Inhaltskontrolle im Internet sei technisch unmöglich (sofort a). Der zweite, zu größeren Teilen wertender Art, meint, nur lückenlose Kontrolle sei sinnvoll, praktikabel und legitimierbar (unten b).

a) Keine Kontrollresistenz heutiger oder künftiger Technik

Das Internet ist nicht auf kontrollresistente Technik fixiert. Wenn Massenmedien die Unkontrollierbarkeit als Faktum ansehen[66], mag das angehen. Dass Juristen, betrachten sie sich als „Legastheniker des Fortschritts“ oder nicht[67], dem zuweilen wie selbstverständlich folgen, muß erstaunen.

aa) Ohne Änderung der Netzarchitektur derzeit mögliche Kontrolle

Schon heute und schon ohne Änderung der aktuellen Architektur des Internet ist Inhaltskontrolle von beachtlicher, ja im Medienvergleich in mancher Hinsicht beispielloser Effektivität möglich. Das gilt für beide Schritte von Inhaltskontrolle, das „Erkenntnisverfahren“, die Auswahl und Bewertung der zu untersuchenden Äußerungen, wie „die Vollstreckung“, die Unterbindung der als maßstabswidrig erachteten Äußerung.

---

65 Als Auswahl mit unterschiedlichen Akzenten *Hornig,* ZUM 2001, 846 ff.; *Bleisteiner,* S. 52 f.; insbes. für die Vermittlungsnetze z. B. *Sieber*, zuletzt ZRP 2001, 97 (99); abgewogen etwa *Engel*, AfP 1996, 220 (224, r. Sp.).

66 Statt vieler z. B. FAZ v. 10.12.1999, S. 45; FAZ v. 1.7.2000, S. 12.

67 Dafür *Hoeren*, Die Telebörse, 9/2000 v. 24.2.2000, S: 96; differenzierter *Herberger*, NJW 2000, 2082 (2084).

Zunächst hat die Erfassung der auf Internet-Rechnern bereitgehaltenen WWW-Dokumente denselben technisch schnellen Zugriff auf alle Dokumente wie jedermann. Kontrolle kann darüber hinaus aufgrund der digitalen Form, in der *alle* Inhalte vorliegen, erstmalig die ständig wachsenden Möglichkeiten der computergestützten Text- und Bilderkennung sowie -analyse nutzen. Schon längst sind Internet-Hosts in der Lage, systematisch und sukzessive das gesamte WWW-Angebot beliebiger Netze oder Hosts anzufordern, alle darin enthaltenen Texte auf beliebige Worte, Wortfolgen, Textsequenzen, Texte etc. hin zu untersuchen, so bekannte Texte zu finden und unbekannte Texte nach beliebigen Kriterien zu indizieren. So lassen sich automatisch URL-Listen von zu blockierenden WWW-Dokumenten erstellen und aktualisieren. Erscheint die automatische Entscheidung über die Maßstabswidrigkeit zu ungenau, können die vom Computer ausgewählten Dokumente auch menschlicher Endkontrolle zugeleitet werden. Zur Zeit beeindrucken besonders die Fortschritte bei der automatischen Bildanalyse. Erwähnenswert ist es schon, wenn Rechner mit geringem Aufwand bekannte Bilder erkennen[68]. Bahnbrechend scheint aber die von einem Kasseler Unternehmen[69] entwikkelte Software, die Rechner soweit „sehen“ läßt, dass sie beliebige Zeichen, handele es sich um Marken oder Symbole verfassungswidriger Organisationen, Menschen, den Grad ihrer Nacktheit, Gesichter, beliebigen Text in Bildern usf. erkennen, analysieren und die Ergebnisse für den jeweiligen Anwender aufbereiten können. Die Rechner des Unternehmens hatten etwa gegen Ende des Jahres 2000 angeblich 500 Millionen der seinerzeit auf ca. 1 Milliarde geschätzten Bilder im WWW archiviert, analysiert und klassifiziert. Jeden Tag sollen mit Hilfe von 2000 Rechnern über 30 Millionen Bilddokumente untersucht werden. Jeden Monat finden die Rechner etwa 50 Millionen neue Bilder. Andauerndes systematisches Abgrasen der WWW Server im Internet verhindert die Veraltung der Bildratingdatenbank, indem alte Bilder unter neuen Adressen und neue Bilder unter bekanntem URL entdeckt werden. Im Zweifel erfolgt menschliche Feinkontrolle, die für Filteranwendungen anhand der Dokumentenadresse nötigen URL's der Dokumente werden mitgeliefert.

All diese „Erkenntnisverfahren“, von der systematischen bis zur Kontrolle nach Vorhalt, lassen sich beliebig mit verschiedenen, effektiven und erschwinglichen Techniken zur Unterbindung der als maßstabswidrig erachteten Dokumente verknüpfen. So können URL-Listen beliebiger Provenienz, seien sie automatisch oder manuell erstellt und gewartet, ebensogut Filtersoftware in den Browsern der Empfänger-Hosts („Internet Explorer“, „Netscape Communicator“, „Opera“ etc.) wie Zwangs-Filter-Proxies an den Vermittlungsknoten der Anschlußanbieter über die zu sperrenden Dokumente informieren (vgl. oben 3.). Aber auch die Sperrung des gesamten Datenverkehrs mit einem WWW-Server, die der Router anhand der IP-Adresse des Rechners erledigen kann, muß nicht immer schon deshalb unverhaltnismaßig sein, weil dann auch rechtmäßige Äuße-

---

68 Vgl. z. B. zu einer seinerzeit vom Bundeskriminalamt propagierten kostenlosen Software *Stefan Loch*, Programm Perkeo zum Auffinden kinderpornografischer Dateien auf EDV-Systemen (Vortrag auf der BKA-Konferenz „Bekämpfung der Kriminalität im Internet“ am 15./16.2. 2000 in Wiesbaden, http: //www.bka.de/aktuell/agenda98/vtr99/vtr_lorch.htm [9.10.2001]; *Sieber*, Rn. 108).

69 Vgl. etwa *C. P. Müller*, FAZ v. 19.8.2000, S. 10; FAZ v. 2.10.2000, S. 24; FAZ v. 28.11.2000, S. 28; FAZ v. 31.5.2001, S. 29.

rungen unterbunden werden. Denn so wie das Buch beschlagnahmt wird, wenn die Heraustrennung, Schwärzung oder sonstige Unkenntlichmachung der rechtswidrigen Passagen nicht möglich ist oder verweigert wird, kann auch ein ganzer Host bspw. dann gesperrt werden, wenn versucht wird, die Sperrung eines WWW-Dokuments durch das Angebot desselben Dokuments unter anderer Adresse auf demselben Host zu konterkarieren. So sieht auch die Verfügung aus dem Bsp. (4) den Weg der Sperrung von IP-Adressen vor.

Eine Kombination aus effektiven Erkenntnisfiltern, die permanent die Netz-Kommunikation durchforsten, und effektiven Vollstreckungsfiltern an den Zugängen der Vermittlungsnetze, die die fortlaufend aktualisierten Filterlisten zum Beispiel auf der Ebene der WWW-Dateinnamen (URL) umsetzen, ist nicht nur praktikabel. Sie dürfte auch von manchen gewollt sein. Die Verfügung aus dem Beispiel (4) verlangt die Sperrung zweier Sites und agiert also nur auf der Seite der Vollstreckung; um die Erprobung der Erkenntnisfilter kümmern sich auf Initiative der Behörde nach Medienberichten mehrere Firmen in Zusammenarbeit mit der Universität Dortmund.[70]

Letztlich ist sogar ein echtes Zensurverfahren möglich, das nicht nur Wiederholungen inhaltlich anderweitig bereits bewerteter Äußerungen anhand sekundärer Inhaltsmerkmale wie Dateiname (URL), Auflagenzugehörigkeit usf. identifiziert und unterbindet, sondern jeden Datentransport *vor* seiner Weiterleitung inhaltlich untersucht und je nach Ergebnis verwirft oder ermöglicht.[71]

bb) Momenthaftigkeit jeder Aussage über den Stand der Inhaltskontrolltechnik in Computernetzen

Selbst wenn in einem Zeitpunkt die eine oder andere Inhaltskontrollmöglichkeit sehr aufwendig scheint, als zu teuer oder gar als nicht realisierbar gilt, wird es sich im Zweifel eher um vorübergehende Engpässe als um eine taugliche Basis für längerfristig gültige Wertungen handeln.[72] Als Beispiel kann die soeben skizzierte automatische Analyse unbekannter Bilder dienen. Noch 1999 konnte wahrheitsgemäß behauptet werden, automatische Bildanalysen seien unmöglich. Und als die inzwischen mehrfach ausgezeichneten Softwareentwickler ihre Bildersuchmaschine im Frühjahr 2000 erstmalig präsentierten, sprachen die Amerikaner von Fälschung bis sie sich von der Funktionstüchtigkeit der Maschine überzeugt hatten[73].

Insbesondere hierzulande hat vermutlich noch ein historischer Umstand zur Verbreitung der Vorstellung von der technischen Unmöglichkeit jeder Inhaltskontrolle beigetragen: Technische Ohnmacht war ein wesentliches Argument der Verteidigung in

70 SZ v. 12.2.2002, S. 42.

71 Vgl. oben S. 52 ff.

72 Der Bundesrat erkannte in seiner Stellungnahme zum Entwurf des TDG (1997) immerhin, dass die Verpflichtung aus § 5 IV TDG zu technisch möglichen und zumutbaren Sperrungen „vor dem Hintergrund" „der auch in Zukunft zu erwartenden raschen technologischen Entwicklung" durchaus zukunftsoffen gefaßt war. Vgl. auch beispielhaft *Köhntopp/Köhntopp/Seeger*, K&R 1998, 25 (29, 31), die Ansätze für „prinzipiell" „effektive Sperren" sehen, deren Kosten und Nebenwirkungen nur „im heutigen" Internet unvertretbar hoch seien (alle Zitate S. 31).

73 *C. P. Müller*, FAZ v. 19.8.00, S. 10.

den ersten deutschen Strafverfahren gegen Provider, das durch begleitende Veröffentlichungen unterstützt wurde und sich von dort aus als Allgemeinplatz in Juristenkreisen ausbreitete. Nun kann es für die Verteidigung in einem bestimmten Strafverfahren sogar geboten sein, die im *allein maßgeblichen Tatzeitpunkt* tatsächlich (noch) nicht verkehrstypisch verwendeten, (noch) nicht vorhandenen oder (noch) als zu aufwendig beurteilten Filtermöglichkeiten als ausschlaggebenden Grund für die Unzumutbarkeit der Kontrolle und damit für die Rechtmäßigkeit oder Schuldlosigkeit der Mitwirkung der Angeklagten am Transport rechtswidriger Äußerungen heranzuziehen. Der Freispruch hat selbst dann zu erfolgen, wenn im Urteilszeitpunkt bereits überall die Filter wirken, die im Tatzeitpunkt niemand kennen mußte. Die Halbwertzeit des Arguments ist freilich kurz, will man mit ihm mehr als den einen Fall beurteilen. Sie dürfte häufig kaum länger währen als einer der zumeist kurzen Produktzyklen der Computertechnik.

Wie sandig der Grund ist, auf den mit der Unzulänglichkeit der Computertechnik gestrickte Argumentationslinien bauen, erfuhr etwa Yahoo, Inc. (Kalifornien) im Jahr 2000 in Frankreich. Der Internet-Portal-Betreiber stellt auf seinen US-amerikanischen Internet-Hosts einen Service bereit, der es jedermann erlaubt, beliebige Gegenstände in Online-Auktionen zu versteigern. So wurden auch in den USA legale Angebote von Nazi-Memorabilien in Frankreich abrufbar, was das Tribunal de Grande Instance de Paris auf die Klage einer französischen Anti-Rassimus-Liga hin als Verletzung französischer Gesetze wertete. Richter Jean Jacques Gomez verurteilte Yahoo unter Androhung einer täglichen Strafe von 15.244,90 € dazu, französischen Rechnern den Zugriff auf die besagten Angebote zu verweigern. Verteidigte sich Yahoo zunächst mit dem Hinweis, es sei unmöglich, einen solchen Filter in das Angebot einzubauen, war später nur noch von der Unvermeidlichkeit einer Grauzone die Rede[74], die sich sowohl auf den lokalen Filter als auch den Inhaltsfilter erstrecken dürfte. Noch das geringere Problem besteht darin, Inhaltsfilter einzubauen, die anhand von Schlüsselbegriffen etc. die meisten oder alle gesetzwidrigen, damit aber auch mehr oder weniger gesetzeskonforme Angebote unterbinden.[75] Schwieriger ist hingegen die Entscheidung, bei welchen Seitenanforderungen die Yahoo-Server davon ausgehen sollen, dass der nachfragende Internet-Host in Frankreich steht und also der Inhaltsfilter zum Einsatz kommen muß. Da die Host-Adressen in Gestalt der IP-Nummern – anders als derzeit Telefonnummern im Festnetz – in keinem direkten Verhältnis zu dem Ort des Rechners stehen[76], kann der Server nicht sicher sein, ob er ein Angebot nach Frankreich sendet und es also den Vorgaben des Richterspruchs gemäß zu filtern hat. Andererseits war aber der Unmöglichkeitseinwand von vornherein schwach. Bereits seit einiger Zeit ist Geolocation-Software verfügbar, die Werbung lokal spezifiziert verteilen soll und, wenn auch nicht perfekt, doch immerhin mit praktikablen Trefferquoten bspw. den Surfer in Deutschland mit Werbung für den deutschen Markt in deutscher Sprache traktiert. Tatsächlich setzte das Tribunal de

74 FAZ v. 4.1.2001, S. 16; s. a. *P. Illinger*, SZ v. 5.3.2001, S. 2.

75 Vgl. etwa *S. Zekri*, FAZ v. 8.12.2000, S. 47, zu den vom amerikanischen Auktionshaus „ebay" eingesetzten Inhaltsfiltern.

76 Gibt z. B. die in Europa für die Vergabe von Internet-Adressen zuständige Organisation RIPE-NCC (vgl. noch S. 121 f.) einen Adressblock an einen weltweit tätigen Provider ab, kann dieser Adressen aus dem Block ohne geographische Schranken beliebig verwenden und an Kunden weitergeben.

Grande Instance de Paris ein internationales Expertenteam ein, dass zu dem Schluß kam, es sei bei einer Kombination von Filtern und Abfrage der Nationalität durch die Server eine Trefferquote von ca. 90% zu erreichen. Das aber genügte dem Gericht.[77]

cc) Kontrollförderliche Änderungen und Erweiterungen der TCP/IP Protokollfamilie

Jederzeit können die Konstruktionspläne des Internet, die Protokolle der TCP/IP-Protokollfamilie so ergänzt oder verändert werden, dass noch sehr viel effektivere Inhaltskontrollen und Filterungen im Rahmen der Standardausrüstung für Vermittlungsknoten zur Verfügung stehen. Als Beispiel mag hier nur das von einigen Unternehmen propagierte Network Element Control Protocol (NECP) dienen, das unter anderem auch den Einsatz der Interception-Proxies (Abfang-Stellvertreter) befördern könnte. Würde an die Stelle regelmäßiger Ende-zu-Ende-Kommunikation die regelmäßige Kommunikation der Nutzer nur über Zwangsstellvertreter treten, käme das einem großen Schritt zurück vom Netz der Nutzer zum Netz der Netzbetreiber gleich.

dd) Äußerungsfreiheit unter dem Vorbehalt technischer Möglichkeit ihrer Beseitigung?

Selbst wenn man trotz alledem an die *technische Unmöglichkeit* von Verbreitungsunterbindung an Vermittlungsknoten glauben will, dürfte der so behauptete Stand der Technik weder als Grund noch als Maß rechtlicher Äußerungsfreiheit genügen. Ernst genommen würde dies eine Kommunikationsfreiheit unter dem Vorbehalt der technischen Möglichkeit ihre Beseitigung bedeuten. Man müßte also die Frage nach der Zulässigkeit der Kontrolle durch Vermittlungsknoten auch dann noch beantworten, wenn man meinte, sie könnten nicht kontrollieren.

b) Die Sinnlosigkeit lückenhafter Kontrolle – Eine Legende

Noch fragwürdiger als der Glaube an die Unmöglichkeit von Kontrolle ist die mit ihm häufig verwobene Vorstellung, Kontrolle sei nur als lückenlose sinnvoll, jede technische Umgehungsmöglichkeit nehme ihr Sinn, Legitimation, Zumutbarkeit und Praktikabilität.

Obwohl das Internet mit der Angewiesenheit auf Telekommunikationsnetze *technisch* einmalige Kontrollmöglichkeiten bietet, ist es nach dem heutigen Stand plausibel anzunehmen, dass auch im Internet nicht gelingt, was außerhalb totalitärer Herrschaft noch nie gelang: tatsächlich lückenlose Kontrolle. Unplausibel ist aber die Annahme, dass technische Kontrollücken im Internet das schaffen, was ihnen bislang noch bei kei-

---

77 Angeblich nicht wegen des Urteils, sondern um Forderungen von Menschenrechtsgruppen nachzukommen, setzt Yahoo inzwischen Filter ein (vgl. FAZ v. 4.1.2001). Außerdem hat Yahoo gegen die Kläger des französischen Ausgangsverfahrens Klage auf Feststellung der Unzulässigkeit der Zwangsvollstreckung in den USA erhoben und dabei einen ersten Erfolg errungen (*Yahoo!, Inc. v. LICRA*, District Court for the Northern District of California, Order of Nov. 11, 2001). Tatsächlich ist es derzeit eher unwahrscheinlich, dass die USA ausländischen Gerichten helfen werden, engere als die in den USA geltenden Äußerungsinhaltsgrenzen gegenüber US-Bürgern zwangsweise umzusetzen (vgl. *Telnikoff v. Matusevich*, Maryland Court of Appeal, 702 A.2d 230, 347 Md. 561 [1997], und dazu *Kyu Ho Youm*, International and Comparative Law Quarterly, Vol. 49, Part 1, Jan. 2000, 131).

nem Medium gelungen ist: Kontrolle sinnlos oder illegitim werden zu lassen. Die Zensur war nicht praktisch sinnlos oder rechtlich problematisch, weil es zu jeder Zeit Drukker gab, die Schriften auch ohne Plazet vervielfältigten, und Verleger, die diese Drucke in den interessierten Kreisen verbreiteten. Die Haftung eines Händlers von Presseerzeugnissen wird nicht dadurch zum Problem, dass andere Händler sich vorsätzlich an rechtswidrigen Veröffentlichungen beteiligen. Und das Verbot der Verbreitung bspw. staatsgefährdender Schriften wird nicht dadurch obsolet, dass die im Ausland per Post losgeschickte Schrift je nach Geschick mehr oder weniger große Chancen hat, unerkannt den Empfänger zu erreichen. Auch die aus dem Informationsrecht des Empfängers folgenden Grenzen der Verbreitungskontrolle lassen Äußerungsverbote nicht leerlaufen. So handelt der Endempfänger in freiheitlichen Gesellschaften in aller Regel vollumfänglich rechtmäßig, wenn er eine strafrechtswidrig verbreitete Schrift bestellt und, *hat sie ihn einmal erreicht*, annimmt, liest und verwahrt.[78] Ja, das Verbot verliert nicht einmal dadurch seinen Sinn, dass der Staat, der mit Hilfe der Post Exemplare der Schrift auf dem Weg zum Adressaten abfängt, gleichwohl die Informationsfreiheit jedenfalls eines Bestellers mitberücksichtigen muß und dann ggf. sogar straf*rechtswidrig verbreitete* Schriften dem *rechtmäßig* handelnden Adressaten auszuhändigen hat[79].

Weder Verweise auf die neue Einfachheit der Verbreitung noch auf globale Strukturen etc. dürften Lücken etwa bei der Umgehung von Filtern usf. eine generell Kontrolle delegitimierende Funktion zuweisen. Alle Neuheiten haben zwei Seiten. So ist zwar bspw. einerseits die auf dem einen Server gelöschte Datei schneller auf einem anderen Server veröffentlicht als eine Schrift neu aufgelegt. Andererseits ist die einmal verbreitete Schrift mit all ihren Einzelexemplaren körperlich und weiterverbreitbar vorhanden, während Empfänger von WWW-Schriftdokumenten sehr viel seltener Kopien etc. aufbewahren. Und es mag auch das WWW-Dokument schneller auf einem Rechner in den USA erneut veröffentlicht werden als im 19. Jahrhundert das in deutschen Landen verbotene Buch in Paris nachgedruckt werden konnte. Andererseits waren aber die Veröffentlichungszyklen länger, die Aufmerksamkeitskurven weiter gespannt und die Zahl der Veröffentlichungen geringer. Überhaupt hat Kommunikationskontrolle (schon lange) nicht (mehr) den Zweck, konkrete Äußerungen vollständig zu unterbinden. Die Vorstellung, es gelte, eine bestimmte Aussage daran zu hindern, in bestimmter Form, bspw. gedruckt oder als technisch erreichbares WWW-Dokument *zu existieren*, paßt in die erste Zeit des Buchdrucks, als die Ehrfurcht vor der *Druckschrift als Form* vielfach die Vorstellung nährte, die Tatsache des Drucks schlechthin verbürge *die Wahrheit des Gedruckten.* Der Sinn von Kontrolle ist jedoch schon seit langem eher quantitativ als un-

---

78 Die Strafbarkeit des Rezipierens *strafbarer Äußerungen*, bspw. des Lesens solcher Texte oder des Besitzes eines strafbar verbreiteten Informationsträgers (Buch etc.) ist ebenso wie die Wegnahme eines solchen – allein vom Äußernden strafbar verbreiteten – Informationsträgers beim Endempfänger (Bücherverbot) in freiheitlich-demokratischen Gesellschaften nur als restriktive Ausnahme denkbar; eine solche findet sich seit 1993 in § 184 V StGB; weitere Ausnahmen kennt z. B. das islamische Recht.

79 Vgl. zu strafrechtswidrigen Druckschriftensendungen aus der DDR BVerfGE 27, 71 (85 ff., C. III. 2.) – Leipziger Volkszeitung; BVerfGE 27, 104 (108 ff., C I.) – Dokumentation der Zeit. Die Behauptung der Bezirksregierung Düsseldorf in ihrer Sperrungsverfügung vom Februar 2002 (oben S. 19 Fn. 14), es gebe „keinen Anspruch der Nutzer auf Empfang unzulässiger Angebote" ist also falsch, da es auf das konkrete Informationsinteresse ankommt.

bedingt zu begreifen und läßt sich deshalb weder durch legale noch durch illegale Alternativen in Frage stellen. Selbst im öffentlich gewordenen Fall der Zeitschrift Radikal, deren strafrechtswidrige Seiten nach vielen Berichten vielfach von US-amerikanischen Rechnern übernommen („gespiegelt") wurden und der gerne als eines der Musterbeispiel für die Sinnlosigkeit von Kontrolle zitiert wurde und wird, wäre es interessant zu erfahren, ob nur die Aufregung um die Kontrolle und ihre Folgen oder auch die inkriminierten Artikel selbst tatsächlich ein größeres Publikum gefunden haben.

Lücken beseitigen also weder den Sinn noch die Legitimation oder gar die Legalität von Kontrolle. Wenn aber die Umgehungsmöglichkeiten, die auch im Internet den technisch Versierten und Bemühten offen stehen, tatsächlich einmal so massenhaft genutzt werden sollten, dass der Sinn der Kontrolle, quantitative Verbreitungsbegrenzung, wirklich gefährdet scheint, läßt sich die Kontrolle normativ wie technisch anpassen. Es wäre wenig plausibel anzunehmen, die immer wieder aufs Neue beeindruckend leistungsfähige Computertechnologie sei im Falle kontrollwilliger Normgeber und -interpreten nicht in der Lage, Lücken, wenn sie tatsächlich von zu vielen genutzt werden, so weit zurückzustutzen, dass sie wieder nur als Lücken erscheinen. Das einzige, was nötig ist, um beliebige Kontrolltechniken marktreif zu machen, die Gewinnaussichten für Investitionen in solche Techniken, entstehen mit der normativen Vorgabe. In dem Moment, in dem bspw. URL-Block-Systeme an Vermittlungsknoten von Zugangsprovidern den Standard zur Vermeidung urheberrechtlicher, sonstiger zivilrechtlicher oder gar strafrechtlicher Haftung der Provider beschreiben, wird angesichts der damit verbundenen Gewinnaussichten das für die weitere Optimierung, Vereinfachung usw. nötige Kapital zur Verfügung stehen. Gleiches gilt, sollten Interception Proxies mit oder ohne Aufnahme eines besonderen Control Protocol in die IP/TCP-Protokollfamilie Verbreitung finden und staatliche Normen allein ihre Verfügbarkeit für Kontrolle als verkehrsgerechtes Verhalten ansehen.

Zur Illustration und *bloß als Beispiel* mag der Hinweis hinterfragt werden, URL-Filter seien sinnlos, weil sie sich umgehen ließen, indem der WWW-Server im Senderrechner *und* der WWW-Browser im Empfängerrechner nicht den weltweit üblichen Port 80, sondern einen anderen Port der Transportschicht im Internet für den Datenaustausch einsetzen. Wie bereits gesehen[80], verfügt die Transportinstanz in allen Hosts des Internet über viele durchnumerierte „Ports". Was in das Tor 80 der Transportschicht im Senderhost eingegeben wird, gibt die Transportschicht im Empfängerhost über das Tor 80 hinaus; nur wenn dieselbe Anwendung hinter Tor 80 im Senderhost und hinter Tor 80 im Empfängerhost steckt, funktioniert die Kommunikation. Einige Tore sind sogenannte „well known" Ports. Z. B. ist bekannt, dass WWW-Anwendungen an Port 80 angeschlossen sind. Erst diese Konvention ermöglicht es überhaupt, dass jeder Internet-Host mit Browser jeden Internet-Host mit WWW-Server erfolgreich um die Übersendung von WWW-Dokumenten bitten kann. Auch der URL-Filter, der nichts anderes ist als ein von Sender und Empfänger nicht eingeplanter Host, der auf der Reise die Pakete aufmacht, sitzt nur am Port 80 des Filterrechners. So merkt er es nicht, wenn WWW-Server *und* WWW-Browser z. B. den Port 377 benutzen. Doch ist das Ganze nicht mehr

80 Oben, S. 39 f.

als einer der in Zeiten der Zensur benutzten Schleichwege, auf denen in Winkeldruckereien unzensiert hergestellte Schriften den einen oder anderen Zeitgenossen erreichten. Denn entweder bleibt es ein Schleichweg, den nur Eingeweihte nutzen und der ebensowenig stört wie Lücken in der Kontrolle anderer Medien. Oder die Verwendung von Port 377 für WWW-Pakete wird „well known" und dann eben auch gefiltert.

c) Zusammenfassung

Im Ergebnis gibt es keine technisch-natürliche Äußerungsfreiheit im Internet. Techniker behaupten sie, zuweilen vielleicht, um Politik und Recht die Entscheidung abzunehmen. Politiker und Juristen hören das gerne, wähnen sie sich doch von der Entscheidung befreit oder können dies zumindest plausibel behaupten. Tatsächlich eröffnet der technisch neue Äußerungsweg neue Möglichkeiten der Inhaltskontrolle und neue Möglichkeiten ihrer Umgehung. Dabei kann die konkrete Kontrolle je nach Ausführung, Umsetzung und (krimineller) Energie der Beteiligten sowie der bevorzugten Perspektive erschreckend oder erfreulich perfekt sein, aber auch technikbedingte Lücken aufweisen. Letztlich bleibt nicht alles beim Alten. Doch stellen sich unter den teilweise veränderten Umständen die üblichen Probleme ein, ohne dass man gezwungen ist, die Fragestellungen als qualitativ neu zu empfinden. Auch im Internet muß Äußerungsfreiheit von Menschen als Norm gesetzt oder nicht gesetzt werden.

Zur Zeit interessieren neben dem dateischarfen Zugriff auf den Quellhost einige Möglichkeiten inhaltsbezogener Datentransportverweigerung an Vermittlungsknoten: Der Pakettransport kann insbesondere anhand der Adresse von Ziel- oder Quellrechner, aber auch aufgrund der Adresse des angeforderten WWW-Dokuments blockiert werden. Solche und weitere inhaltsbezogene Filterungen werden von vielen Unternehmen und anderen Organisationen an den Vermittlungsknoten ihrer eigenen Netze praktiziert. Sie können aber auch von anderen Vermittlungsknotenbetreibern wie bspw. Zugangsprovidern mit Wirkung für fremde Netze und Hosts eingesetzt werden.

Die verschiedenen Möglichkeiten der technischen Organisation von Veröffentlichungen im WWW deuten eine besondere Relevanz der Entscheidung über die Zulässigkeit von Inhaltskontrolle durch Vermittlungsrechnerbetreiber an. Sie sind die einzigen, die auch dann zwischen Äußerndem und Empfänger stehen, wenn der Äußernde über einen WWW-Server auf einem Host in eigenen Räumen verfügt. Diese Personalunion aus Quellrechnerbetreiber und Äußerndem führt dazu, dass eine Inhaltshaftung aus dem Quellrechnerbetrieb keine weitere Person als wieder nur den Äußernden trifft und also keinen Dritten in die Verantwortung für die Veröffentlichungen einbindet. Eine solche Drittkontrolle kann aus der Haftung für den Betrieb eines WWW-Servers nur entstehen, wenn der Äußernde Server benutzt, die Dritten gehören. Das Maß der zulässigen Haftung solcher Hosting- oder Server-Provider wird von dem Grad der Beteiligung an der Bereitstellung von Verbreitungstechnik abhängen. Wer Speicherraum auf dem selbst administrierten Rechner anbietet, setzt ein mehr an Zurechnungsgründen als derjenige, der dem Äußernden einen ganzen Rechner zur Selbstadministration überläßt oder nur einen Raum für die Aufstellung des Kundenrechners vermietet.

V. Freiheit von Inhaltskontrollverfahren als Element rechtlicher Äußerungsfreiheit

Der rechtliche Schutz des Äußerungsinteresses gegen Sperrungen der Quelldatei auf dem Server-Host oder der Schutz des äußerungsbezogenen Datenverkehrs gegen Filterungen an Vermittlungsknoten hängt von den rechtlichen Grundlagen der Maßnahme ab. Nach Existenz, Konstruktion und Relevanz eines einfach- oder verfassungsgesetzlichen Schutzes des Äußerungsinteresses lassen sich drei Kategorien unterscheiden.

An den Äußernden oder seinen Host-Provider gerichtete *staatliche Sperrungs- oder Löschungsanordnungen* beeinträchtigen ebenso wie ihr Vollzug die abwehrrechtlich geschützte Äußerungsfreiheit. Entsprechende Maßnahmen gegen Routerbetreiber, etwa an Zugangsprovider gerichtete Verfügungen zur Sperrung eines Rechners oder Blockierung bestimmter WWW-Dokumente, berühren Freiheiten des jeweiligen Providers, wahrscheinlich zudem solche des Äußernden (unten 1., 2. und VI.).

Der Host- oder Routerbetreiber kann mit der Sperrung aber auch eigenen straf-, zivil- oder verwaltungsgesetzlichen Verhaltenspflichten nachkommen wollen. So, wenn ihn §§ 80a, 25 ff. StGB für den Vorschlag des D zur militärischen Sicherung der Ölförderung oder § 1 UWG, § 823 BGB für die Infotainment-Kritik der B-KG[81] haftbar machen, sobald er trotz Vorhalts des jeweiligen Inhalts die Sperrung verweigert. Diese zweite Kategorie enthält also *gesetzlich geforderte Maßnahmen privater Verbreiter* (unten VII. u. VIII.). Wie jedenfalls strafbewehrte Inhaltsprüfungspflichten verdeutlichen, ist auch hier ein Einfluß von Grundrechten des Adressaten des Gesetzesbefehls nicht ausgeschlossen. Fraglich scheint, ob der gesetzliche Zwang auf den Provider zur Kontrolle des Verhaltens eines Dritten dessen Grundrecht berührt. Unabhängig von diesen Problemen ist es möglich, dass die einschlägigen *einfachgesetzlichen* Zurechnungsnormen auch das Äußerungsinteresse berücksichtigen.

Schließlich bleibt die hier nur in Abgrenzungsfragen (unten IX.) behandelte Kategorie der *freiwilligen Maßnahmen privater Verbreiter.* Ein religiös ausgerichteter Hostprovider mag sich für die Sperrung unchristlicher oder unislamischer Veröffentlichungen auf eine entsprechende Vertragsklausel berufen, ein gewinnorientierter Host- oder Zugangsprovider wird womöglich unter Berufung auf eine allgemeine Wohlverhaltensklausel ein die Öffentlichkeit entrüstendes Angebot unabhängig von seiner Rechtswidrigkeit zur Vermeidung von Imageschäden sperren. Auch der Verweis auf die Entscheidung einer in Allgemeinen Geschäftsbedingungen für verbindlich erklärten Selbstkontrolle gehört hierher.

Staatlicher Zwang zur Unterbindung der Äußerung eint die beiden ersten, hier behandelten Gruppen. Er tritt bei staatlicher Kontrolle in der auf Äußerungen konkretisierten Anordnung recht unmittelbar auf. Bei privater Kontrolle zur Vermeidung gesetzlicher Haftung findet er sich in dem Gesetzesbefehl, der den Provider unmittelbar bindet, der aber noch auf die konkrete Äußerung zu konkretisieren ist und insoweit mittelbar wirkt. So sehr sich das rechtliche Regime beider Gruppen und damit ein möglicher

---

81 Bsp. (5) und (2) von oben, S. 18 f.

Schutz des Äußerungsinteresses unterscheiden, bleibt doch das Freiheitsinteresse, über dessen einfachrechtlich oder grundrechtlich vermittelte Relevanz bei der Auslegung der jeweils einschlägigen Gesetze zu entscheiden ist, gleich. Das Phänomen ist nicht unbekannt. Beispielsweise kann die Auslegung der Zivilgesetze ein allgemeines Persönlichkeitsrecht als anspruchsbegründendes „sonstiges Recht" i. S. d. § 823 I BGB oder als anspruchsversagendes rechtliches Interesse auch unabhängig von einem parallelen, engeren oder weiteren grundrechtlichen Schutz desselben Interesses anerkennen. Ähnliches gilt für zahlreiche Interessen, die zu gewichten zivilgesetzliche Gesetzesworte bzw. Auslegungszwischenschritte wie „widerrechtlich", „gute Sitten", „verkehrserforderlich" etc. selbst dann verlangten, wenn es kein Grundgesetz gäbe oder seine normative Kraft sich im europäischen Verfassungsweichspüler weiter auflöst. Auch wenn sich das jeweilige, thematisch-sachlich *eine* Freiheitsinteresse in verschiedenen gesetzlichen und grundrechtlichen Wirkungszusammenhängen jeweils anderen und unterschiedlich wirkstarken Interessen gegenübersieht und dort selbst jeweils unterschiedliche Rollen mit unterschiedlicher Durchsetzungsmacht einnimmt, dürfte es durch die Konstruktionen und Normhierarchien hindurch Gemeinsames geben. Deshalb gilt es, wendet man sich zunächst der klareren Konstellation staatlicher Kontrolle versus grundrechtlich geschützter Freiheit zu, sowohl das Spezifische, das Unübertragbare dieser Situation zu sehen als auch womöglich spezifisch Konstantes des Konflikts von Äußerungsinteresse und bestimmten Kontrollen zu erkennen, das in anderen Konstellationen nur mit anderen Maßstäben zu bewerten ist.

1. Grundrechtsschutz gegen Verfahren staatlicher Äußerungsunterbindung

Wenn die Text- und Bilddateiversendung vom Internet-Host mit WWW-Server über Router zu Empfänger-Hosts mit WWW-Browser von Art. 5 GG auf hohem Niveau umhegt wird[82], ist noch nicht geklärt, inwieweit ein solcher Grundrechtsschutz *Gestaltungen der Äußerungsinhaltskontrolle* beeinflußt. Enthält Art. 5 GG überhaupt Aussagen darüber, ob Ordnungsbehörden nach § 18 MDStV oder § 14 OBG NW Veröffentlichungen im WWW aus inhaltlichen Gründen untersagen dürfen? Immerhin genießt die Verteilung gedruckter Texte und Bilder nach Ansicht mancher nicht nur einfachgesetzlichen sondern auch grundrechtlichen Schutz gegen inhaltsbezogene Verbreitungsverbote der gefahrenabwehrenden Exekutive.[83] Sind dem ähnlich an inhaltsbezogene Verbote der Verbreitung von Text- und Bilddateien über das Internet höhere Anforderungen zu stellen, wie sie z. B. strafverfahrensakzessorische Löschungsverfügungen nach § 74 d StGB, nicht aber Verwaltungsakte aufgrund des § 18 MDStV erfüllen mögen? In der gleichen Richtung kann Art. 5 GG daraufhin befragt werden, ob er die Möglichkeiten des Staates begrenzt, Vermittlungsnetzbetreiber – im Wege einer Indienstnahme – in die Pflicht zu nehmen, mit Hilfe vorhandener oder einzurichtender Filterelemente den Da-

82 So das Ergebnis von oben, S. 26 ff. (III., 2. bis 6.).

83 Angesichts eines im Bereich der verkörperten Presse vielfach schon durchgreifenden einfachgesetzlichen Schutzes (zu ihm noch unten, S. 76 ff.) bleibt der Gehalt dennoch zusätzlich erwähnter Grundrechte häufig unklar; vgl. etwa VGH München, NJW 1983, 1339 (1340); einfachgesetzlich argumentierend z. B. OVG Brandenburg, NJW 1997, 1387.

tenpakettransport etwa zwischen inländischen und ausländischen Hosts verdachtsunabhängig oder -abhängig auf den Import bestimmter Pages hin zu filtern und ggf. den Datenimport zu unterbinden.

Sucht man sich zunächst zu vergewissern, welche Aussagen die Äußerungsgrundrechte zu diesem Thema *auf den überkommenen Äußerungswegen* machen, ist eine Schieflage der Dogmatik zu Art. 5 GG zu konstatieren, die im Zuge einer von den Computernetzen unabhängigen Entwicklung den Äußerungsfreiheitsschutz zentraler formaler Gehalte weitgehend entkleidet hat[84]. Gerade für die Computernetze hat dies aber angesichts spezifischer Sachverhalte und gesetzlicher Regelungen besondere Folgen.

Die zur Zeit vorherrschenden Auffassungen vom Schutzgut und der effektiven Gewährleistung der Äußerungsgrundrechte vermitteln den Eindruck, Art. 5 I, 2 GG schütze vor allem Äußerungs*inhalte*, während das *Verfahren*, in dem um die inhaltliche Rechtswidrigkeit und ein mit ihr begründetes Verbreitungsverbot gestritten wird, weitgehend grundrechtsneutral sei und frei gewählt werden könne, solange es sich nur nicht um ein Verbot mit Erlaubnisvorbehalt in der Art der Karlsbader Pressezensur handelt[85]. Am Beispiel: *Wenn* A's Kritik an V's Verhalten im Streit um die Gewerbegebietsausweisung[86] Art. 5 I GG unterfällt und von keiner Inhaltsschranke i. S. d. Art. 5 II GG erfaßt wird, ist A durch Art. 5 GG gegen *jegliche* Maßnahme zur Unterbindung oder Ahndung seiner Kritik an V geschützt. Der inhaltsabhängige Grundrechtsschutz richtet sich dann gleichermaßen gegen Polizeiverfügungen vor oder nach Verbreitungsbeginn, gegen staatsanwaltliche oder gerichtliche Beschlagnahmen vor oder nach einer strafgerichtlichen Verhandlung ebenso wie gegen sonstige inhaltsbezogene Sanktionen wie Strafe, Bußgeld etc. Hingegen ist es für den hauptsächlich als Inhaltsfreiheit verstandenen Art. 5 GG gleichgültig, in welchem Verfahren der Staat Maßnahmen zur Verbreitungsunterbindung trifft, also über die inhaltliche Unvereinbarkeit der Äußerung mit den Inhaltsschranken i. S. d. Art. 5 II GG entscheidet und sie ggf. unterbindet. Sperrungsverfügungen der Aufsichtsbehörde, seien sie im Rahmen systematischer Kontrollen, infolge zufälliger oder durch V veranlaßter Kenntnisnahme ergangen, werden sie an den Server-Betreiber adressiert oder mit Wirkung für URL-Filter an Grenzroutern oder auch an inländischen Vermittlungsknoten erlassen, sind ebenso wie die strafgerichtlich als Nebenentscheidung zum Urteil oder im Ermittlungsverfahren verfügte Sperrung gleichermaßen grundrechtskonform, wenn sich nur letztendlich herausstellt, daß die Äußerung ihrem Inhalt nach von Schranken i. S. d. Art. 5 II GG erfaßt wird. Und sie sind ebenso gleichermaßen grundrechtswidrig, wenn eine solche Deckung nicht gelingt.

Eine solche Reduktion auf ihre inhaltliche Seite zäumt Äußerungsfreiheit sachlich wie historisch von hinten auf und verkennt formale Gehalte ihres grundrechtlichen Schutzes auf der Ebene des Schutzgutes wie der effektiven Gewährleistung. Alle Äußerungsgrundrechte schützen zwei strukturell verschiedene Komponenten ein und derselben Äußerungsfreiheit, eine inhaltsunabhängige, von der auch Art. 5 I 3 GG handelt,

84 Dazu *C. Fiedler*, Die formale Seite der Äußerungsfreiheit – Zensurverbot und Äußerungsgrundrechte, 1999.

85 Siehe etwa *K. A. Bettermann*, JZ 1964, 601 (606): „Lediglich die [...] Zensur [ist] ausgeschlossen".

86 Bsp. (1) von oben, S. 18 f.

und eine inhaltsabhängige. Die *inhaltsunabhängige* oder *formale* Seite nimmt das Äußern schlechthin gegen bestimmte Verfahren der Bewertung seiner Inhalte in Schutz und ist also *weit*, aber nur *vorläufig*. Hinzu tritt dann die – heute häufig mit der Äußerungsfreiheit gleichgesetzte – *inhaltsabhängige* oder *materielle* Schutzkomponente, die darüber entscheidet, welche Inhalte auch in zulässigen, die formale Komponente achtenden Inhaltskontrollverfahren nicht behindert werden dürfen, die also *enger* ist, aber *endgültigen* Schutz gewährt.

a) Schutzbereich der formalen Freiheitsseite

Wird die formale Seite der Äußerungsfreiheit als Schutzgegenstand der Äußerungsgrundrechte aus den Augen verloren, kann das Zensurverbot neben seiner Hauptaufgabe effektiver Freiheitsgarantie auch bei der Schutzbereichsbestimmung Hilfe leisten. Art. 5 I 3 GG verbietet mit der Zensur wenigstens das inhaltsbezogene Verbot mit Erlaubnisvorbehalt. Grund dieser verfassungskräftigen Ächtung des auf anderen Gebieten auch vom Rechtsstaat geschätzten Verfahrens „Erlaubnisvorbehalt" ist weder seine besondere Eignung, Inhaltsschranken effektiv durchzusetzen, noch die mit ihm verbundene Rechtssicherheit für den Äußernden. Gründe finden sich vielmehr in Gefahren für Äußerungen schlechthin sowie für inhaltlich rechtmäßige Äußerungen (Lähmungsrisiken), die das Verfahren unabhängig von den verwendeten Inhaltsmaßstäben und deren Rechtmäßigkeit und Legitimität mit sich bringt. Diese möglichen negativen Effekte (fehlerhafte und restriktiv fehlerhafte Schrankenbestimmung, Verzögerung, exekutiver Inhaltsmaßstab u. a.) stehen mit verschiedenen, sich häufig wechselseitig verstärkenden Verfahrensmerkmalen in Verbindung. Äußerungsspezifische Faktoren finden sich in der unvermeidbaren, erhebliche Entscheidungsspielräume bedingenden Unbestimmtheit der Inhaltsschranken, im Zeitbedarf der Entscheidung, in der Zeitabhängigkeit der Äußerung und anderen. Entscheidungsverfahrensgeprägt können Strukturen insbesondere exekutiver Kontrollorganisation und ihres Verfahrens wie etwa Entscheidung in eigener Sache, potentielle Befangenheit, intensivierte Rücksichtnahme auf massenmediale Stimmungen u. a. genannt werden. Schließlich bleiben als verbreitungskontrolltechnisch die eher technischen Faktoren, die den unmittelbaren Zugriff der Kontrolle auf die Äußerungen und ihre Verbreitung beschreiben; im Falle der historischen Zensur ist dies der Erlaubnisvorbehalt. Ebenso wie dieser und seine geregelten wie nicht geregelten Äquivalente mit *beliebigen* Inhaltskontrollmaßstäben Zensur sind, läßt sich das Zensurverbot auch nicht über einen inhaltsbezogenen Anwendungsbereich[87] oder über maßstabsbezogene Einschränkungen[88] seiner formalen Natur berauben und auf das Verbot bestimmter Zensurmaßstäbe beschränken. Mit dieser strikt formalen Abwehr einer bestimmten Art

87 Inhaltskontrolle durch Zensur ist in der Logik des inhaltsabhängigen Schutzbereichs gegenüber inhaltlich aus dem Schutzbereich herausfallenden Äußerungen möglich, verboten hingegen gegenüber Äußerungen, die erst über Art. 5 II GG strafbar sind. Wie würde dann aber die Inhaltsbewertung realisiert, mit der entschieden wird, welche Inhalte der Inhaltskontrolle Zensur unterworfen werden dürfen und welche nicht: durch Zensur? Zu inhaltsabhängigen Zensuranwendungsbereichen *C. Fiedler*, S. 188 ff., 202 f.

88 Vgl. etwa *P. Lerche*, HbStR V, 1992, § 122 Rn. 23 mit Fn. 84; *Jarass*/Pieroth, GG, 5. Auflage, Art. 5 Rn. 65; dazu ausführlicher *C. Fiedler*, S. 198 ff.

und Weise der Beurteilung inhaltlicher Schutzwürdigkeit enthält Art. 5 I 3 GG weder eigene Aussagen über die Frage der inhaltlichen Schutzwürdigkeit noch überläßt es seinen Wirkungsbereich einer ohne Rücksicht auf seine Vorgaben beurteilten inhaltlichen Schutzwürdigkeit. Vielmehr setzt das Zensurverbot eine inhaltsunabhängige Freiheitskomponente der Äußerungsgrundrechte voraus, die sich gegen Inhaltskontrolle zumindest in der Gestalt des Zensurverfahrens richtet.

Gerät die inhaltsunabhängige Schutzkomponente in Vergessenheit, erlaubt zwar Art. 5 I 3 GG ihre Rekonstruktion. Bei unbefangener Betrachtung wird jedoch deutlich, daß die Äußerungsfreiheiten des Art. 5 I 1, 2 GG auch schon ohne Hilfe des Zensurverbots begrifflich die inhaltsneutrale Freiheit der jeweiligen Äußerungstypen von Zensur einschließen, und weiter, daß diese Freiheiten durch Zensur nicht eingeschränkt, sondern beseitigt werden. So meinte mit besonderer Deutlichkeit die Freiheit der Presse nie bloß das Recht bestimmter Inhalte, von einer Zensur und ggf. im nachfolgenden Rechtsmittelverfahren die Druckerlaubnis verlangen zu können, sondern primär die Freiheit beliebiger Nutzung der Druckerpresse von dem Inhaltskontrollverfahren Zensur. Zensur *mit beliebigen Maßstäben* und Pressefreiheit schlossen und schließen sich aus; Freiheit der Druckerpresse und ihrer Äquivalente von Zensur war und ist das formale Existenzminimum jeder Pressefreiheit.

Die hinsichtlich ihres Kerns mit oder ohne Schützenhilfe des Zensurverbots (re)installierte formale Schutzbereichskomponente der Äußerungsgrundrechte des Art. 5 I 1 und 2 GG beschränkt sich nicht auf die Freiheit der Äußerung von dem Verfahren Zensur, so daß sie alle anderen inhaltsbezogenen Verbreitungsunterbindungen, etwa das nicht zensurelle exekutive Verbot vor Verbreitungsbeginn ebenso wie die strafurteilsakzessorische Restauflagenbeschlagnahme unbesehen für irrelevant erachten würde. Sie nimmt konkrete Verbreitungsunterbindung vor und nach Verbreitungsbeginn wahr, ohne Maßnahmen bestimmter Provenienz *kategorisch* unbeachtet zu lassen. Selbst die gerichtliche Einziehung der Restauflage, die das Strafurteil begleitet, ist als konkrete Verbreitungsunterbindung für die formale Grundrechtskomponente spürbar und nur in aller Regel mit ihr vereinbar. Von vornherein unbeachtet bleibt allein die ohne Verbreitungsverbot verhängte Buße oder Strafe. Will man das Begriffspaar Prävention und Repression verwenden, bemerkt die hier einschlägige inhaltsunabhängige Grundrechtsseite Prävention im Sinne jeder inhaltsbezogenen Verbreitungsunterbindung als Schmälerung, überläßt hingegen Repression im Sinne von Geldbußen, Geld-, Freiheitsstrafen und ähnlichen Sanktionen anderen Grundrechtsgehalten. Eine ähnliche Konzeption muß – wenn auch unausgearbeitet – letztlich dem Bundesverfassungsgericht vorschweben, wenn es im Bereich „präventiver Verbote durch die Behörden“ anders als „im Bereich nachträglicher Sanktionen durch die Gerichte“ besondere Gefahren für die Meinungsfreiheit sieht, die besondere Vorkehrungen verlangen.[89]

---

89 BVerfGE E 90, 241 (251), zu den Vorkehrungen sogleich im Text unter b).

b) Effektiver Schutz

Wird mit der Freiheit, sich ohne verbreitungsunterbindende Inhaltskontrolle äußern zu können, das formale Schutzgut der Äußerungsfreiheit klarer, bleibt die Frage nach seinem effektiven Schutz. Jedenfalls die Freiheit von Zensur garantiert Art. 5 I 3 GG vergleichsweise absolut. Diese selbst für Abwehrrechte ungewöhnlich explizite und strikte Sicherung der Freiheit eines Verhaltens von einem spezifischen Verfahren der Kontrolle und Unterbindung erlaubt nicht den häufig zumindest implizit gezogenen Schluß von dem *absoluten* Verbot des einen auf die *unbegrenzte* Zulässigkeit aller anderen Verfahren. Eher schon legt die *besondere* Ächtung nahe, daß andere Verfahren nur *nicht ebenso unbedingt verboten* sein sollen. Auch jenseits des Zensurverbots gilt kein Schluß von der Grundrechtskonformität der verwendeten Inhaltsschranken auf die Grundrechtskonformität der Verfahren ihrer Durchsetzung. Die formale Grundrechtskomponente erschöpft die effektive Verfahrensabwehr nicht mit dem Zensurverbot, das nur explizit, sichtbar und besonders rigoros die Spitze des Eisbergs freiheitswidriger Formen der Verbreitungsunterbindung ächtet. Nicht jedes Äußerungsverbot vor Verbreitungsbeginn muß Ergebnis einer Zensur i. S. d. Art. 5 I 3 GG sein, aber auch nicht jedes nicht-zensurelle Verbreitungsverbot ist schon deshalb mit der formalen Seite der Äußerungsgrundrechte vereinbar. Letztlich gilt es für die Behandlung der Verbreitungskontrolle zwischen Zensur und jedenfalls erlaubter gerichtlicher Restauflagenbeschlagnahme zu erkennen, daß sich die formale, das Zensurverbot einschließende Grundrechtsseite gegen die Lähmungsrisiken einer Vielzahl verschiedener und mannigfach zusammenwirkender Faktoren von Inhaltskontrolle wendet. Jedes Verfahren hat die äußerungsspezifischen Risiken (inhaltliche Unbestimmtheit, Komplexität und Zeitabhängigkeit der Grenzziehung, Zeitgebundenheit der Äußerung etc.) zu vergegenwärtigen. Variabel sind Faktoren der Entscheidungsorganisation (verwaltungstypisch, öffentlich etc.) sowie die Technik der Verbreitungskontrolle (Dichte, Anteil der unterbundenen Verbreitung, Anlaß der Verfahrenseinleitung), die zwischen exekutiver lückenloser Gesamtverbreitungskontrolle und gerichtstypisch organisierter, nur im Konfliktfall stattfindender Restverbreitungsuntersagung vielfältige Gestalten annehmen können. Steht so dem freiheitsvernichtenden ein deutlich freiheitswahrendes Verfahren gegenüber, könnte die *regelmäßige Freiheit der Äußerung von anderen als dem freiheitswahrenden Verfahren* der Verbreitungsunterbindung den Inhalt der formalen Grundrechtskomponente ausmachen. Formale Äußerungsfreiheit würde dann konkrete Verbreitungsuntersagung weitgehend nur als Annex zu solchen gerichtlichen Entscheidungen zulassen, die in einem öffentlichen und regelmäßig wesentlicher Verbreitung nachfolgenden Verfahren über die Rechtswidrigkeit und Vorwerfbarkeit der Äußerung ergehen. Unter weiterer Auflösung der Verfahrensbeschreibung in die für das Grundrecht relevanten Umstände würden die Äußerungsgrundrechte dann Freiheit von vorheriger, geheimer, verwaltungstypisch organisierter, primär verhinderungsbezogener, immer oder unter Zeitdruck stattfindender Inhaltskontrolle verlangen. Entsprechend verbliebe der Inhaltsschrankendurchsetzung aus der Masse denkbarer Verfahren der Verbreitungsunterbindung – in der Regel – nur die nachherige, öffentliche, ahndungsakzessorische, gerichtstypisch organisierte, streitfallabhängige, über Zeit verfügende Kontrolle. Ein solcher

Vorrang der Repression würde für die verbleibenden Möglichkeiten konkreter Prävention (Verbreitungsunterbindung) zunächst zweierlei bedeuten:

(1) Ist im gerichtlichen, öffentlichen, nachträglichen, streitfallabhängigen, über Zeit verfügenden und primär auf Ahndung zielenden Verfahren (freiheitswahrendes Verfahren) über die inhaltliche Rechtswidrigkeit entschieden, kann in einer Nebenentscheidung regelmäßig die weitere Verbreitung derselben Äußerung untersagt werden (ahndungs- oder repressionsakzessorische Verbreitungsunterbindung oder Prävention). Eine solche sieht exemplarisch § 74 d I, III StGB mit der strafgerichtlichen (Rest)Auflageneinziehung vor. Sie hat keinen strafenden, sondern allein vorbeugenden (sichernden) Charakter. Mit dem Ziel der Unterbindung künftiger objektiv strafrechtswidriger Kommunikation ist sie in der Sache Gefahrenabwehr. Im subjektiven Verfahren ergeht sie neben einer Verurteilung als unselbständige Maßnahme, fehlt etwa das Verschulden, ergeht sie als selbständige (§ 76 a StGB). Ist ein subjektives Verfahren z. B. wegen Verjährung undurchführbar, wird sie im objektiven Verfahren angeordnet (§ 76 a StGB, §§ 440 ff. StPO). Noch im objektiven Verfahren bleibt die strafgerichtliche Einziehung strukturell ahndungsakzessorisch; es handelt sich um eine mit jeder formalen Freiheitsgarantie zu vereinbarende Eingriffsermächtigung, die im Einzelfall grundrechtskonform gehandhabt werden kann[90].

(2) Prävention, die dieser Entscheidung im freiheitswahrenden Verfahren *vorgreift*, muß hingegen Ausnahme bleiben. Erste Bedingung dafür ist, daß im freiheitsgefährdenden Verfahren nicht mehr Inhalte verhindert werden, als später das freiheitswahrende Verfahren für rechtswidrig erachtet. Die vorgreifende Prävention darf deshalb nicht *anstelle* des repressiven Verfahrens stattfinden, muß also von diesem abhängig und vorläufig sein. Auch schon aus diesem Grunde ist der Maßstab vorgreifender Verbreitungsuntersagung auf evidente Schrankenverletzungen zu begrenzen. Vor allem aber soll die Beschränkung auf evidente und schwerwiegende Fälle den Ausnahmecharakter der nicht freiheitswahrenden Prävention effektiv sichern. So aktualisiert auch das Bundesverfassungsgericht den formalen Äußerungsgrundrechtsschutz, wenn es aufgrund der im Vergleich zu nachträglichen gerichtlichen Sanktionen besonderen Gefahren für die Meinungsfreiheit im Bereich „präventiver Verbote durch die Behörden" eine besondere Sicherheit der Gefahrenprognose fordert und zudem verlangt, dass die Strafbarkeit der verbotenen Äußerung zweifelsfrei feststeht.[91] Dem gleichen Ziel würde auch das Erfordernis eines Ausgleichs der durch rechtswidrige vorgreifende Prävention verursachten Schäden dienen. Als der strafgerichtlichen Auflageneinziehung nach § 74 d StGB vorgreifende, sie sichernde und ebenso gefahrenabwehrende Maßnahme ist die Auflagenbeschlagnahme vorgesehen. Ungeachtet der Frage, ob die §§ 111 m, n StPO wirksam

90 Aber nicht immer wird, s. BVerfGE 87, 209 (230 ff.), dazu *C. Fiedler*, S. 177 ff.

91 BVerfGE 90, 241 (251); wieso diese für präventive behördliche Verbote zentrale Passage der Senatsentscheidung in späteren Kammerbeschlüssen nicht aufgegriffen wurde (vgl. B. v. 24.3.2001 – 1 BvQ 13/01, NJW 2001, 2069 [2070 f.]; B. v. 7.4.2001 – 1 BvQ 17/01 u. a., NJW 2001, 2072 [2073 f.]; womöglich als Andeutung deutbar B. v. 1.5.2001 – 1 BvQ 22/01, NJW 2001, 2076 [2077, r. Sp. unter II. 3. b]), soll hier ungeachtet beachtlichen Spekulationspotentials unerörtert bleiben. Warum allerdings auch die an der Diskussion teilnehmende Literatur nicht nur das grundrechtliche Problem übergeht, sondern auch im Rahmen ihrer Rüge des Fehlens einer Senatsentscheidung die einschlägige Passage besagter Senatsentscheidung nicht erwähnt, ist nur schwer verständlich.

sind oder den Ländern die Gesetzgebungskompetenz zusteht, bleibt die Auflagenbeschlagnahme nach allen existierenden Normierungen mit der Abhängigkeit von der Bestätigung im strafgerichtlichen Verfahren, mit einem weitgehendem Ausschluß der Exekutive, mit strengen Maßstabsanforderungen[92] und dem Erfordernis einer objektiv strafbaren Erstverbreitung bzw. einer strafbaren Verbreitungsvorbereitung vergleichsweise beschränkt und dürfte dementsprechend freiheitskonform handhabbar sein.

Weitergehende Präventionsverfahren sind auch nicht mit Blick auf eventuelle nicht bewehrte Inhaltsschranken gerechtfertigt. Jede Inhaltsschranke kann zumindest mit einer Bußgelddrohung bewehrt werden. Hält der Gesetzgeber nicht einmal eine solche Bewehrung für nötig, vermag ein so geringer Rang der Schranke keine die Äußerungsfreiheit besonders intensiv treffende Prävention zu rechtfertigen. Sollten sogar wegen ihrer Unbestimmtheit nicht bewehrbare Inhaltsschranken denkbar sein, gilt das Argument noch deutlicher. Eine Schranke, die nicht einmal in dem freiheitswahrenden, nachträglichen und sorgfältigen Verfahren den verfassungsrechtlichen Anforderungen standhält, rechtfertigt um so weniger ihre Durchsetzung im Wege des stärkeren und freiheitsgefährdenderen Eingriffs durch exekutive oder sonst vorgreifende Prävention.

Was hieße all das für Kommunikation im Internet? Ein solcher Grundrechtsschutz der Internet-Veröffentlichungen bedeutet die Verfassungswidrigkeit inhaltsbezogener Sperrungsanordnungen und anderer Verbreitungsverbote, soweit sie auf § 18 MDStV oder andere exekutive Gefahrenabwehrermächtigungen gestützt werden. Möglich blieben hingegen strafverfahrensakzessorische Maßnahmen, falls das einfachgesetzliche Instrumentarium dafür bereitsteht.

2. Weitere Gründe für einen medienübergreifend effektiven Schutz

Einiges spricht für einen wie soeben (1. b) oder ähnlich zu skizzierenden Regelvorrang der Ahndung (Repression) vor der Unterbindung (Prävention) als Grundaussage der formalen Seite des grundrechtlichen Äußerungsfreiheitsschutzes. Ihr häufig unbemerkt bleibendes Schutzgut, die inhaltsunabhängige Freiheit, sich zunächst nach eigenem inhaltlichen Belieben zu äußern und also erst gegenüber nachträglicher Kontrolle verantwortlich zu sein, dürfte einen hervorragenden, eng mit Menschenwürdevorstellungen verknüpften und vom Demokratieprinzip unabhängigen Rang unter den grundrechtlich geschützten Verhaltensweisen einnehmen. Dabei wirkt die formale Grundrechtskomponente ohne Rücksicht auf ihre inhaltsabhängige Schwester. Es ist ihr mit anderen Worten unwichtig, inwieweit die Inhaltsfreiheit, um die in den von ihr akzeptierten Verfahren gestritten wird, ebenfalls grundrechtlichen Rang hat oder sich nur aus einfachen Gesetzen ergibt, in welchem Maße also bspw. die konkrete Grenze der Schmähkritik und ihr Eingreifen im Einzelfall eine Sache der §§ 185, 193 StGB (und damit des Bundesgerichtshofs) oder auch eine Frage des Art. 5 I, II GG (und damit auch des Bundesverfassungsgerichts) sind.

Die formale Seite der Äußerungsfreiheit hat aber nicht nur grundrechtlichen, von der Inhaltsfreiheit unabhängigen Eigenwert, sondern ist darüber hinaus *ihrerseits von her-*

92 Zur Änderung des § 111 b StPO aus dem Jahr 1998 noch unten, S. 80 f.

ausragender Bedeutung für die inhaltliche Seite. Zentrale Felder des Äußerungsinhaltsrechts und damit der Inhaltsfreiheit sind notwendigerweise auf mehr oder weniger generalklauselartige Gesetzesbegriffe angewiesen. Dennoch wird in jedem Einzelfall zurecht von der gesetzlichen Bestimmtheit der Freiheit ausgegangen, was allerdings nichts daran ändert, daß die Subsumtion in den streitigen Fällen Zeit und Aufwand fordert sowie beachtliche Entscheidungsräume läßt. In dieser Situation kann allein die formale Freiheit von anderer als nachträglicher, öffentlicher, unabhängiger Inhaltsschrankendurchsetzung eine minimale Richtigkeitsgewähr bieten. Wenn statt der vorläufigen, formalen Freiheit als Bedingung gerechter Bestimmung inhaltlicher Freiheit häufig die Vorstellung vorzuherrschen scheint, die im gerichtlichen Verfahren ex post entschiedene Rechtmäßig- oder Rechtswidrigkeit habe der Äußerung von vornherein zeit- und verfahrensunabhängig angehaftet, wird das Ergebnis eines von vielfältigen Bedingungen lebenden, wertenden Prozesses kurzschlüssig für ein ohne weiteres von jedermann wahrnehmbares Naturereignis gehalten. Die formale Äußerungsfreiheit ist aber nicht nur Richtigkeitsgewähr unter dem für bestimmt gehaltenen Gesetz, sondern darüber hinaus Voraussetzung inhaltlicher Äußerungsfreiheit schlechthin, indem sie eine bedeutsame Rolle bei der Bestimmung der gesetzlichen Maßstäbe selbst spielt: Die generalklauselartigen Wertungsbegriffe der äußerungsfreiheitsbestimmenden Inhaltsschranken verkoppeln die rechtliche Freiheit mehr oder weniger strikt mit herrschenden gesellschaftlichen Anschauungen, den Produkten mehrheitlicher Äußerungsfreiheitsbetätigungen. Besonders das Beispiel der sich zu mehr Freiheit hin verschiebenden Gesetzesinterpretation, in dem die gesellschaftliche Wertung vorangeht und denknotwendig an gesetzwidrige Kommunikation anknüpft, zeigt den Konflikt mit der *gesetzlich* hinreichend zu bestimmenden Freiheit. Damit kommt jedoch kein Konstruktionsfehler, sondern die natürliche Spannung zum Ausdruck, die zwischen einer Freiheit des Einzelnen, zu anderen zu sprechen, und staatlichen Äußerungsinhaltsschranken besteht: Beide wurzeln letztlich in der gesamtgesellschaftlichen Kommunikation. Der Antagonismus läßt sich angemessen in der nachträglichen, unabhängigen Freiheitsbestimmung abarbeiten, die vergleichsweise mehrheitsfern und unaufgeregt Maß nimmt. Die Öffentlichkeit der Entscheidung und ihres Gegenstandes hält den gegenseitigen Kontakt zwischen gesellschaftlicher und rechtlicher Wertung aufrecht und vermag überdies, das durch das Gesetz allein nicht erreichbare Minimum an Rechtssicherheit zu gewährleisten. Sieht man, wie teilweise seit dem vorletzten Jahrhundert unveränderte Gesetzesbegriffe eine sich permanent verändernde Freiheit definieren, und erkennt man, dass es sich weniger um menschliches Versagen als um Strukturen der Äußerungsfreiheit und ihrer Schranken handelt, gewinnt die Inhaltsfreiheit an Geschichtlichkeit, Kontingenz und Wankelmut wie sie gleichzeitig an Rationalität verliert. Die Freiheit von anderen als regelmäßig nachträglichen, öffentlichen und gerichtstypischen Verfahren der Inhaltsschrankenbestimmung ist dann nicht mehr nur Gebot der Rationalitätssicherung, sondern erscheint als notwendige, wenn auch nicht hinreichende Bedingung realer Inhaltsfreiheit. *Die formale Freiheit tritt nicht an die Stelle des fortwährenden Streites um die Grenzen der Inhaltsfreiheit; sie allein kann aber Bedingungen sichern, unter denen der wohl immer nur ex nunc als gesichert erscheinende Streitstand als Inhaltsfreiheit gelten kann.*

Entgegen einem möglichen Eindruck beschneidet selbst ein recht weitgehender Vorrang der Repression (Ahndung) vor der Prävention (Verbreitungsunterbindung) weder die effektive Durchsetzbarkeit von Inhaltsschranken in untragbarer Weise noch hindert eine solche Regel den Staat daran, in gravierenden Fällen Äußerungen selbst schon vor ihrem Beginn zu unterbinden. In dem Verhältnis zwischen präventionsbedrohter Äußerungsfreiheit und äußerungsbedrohten Inhaltsschrankengütern trifft das Zensurverbot mit seiner strengen Garantie des Kerns der formalen Äußerungsfreiheit die Grundaussage, Art. 5 GG halte die Nachteile effektiver Prävention für die Äußerungsfreiheiten für schwerwiegender als die Nachteile des Präventionsverzichtes für die Möglichkeiten der Inhaltsschrankendurchsetzung. Dabei ist zu beachten, daß die Nachteile des Präventionsverzichtes für die Schrankendurchsetzung eher relativ und nicht einmal zwingend sind, während der Unterschied für die Äußerungsfreiheit entscheidend ist und die Präventionswirkungen sie vergleichsweise unausweichlich treffen. Schrankengüter können im Wesentlichen durch die Norm selbst, durch Prävention i. S. d. Unterbindung konkreter Äußerungen und durch Repression (Ahndung) zur Geltung gebracht werden. Dabei bleibt im Falle einer nur geringen Rolle der Prävention die Repression mit ihrer Spezial- und Generalprävention durchaus in der Lage, künftige Schrankenübertretungen zu verhindern, und fragt sich sogar, ob die Bestrafung oder sonstige Ahndung einer Äußerung nicht zuweilen mehr künftigen Äußerungen vorbeugt als eine Vielzahl präventiver Verbote. Während so Äußerungsfreiheit als Nachteil für die Schrankendurchsetzung mit freiheitswahrenden Verfahren weitgehend kompensiert werden kann, scheint die Abwesenheit von konkreter Prävention für die Äußerungsfreiheit konstitutiv. Sie wird von effektiver Prävention notwendig, massiv und ohne Ausweichmöglichkeit getroffen.

Ein weiteres Argument ergibt sich aus der Geschichte der Freiheit der Presse i. S. ihres überkommenen Gehalts der Druckerpresse und ihrer Äquivalente zur Vervielfältigung *verkörperter* Texte und Bilder. Die Pressefreiheit entwickelte sich als formale Freiheit der Nutzung der Druckerpresse, zunächst von Zensur und dann zusätzlich von weiteren Formen der Verbreitungskontrolle, insbesondere von inhaltsbezogenen präventiv-polizeilichen Verbreitungsverboten (Beschlagnahme). Diese formale Pressefreiheit im weiteren Sinn, mit der nur die als Ausnahme konzipierte, strafverfahrensakzessorische Beschlagnahme vereinbar ist, bildete im Vergleich zu dem zuletzt hinzukommenden und die formale Seite keinesfalls verkürzenden Anhängsel einer inhaltlichen Schutzkomponente den Kern der Pressefreiheit jedenfalls seit Erlaß des Reichspressegesetzes. Daß die Pressefreiheit als solche in Art. 118 WRV *nicht* erwähnt wurde, berührte ihren selbstverständlichen Inhalt als unverändert primär formale Freiheit in diesem weiten Sinn keineswegs, sondern ließ sie nur, vom Zensurverbot abgesehen, ohne verfassungskräftigen Schutz. Wenn nun Art. 5 I GG Zensurverbot *und* Pressefreiheit absichert, ist nicht ersichtlich, wieso im Moment der Anhebung auf Verfassungsniveau der seit dem 19. Jahrhundert immer weiter verfestigte Inhalt von „Pressefreiheit" plötzlich völlig entleert sein sollte. Der Begriff der Pressefreiheit hat sich 1949 nicht nur nicht auf den bloßen, sogar Zensur erlaubenden Inhaltsschutz zurückgebildet, sondern läßt sich auch in ihrer formalen Garantie nicht auf die erste und engste Version bloßer Zensurfreiheit reduzieren. Die mit der grundgesetzlichen Verankerung der Pressefreiheit verbundene Anhebung eines über das Zensurverbot hinausgehenden formalen Äußerungsfreiheitsschutzes auf Verfassungsebene hat auch für den über Computernetze verbreiteten elektronischen Druck Relevanz. Sei es, weil er als elektronische Presse der Pressefreiheit zugeschlagen wird, sei es, weil er über die Auffangfreiheit des Art. 5 I GG, die Meinungsfreiheit des Satz 1 Var. 1 GG, wenigstens pressegleich zu schützen ist oder sei es, weil die Pressefreiheit zumindest in dieser Frage der formalen Freiheit nicht als Sonderling, sondern als Vorreiterin für einen von da an prinzipiell selbstverständlichen Inhalt späterer Äußerungsfreiheiten zu gelten hat[93].

Wenn dennoch seit 1949 kein besonders intensiver Streit um die grundrechtliche Freiheit der Presse von exekutiven inhaltsbezogenen Verboten geführt wurde, liegt das auch daran, daß die seit inzwischen über einhundert Jahren selbstverständliche formale Freiheit nach wie vor recht deutlich einfachgesetzlich gesichert ist. So müssen Gerichtsentscheidungen sich angesichts des Anwendungsvorrangs des einfachgesetzlichen Freiheitsschutzes durch Landespressegesetze bzw. Strafprozeßordnung zu einem grundrechtlichen Schutz nicht äußern, dem sie dennoch nicht selten zuzuneigen scheinen. Die einfachgesetzliche Entschärfung der grundrechtlichen Frage unterstützte die Verdrängung des Wissens um die selbstverständlich primär formale Freiheit der Druckerpresse. Was für die verkörperte Presse gleichgültig sein kann, solange einfaches Recht sie schützt, wird für die elektronische Presse schon de lege lata zum Problem. Hinsichtlich der periodischen und redaktionell aufbereiteten elektronischen Schriften, vom MDStV „Mediendienste" genannt, zieht § 18 II, III MDStV neue alte Seiten auf; sonstiger elektronischer Druck muß vorbehaltlich spezieller Regelungen in Landespressegesetzen den polizei- und ordnungsrechtlichen Generalklauseln wie etwa § 14 OBGNW unterfallen.

3. Folgen für inhaltsbezogene Verbreitungskontrolle exekutiver Gefahrenabwehr im Internet (§ 18 MDStV und polizeiliche Generalklauseln)

Mit dem formalen Grundrechtsschutz der Äußerung ist die exekutive Präventionsbefugnis des § 18 MDStV für periodisch im WorldWideWeb veröffentlichte elektronische Druckwerke offenbar nicht vereinbar[94]. Gleiches gilt für die gefahrenabwehrrechtlichen Generalklauseln, soweit sie inhaltsbezogene Verbote gegen sonstige elektronische

93 Oder man sieht als dritte Möglichkeit die Pressefreiheit zumindest *in dieser Frage* nicht als Sonderfreiheit, sondern als älteste Schwester der Äußerungsfreiheiten, die im 19. Jahrhundert (auch) die formale Freiheit Vater Staat mit Unterstützung durch Mutter Nation abtrotzen mußte. Die formale Freiheit wird dann aber den jüngeren Freiheiten ganz selbstverständlich gewährt, so selbstverständlich, dass es sich – wie geschehen – leicht vergessen läßt.

94 Bedenken verfassungsrechtlicher Art bei *Ladeur*, ZUM 1997, 372 (382); *ders.*, NJW 86, 2748 ff. (zur Vorläuferregelung im Btx-StV); *W. Schulz*, MMR 98, 182 (184 f.); nach *Hoffmann-Riem/Schulz*, Hamburgisches Medienrecht 1997, S. 149 f., könnte die Inhaltskontrolle durch Übertragung auf unabhängige Aufsichtsträger verfassungskonform gestaltet werden; *Vesting*, in Roßnagel, § 18 MDStV Rn. 4, 8, 31; eher rechtspolitisch kritisch *Bullinger*, ZUM 96, 749 (755 mit Fn. 20); vgl. auch *ders.* JZ 1996, 385 (390); *Ladeur*, GYIL 41 (1998), 55 (61); offenbar für unproblematisch halten die Regelung ohne grundrechtliche Nachfrage etwa *Determann*, S. 591, 595; *Bleisteiner*, S. 223; *Zimmermann*, NJW 1999, 3145 (3146 ff.), *Hornig*, ZUM 2001, 846 (855 ff.); explizit für Grundrechtskonformität mit der typischen und dennoch irrigen Verkürzung des formalen Äußerungsschutzes auf das Verbot einer wenig konturierten Zensur *Germann*, S. 405 ff.

Schriften und Bilder stützen sollen.[95] Beide Ermächtigungen sind weder repressionsakzessorisch noch auch nur auf evidente Gesetzesverstöße beschränkt. § 18 MDStV räumt der zuständigen Behörde, bspw. der Bezirksregierung am Sitz der Landesregierung[96] die Befugnis ein, Äußerungen auf ihre inhaltliche Rechtmäßigkeit hin zu untersuchen und im Falle der Annahme eines Verstoßes gegen bestimmte Inhaltsnormen zu untersagen bzw. ihre Sperrung anzuordnen. Die Generalklauseln verlangen unmodifiziert sogar nur, dass aus der ex-ante-Sicht des pflichtgemäß handelnden Amtswalters ein Verstoß der fraglichen Äußerung gegen Inhaltsschranken hinreichend *wahrscheinlich* scheint. Abstriche vom formalen Freiheitsschutz sind mindestens für Veröffentlichungen auf Hosts im Geltungsbereich des Grundgesetzes nicht zu machen. Zwar berücksichtigt auch die formale Seite der Äußerungsgrundrechte Besonderheiten des jeweiligen Freiheitstyps und Äußerungswegs, so daß bspw. die öffentliche Rede unter Anwesenden spezifisch zu behandeln sein mag. Doch ist im Falle des elektronischen Drucks keine Schutzabschwächung zu erkennen. Stattdessen ist selbst im Vergleich mit der verkörperten Presse unter anderem mit Blick auf den noch deutlicheren Individualbezug höchstens eine Aufwertung in Sicht.[97]

So können Text- und Bildveröffentlichungen jedenfalls auf WWW-Servern im Inland aus inhaltlichen Gründen nicht mit Hilfe des § 18 MDStV oder anderer exekutiver Gefahrenabwehrermächtigungen unterbunden werden. Wie die inhaltsbezogene Unterbindung der Verbreitung *verkörperter* Druckwerke ist auch die Löschungsanordnung gegenüber dem *elektronischen* Druck auf den grundrechtskonform handhabbaren Weg der ahndungsakzessorischen Unterbindung zu verweisen. Diese Möglichkeit besteht, wie sogleich zu zeigen sein wird, mit § 74 d StGB bereits de lege lata. Vorläufige Maßnahmen erlauben §§ 111 m, n, b StPO. Fehlt dem Bundesgesetzgeber insoweit die Gesetzgebungskompetenz, sind Länderregelungen vonnöten (dazu sogleich, S. 76 ff.).

4. Äußerungsimportkontrolle: Zulässig nur an den Übergängen der Inlandsnetze zu Auslandsrechnern oder (auch) innerhalb der inländischen Vermittlungsnetze?

Da der im Ausland Dateien versendende Quellrechner und zumeist auch sein Betreiber nicht greifbar ist, scheiden Maßnahmen wie die im Inland mögliche Löschungs- oder Sperrungsverfügung etc. aus. Da andererseits, wie gesehen[98], das Anfordern, der Empfang, die Rezeption und das Verwahren von Äußerungen durch Endempfänger in freiheitlichen Gesellschaften regelmäßig auch dann ganz selbstverständlich rechtmäßig sind, wenn die *Verbreitung* der fraglichen Äußerung strafbar oder sonst rechtswidrig ist, kann auch auf den Rechner der Empfänger kaum zugegriffen werden. So konzentriert sich das Interesse auf eine Kontrolle an den Vermittlungsknoten. In (grund)rechtlicher Hinsicht sind dabei zwei Fragen auseinanderzuhalten:

---

95 A. A. die entsprechenden Nw. zu § 18 MDStV (soeben Fn. 94).

96 So die Zuständigkeitsverordnung für Mediendienste NW (GV NW 1997 S. 184).

97 Oben, S. 26 ff. (III., 2. – 6.).

98 Vgl. auch zu Ausnahmen oben, S. 59 f.

Das erste Problem stellt sich für den Import von Datenpaketen ähnlich wie für den Grenzübertritt verkörperter Informationsträger. Sind an die Unterbindung eines Äußerungsimports weniger strenge Anforderungen zu stellen als an die Unterbindung derselben Äußerung aus inländischer Quelle? Kann also etwa eine Behörde Datensendungen von einem US-amerikanischen Rechner aus inhaltlichen Gründen auch dann unterbinden, wenn das Inhaltsverbotsverfahren nicht ahndungsakzessorisch organisiert ist oder wenn die Äußerung in Deutschland vielleicht sogar überhaupt nicht rechtswidrig wäre? Selbst in den Zeiten des kalten Krieges konnten auf dem Postweg importierte DDR-Propaganda-Schriften dem Empfänger nur dann vorenthalten werden, wenn Strafgerichte die Strafrechtswidrigkeit der Versendung feststellten, die Schrift beschlagnahmten *und* das Informationsinteresse des Adressaten nicht dennoch die Aushändigung verlangte.[99] Zwar wurde auch eine rein verwaltungsrechtliche inhaltsbezogene Verbreitungskontrolle des Imports von Filmen *aus bestimmten Ländern* von der Mehrheit der Verfassungsrichter gebilligt.[100] Das dort mit schlechten Argumenten gefundene Ergebnis sollte selbst für Filme heute nicht mehr geteilt werden. Letztlich dürften bei richtiger Verfassungsauslegung allein in Ausnahmesituationen ausschließlich befristete Verbreitungsverbotsverfahren zulässig sein, die der Äußerungsfreiheit nur einen verminderten Schutz gegen exekutive Prävention bieten. Folgt man dem, ist die Verfügung aus dem Bsp. (4) schon deshalb grundrechtswidrig.

Die zweite Frage bleibt von der Antwort zur ersten unberührt, spielt praktisch wohl nur bei Datennetzen eine Rolle und ist zugleich von besonderer Brisanz für die Gestalt jeder künftigen „Informationsgesellschaft". Indem Datenimportkontrolle notwendig an Vermittlungsknoten ansetzt und dort unausweichlich mehr als nur die gesuchten Datensendungen daraufhin filtern muß, ob zu stoppende Inhalte dabei sind, stellt sie in jedem Fall eine Verschärfung gegenüber dem Zugriff auf den Quellrechner dar. Im Falle des Erfordernisses von Zwangs-Proxies bedeutet sie sogar einen inhaltskontrollspezifischen Eingriff in die Architektur des Internet, indem sie die Ende-zu-Ende-Kommunikation der Nutzer beseitigt. Mit der Schwere des Eingriffs zum Zweck der Importinhaltskontrolle steht freilich noch nicht fest, ob dieser *Kontrolleingriff nur an den Grenzen zu Rechnern im Ausland* stattfindet und also die Kommunikation im Inland durch ungefilterte Netze wandern kann oder ob *zum Zweck der Importkontrolle auch die selbst nur über Inlandskontakte verfügenden Vermittlungsknoten zu Kontrollstellen gemacht werden und so die Inlandskommunikation gleich mit über die Filter läuft.* Die Verfügung im Bsp. (4) enthält keine Beschränkung der Filteranordnung auf Vermittlungsknoten oder Netzbetreiber, die über Knoten mit Auslandsleitungen verfügen. Auf herkömmliche Transportnetze übertragen, heißt das, dass nicht nur an den Grenzübergängen, Zollämtern und anderen Stellen zur Prüfung importierter Waren, sondern noch von jedem Zustellpostamt der gesamte Postverkehr daraufhin durchleuchtet wird, ob entweder der Inlandsabsender bestimmte Zeitungen aus dem Ausland anfordert oder aber der Inlandsempfänger bestimmte Schriften aus dem Ausland erhält. Dass es zulässig sein soll, den Internet-Zugangsanbietern die Installation von Filterrechnern aufzugeben, die dazu

---

99 Vgl. oben, S. 59 mit Fn. 79.
100 BVerfGE 33, 52 ff. – Der lachende Mann.

führen, dass aus Gründen der Importkontrolle auch der inländische Datenverkehr keine ungefilterten Datenstraßen mehr zur Verfügung hat, ist von Grundrechts wegen inakzeptabel.[101] Mögliche technische Schwierigkeiten einer Importkontrolle erst an denjenigen Vermittlungsknoten, die über Auslandsverbindungen verfügen, ändern daran nichts. Ebensowenig kommt es für die Grundrechtswidrigkeit der Einrichtung solcher Grenzkontrollfilter auf allen Inlandskreuzungen mit Anliegerzufahrten darauf an, wie grob das Raster ist, anhand dessen die Inlandsäußerung überprüft wird.

---

101 Diffus *Holznagel/Kussel*, MMR 2001, 347 (351).

VI. Staatliche Inhaltskontrolle im Lichte vor allem der einfachen Gesetze

Ungeachtet der Frage, ob staatliche Inhaltskontrolle die von Auslandshosts an Inlandsrechner versandten Äußerungen *tatsächlich* anders behandelt als Veröffentlichungen auf Inlandshosts, empfiehlt sich in der Frage der *rechtlichen Zulässigkeit* von Kontrolle eine getrennte Behandlung beider Gruppen. Denn nur Auslandsäußerungen und ihre Inlandsempfänger muß interessieren, inwieweit der Kommunikationsimport geringeren Schutz gegen Inhaltskontrolle genießt. Hingegen genügt den inländischen Veröffentlichungen in diesem Punkt die Erkenntnis der Irrelevanz des Schutzniveaus importierter Äußerungen für ihre eigene, ungeschmälerte Grundrechtsgarantie. Schon wegen ganz verschiedener Möglichkeiten des Zugriffs auf die Äußerungen sind zudem Maßnahmen gegen den Serverbetreiber (Äußernder oder Dritter) und gegen die Betreiber von Vermittlungsknoten (Zugangsprovider und andere Internet-Teilnetzbetreiber) zu unterscheiden.

1. Maßnahmen gegen den veröffentlichenden Internet-Host und seinen Betreiber

Der Staat hat aus tatsächlichen und rechtlichen Gründen nur auf die Quellrechner in seinem Hoheitsgebiet unmittelbaren und mit Zwang vollstreckbaren Zugriff. Letztlich die Gewaltoption voraussetzende Maßnahmen wie etwa Beschlagnahmen scheiden deshalb gegenüber Auslandsrechnern weitgehend aus und bleiben hier ebenso außer Betracht wie die nicht immer unrealistische Möglichkeit, inländische Betreiber ausländischer Server-Hosts, bspw. die Töchter multinational aktiver Unternehmensgruppen, auch ohne Rechnerzugriff in die Pflicht zu nehmen.[102]

a) Äußerungsunterbindung nach Straf(verfahrens)recht sowie besonderem und allgemeinem Gefahrenabwehrrecht

§ 74 d StGB ermächtigt – und verpflichtet – das Gericht im Strafverfahren, die Löschung einer strafrechtswidrig auf einem WWW-Server veröffentlichten Datei unter dem Vorbehalt der Einziehung des verwendeten Speichermediums (Festplatte etc.) anzuordnen. Dieser Entscheidung in der Hauptsache vorgreifende Sperrungsanordnungen können während des Ermittlungsverfahrens auf §§ 111 b, m, n StPO gestützt werden, sofern der Bund die Gesetzgebungskompetenz für solche Maßnahmen ahndungsakzessorischer Gefahrenabwehr hat. Eine weitergehende Abwehr von Inhaltsgefahren insbesondere durch exekutive Verbreitungsverbote sehen § 18 MDStV oder allgemeine Gefahrenabwehrgeneralklauseln vor. Beide Ermächtigungen könnten jedoch durch die strafprozessuale Regelung – ihre Kompetenzgemäßheit unterstellt – schon einfachge-

102 Einerseits verschafft die Multinationalität einem Unternehmen Ausweichmöglichkeiten vor dem Zugriff einzelner Staaten, andererseits entstehen mit der Notwendigkeit, staatsübergreifende Märkte bedienen zu müssen, neue Empfindlichkeiten gegenüber einzelstaatlichen Maßnahmen. Genügte ihm der US-amerikanische Markt, hätte Yahoo die Verurteilung französischer Gerichte zur Herausfilterung aller Nazi-Devotionalien etc. aus seinem Versteigerungs-Internet-Marktplatz ignorieren können; tatsächlich wurden Filter entwickelt und installiert (vgl. oben, S. 57 f.).

setzlich ausgeschlossen sein. Jedenfalls aber sind solche exekutiven Ermächtigungen zu inhaltsbezogenen Verbreitungsverboten, wie gesehen (oben V.), von Grundrechts wegen unzulässig.

aa) Gerichtliche Löschungsanordnung unter Einziehungsvorbehalt und Sperrungsanordnung unter Beschlagnahmevorbehalt nach StGB und StPO

Die gerichtliche *Löschungsanordnung unter Einziehungsvorbehalt* nach § 74 d StGB und die ihr vorgreifende *Sperrungsanordnung unter Beschlagnahmevorbehalt* nach §§ 111 m, n StPO werden im Gegensatz zu den Befugnisnormen des Polizei- und Ordnungsrechts in ihrer Eigenschaft als Instrumente zur Abwehr inhaltlicher Gefahren von WWW-Veröffentlichungen durch Verbreitungsverbote kaum erörtert. Gleichwohl handelt es sich um die einzigen Ermächtigungen, die den grundrechtlichen Anforderungen an solche Eingriffe genügen.

(1) Datenspeichereinziehung und Löschungsanordnung nach § 74 d StGB

Die Einziehung von Schriften nach § 74 d I, III StGB dient der Abwehr der Gefahr (weiterer) objektiv strafrechtswidriger Kommunikation ohne Rücksicht auf Verschulden und Strafbarkeit der Beteiligten[103]. Trotz gewisser gesetzestechnischer Schwierigkeiten, die sich aus dem Zuschnitt auf verkörperte Kommunikationsträger ergeben und die auch die Ergänzung der den Schriften gleichgestellten Darstellungen um „Datenspeicher" in § 11 III StGB aus dem Jahre 1997 nicht vollständig beseitigt hat, findet § 74 d StGB auf WWW-Dokumente Anwendung.

§ 74 d I StGB unterscheidet die *vervielfältigten Informationsträger* einer Auflage wie Videokassetten, Compact Disks oder Bücher, die Satz 1 als „Schrift" der Einziehung unterwirft, und die *der Herstellung der Schrift dienenden Vorrichtungen* wie Druckstock, Quelldatei für die CDs u. a., deren Unbrauchbarmachung Satz 2 anordnet. Da Herstellungsvorrichtungen nur solche Vorstadien der Schrift sind, die bereits ihren gedanklichen Inhalt festhalten, nicht hingegen inhaltsneutrale Vervielfältigungshelfer wie Druckerpresse oder Kopiergerät[104], unterliegt somit zunächst auch der WWW-Server-Host als solcher nicht der Unbrauchbarmachung nach § 74 d I 2 StGB.

Es bleibt als möglicher Gegenstand einer Einziehung oder Unbrauchbarmachung die Festplatte des Server-Rechners, die sich mit einem (kleinen) Teil in einem die fragliche Datei festhaltenden (magnetischen) Zustand befindet. Solche (permanenten) Datenspeicher sind über den Verweis in § 74 d I 1 StGB auf § 11 III StGB den Schriften gleichgestellt. § 74 d StGB verlangt sodann, dass „mindestens ein Stück" des Datenspeichers objektiv strafrechtswidrig entweder „verbreitet" bzw. „zur Verbreitung bestimmt worden" ist (Abs. 1 bzw. 3) oder aber „öffentlich zugänglich gemacht" bzw. dazu bestimmt worden ist (Abs. 4 i. V. m. Abs. 1 bzw. 3).

Wird für die erste, die Verbreitungsalternative, verlangt, die Schrift und hier also der Datenspeicher müsse nicht nur dem Inhalt, sondern *der Substanz* nach verbreitet wer-

---

103 *Wilhelm Schmidt*, in: Leipziger Kommentar, StGB, § 74 d, Rn. 2.

104 *Wilhelm Schmidt*, in: Leipziger Kommentar, StGB, § 74 d, Rn. 17.

den[105], kann davon im Falle der an ihrem Ort verbleibenden Festplatte des Server-Rechners keine Rede sein. Und der Bytestrom, den der Server von der Festplatte abliest und gestückelt versendet, ist kein Datenspeicher und auch keine sonstige Darstellung i. S. d. § 11 III StGB. Im Empfänger-Rechner kann es hingegen zu § 11 III StGB genügenden Speicherungen kommen. *Immer* erstellt der Empfänger-Host in seinem *Arbeitsspeicher* aus den Datenpaketen eine Dateikopie. Dieser Speicher funktioniert zwar nur für die Dauer des jeweiligen Rechnerbetriebs, stellt sich also spätestens mit dem Ausschalten des Rechners auf Null und löscht schon während des Betriebs aktuell nicht mehr benötigte Daten. Gerade er sollte aber nach der Begründung des Gesetzesentwurfes mit der Einfügung des Wortes „Datenspeicher" erfaßt werden.[106] Soweit der Empfängerhost eine zusätzliche Kopie *auf seiner Festplatte* herstellt, sei es zwecks vorübergehender Verfügbarkeit (im sog. Festplatten-Cache) oder zwecks längerfristiger Archivierung, handelt es sich zwar um einen der Schrift i. S. d. § 74 d StGB gleichgestellten Datenspeicher. Doch gilt für Arbeitsspeicher- wie Festplattenkopie, dass *sie* nicht körperlich verbreitet, sondern erst im speichernden Empfänger-Rechner *hergestellt* wurden. Womöglich kann jedoch auf die Körperlichkeit i. S. d. *Identität* des Datenspeichers am Ausgangs- und Empfangsort verzichtet werden, wenn infolge automatischer Datenübertragung *an beiden Orten Datenspeicher i. S. d. Schriftenbegriffs vorhanden sind bzw. entstehen.* Jedenfalls scheint es nicht fernliegend oder gar wortsinnwidrig, von der Verbreitung eines Datenspeichers zu sprechen, wenn in der Folge elektronischer Datenübertragung vom Ausgangsspeicher zum Empfänger (erst) dort eine Kopie erstellt wird, die ihrerseits den Datenspeicherbegriff erfüllt.[107] Folgt man dem, ist mit dem Empfang durch den Empfängerhost dem Einziehungserfordernis einer für den Äußernden (wenigstens objektiv) strafrechtswidrigen Verbreitung jedenfalls dann immer Genüge getan, wenn bereits die Arbeitsspeicherkopie von § 11 III StGB erfaßt wird[108]. Bei alldem geht es wohlgemerkt *allein* um eine Voraussetzung der Einziehung des (Festplatten)Datenspeichers der Quelldatei *auf dem WWW-Server*[109], und zwar entweder als Schrift oder, funktional präziser, als Vorrichtung zur „Herstellung" des Datenspeichers mit dem fraglichen Inhalt im Empfänger-Host. Denn Datenspeicher im Rechner *des Endempfängers* unterliegen unabhängig vom Schriften- und Verbreitungsbegriff nie[110] der Einziehung, da die Schrift „den Empfänger" i. S. d. § 74 d II StGB „erreicht hat".

---

105 Statt vieler *Lackner*/Kühl, § 74 d Rn. 5; *Karin Cornils*, JZ 1999, 394 (397); a. A. offenbar OLG Nürnberg, NStZ-RR 1999, 238 (240).

106 Begründung des Entwurfes der Bundesregierung zum IuKDG v. 4.4.1997, BT-Drs. 13/7385, S. 36; so dann auch *Tröndle/Fischer,* § 11 Rn. 46; *Eser*, in: Schönke/Schröder, § 11 Rn. 78; *Sieber*, in: Hoeren/Sieber, Teil 19 (Februar 2000) Rn. 604.

107 Vgl. *Walther*, NStZ 1990, 523 (525 l. Sp.); BayObLG, NJW 2000, 2911 (2911 f.).

108 Siehe soeben Fn. 106.

109 Derzeit dominiert als permanenter Speicher die sog. Festplatte. Das für sie Gesagte gilt entsprechend für andere (künftig) verwendete Speichermedien, solange sie nur ihre Daten über die jeweilige Arbeitssitzung hinaus halten. Wird die fragliche Datei bereits im Quellhost *allein* in einem mit Stromverlust erlöschenden Arbeitsspeicher bereit gehalten, den man als Datenspeicher i. S. d. § 11 III StGB anerkennt, ist für Maßnahmen nach § 74 d StGB das im übernächsten Textabsatz Gesagte zu beachten.

110 Vgl. auch zu Ausnahmen oben, S. 59 mit Fn. 78 f.

Wer eine solche erweiternde Auslegung der Verbreitung von Stücken der Schrift im Sinne des § 74 d I StGB ablehnt, kann dennoch annehmen, dass der Datenspeicher des Quellrechners im Sinne des § 74 d IV StGB „öffentlich zugänglich gemacht wird".[111]

In allen Varianten darf letztlich keine unbedingte Einziehung der fraglichen Festplatte, sondern nur eine Löschungsanordnung unter dem Vorbehalt der Speichereinziehung für den Fall ihrer Nichtbefolgung ergehen. Das gilt ganz ohne Rücksicht darauf, ob die Festplatte, wie regelmäßig, noch weitere, von der Einziehung nicht erfaßte Web-Dokumente bereit hält. Denn gemäß § 74 d I 2 StGB kann die Festplatte, wird sie einem positiven Druckstock gleich als Herstellungsvorrichtung verstanden, nicht schlechthin, sondern nur in ihrer Eigenschaft als Vorrichtung für die Veröffentlichung gerade der fraglichen Datei unbrauchbar gemacht werden: So wie im Falle des klassischen Drucks nicht die beweglichen Lettern des Drucksatzes zerstört, sondern nur der Satz auseinandergenommen, die Lettern abgelegt werden, so ist hier die Entfernung der Datei vom Server bzw. der vom restlichen Inhalt abtrennbaren strafbarkeitsbegründenden Passagen anzuordnen. Auch die Einziehung der als Schrift verstandenen Platte hat gemäß § 74 d V i. V. m. § 74 b II StGB der weniger einschneidenden Anweisung zu weichen, die strafbarkeitsbegründenden Passagen aus der Datei zu entfernen bzw. die Datei vom Speicher des Servers zu löschen; der mit der Anweisung auszusprechende Vorbehalt der Einziehung der Festplatte wird nach Befolgung der Löschungsanordnung aufgehoben.

(2) Speicherbeschlagnahme und Sperrungsanordnung nach § 111 m, n StPO

Während die gerichtliche Verbreitungsunterbindung gemäß § 74 d StGB regelmäßig grundrechtskonform gehandhabt werden kann, kreuzt die ihr vorgreifende und zu ihrer Sicherung mögliche, ebenso gefahrenabwehrende Auflagenbeschlagnahme leichter die Grenze zwischen freiheitswahrender und freiheitsverletzender Prävention. Dennoch bleibt sie mit der Abhängigkeit von der Bestätigung im strafgerichtlichen Verfahren, mit einem weitgehenden Ausschluß der Exekutive, mit strengen Maßstabsanforderungen, mit dem Erfordernis einer objektiv strafbaren Erstverbreitung bzw. Vorbereitung der Verbreitung und weiteren Anforderungen vergleichsweise beschränkt. Nicht umsonst besteht die historisch gewachsene formale Freiheit der Presse von inhaltsbezoge-

111 Gegen die *unmittelbare* Wahrnehmbarkeit der Schrift als Bedingung des Zugänglichmachens spricht, dass auch der mit dem Gesetzesbeispiel „Vorführen" unstreitig erfaßte Fall der Aufführung eines Video- oder DVD Films dieses Erfordernis nicht erfüllt. Ob mehr oder weniger Elektronik und Raum zwischen dem ersten maschinellen Ablesen des Quelldatenträgers und seiner für Menschen wahrnehmbaren Projektion liegt, dürfte nicht ausschlaggebend sein. Und soll die rundfunkmäßige Verbreitung von Filmen und anderen Datenträgern *kein* Zugänglichmachen sein, muß das auf anderem Weg geschehen. Zudem wollte die Ergänzung des § 86 StGB um die Variante des öffentlichen Zugänglichmachens von Propagandamitteln „in Datenspeichern" die Verbreitung über das Internet und insbesondere seinen WWW-Dienst erfassen (vgl. BT-Drs. 13/7385, S. 36), was eine entsprechende Auslegung auch des § 74 d IV StGB erleichtert. Das Anbieten der Übersendung von Dateikopien über Datennetze ist Zugänglichmachen des Quelldatenträgers etwa i. S. d. § 184 StGB für *Walther*, NStZ 1990, 523 (523); OLG Stuttgart, NStZ 1992, 38 (Btx-Netz); *Sieber*, JZ 1996, 494 (495); *Lenckner/Perron,* in: Schönke/Schröder, § 184 Rn. 9; 11 ff. Zur Frage, inwieweit „Zugänglichmachen" i. S. d. § 74 d IV StGB auch ohne Gesetzesänderung dort angenommen werden kann, wo der einschlägige Straftatbestand die Variante des Zugänglichmachens nicht explizit nennt, vgl. *Tröndle/Fischer*, § 74 d, Rn. 4; *Lackner/Kühl*, § 86 Rn. 6.

ner Verbreitungsunterbindung in der Abwesenheit von anderer als derartiger strafverfahrensakzessorischer Unterbindung. Insbesondere umfaßt die Freiheit den Ausschluß exekutiver schlicht gefahrenabwehrrechtlicher Verbote (Polizeifestigkeit) und restriktive Anforderungen an die strafverfahrensakzessorischen Unterbindung, um deren Ausnahmecharakter zu sichern. Für *verkörperte* Druckwerke hängt es von der Zuordnung der Materie zum Recht der Presse i. S. d. Art. 75 I Nr. 2 GG oder zum Straf(verfahrens)recht ab, ob die Landespressegesetze oder §§ 111 b, m, n StPO gelten. Für den *elektronischen* Druck ist – ungeachtet seines jedenfalls pressegleichen Grundrechtsschutzes – *zudem* unentschieden, ob er überhaupt Presse i. S. d. Kompetenzvorschriften ist. Verneinendenfalls hängt die Anwendbarkeit der §§ 111 b, m n StPO auf die computernetzgestützten Text- und Bildveröffentlichungen außerdem noch davon ab, dass die Datenspeicherbeschlagnahme zur Abwehr der Gefahr strafbarer Verbreitung bzw. Verbreitungsvorbereitung auch schon im Vorfeld einer strafgerichtlichen Einziehungsentscheidung dem Strafverfahren und nicht der den Ländern obliegenden Gefahrenabwehr zuzurechnen ist. In jedem Fall – ob nun mit der StPO eine kompetenzgemäße spezifische Regelung vorliegt oder die Länder gefordert sind – stellen sich für die Reichweite der *einfachgesetzlichen* Garantie formaler Freiheit zwei Fragen: Sind andere als strafverfahrensakzessorische Verbreitungsunterbindungen ausgeschlossen? Unter welchen Bedingungen ist die der strafgerichtlichen Einziehungsentscheidung vorgreifende Beschlagnahme zulässig?

In dem hier zunächst interessierenden zweiten Punkt gab es zwischen den bestehenden Länderregelungen, die zweifelsfrei nur die verkörperte Presse erfassen, und der Strafprozeßordnung bis 1998 jedenfalls keine besonders gravierenden Unterschiede. So schließen einige Landespressegesetze – anders als die Strafprozeßordnung – Staatsanwaltschaft *und* Polizei konsequent von der Anordnung der Beschlagnahme aus. Andererseits verwehrt die Strafprozeßordnung – im Unterschied zu einigen anderen Landespressegesetzen – zumindest der Polizei eigenständige Eingriffe ohne Ausnahme. Auch ist die Regelfrist, in der nach der Beschlagnahme spätestens Anklage zu erheben oder ein objektives Einziehungsverfahren einzuleiten ist, mit zwei Monaten nach der Strafprozeßordnung länger. Wortgleich verlangten zudem § 111 b StPO und alle einschlägigen Landespressegesetze als Voraussetzung der vorläufigen Beschlagnahme „dringende Gründe“ für die Annahme einer späteren, endgültigen Einziehung und damit u. a. die hohe Wahrscheinlichkeit eines tatsächlich objektiv strafrechtswidrigen Verhaltens[112]. Diese Maßstabsverengung versucht die für jede Äußerungsfreiheit wichtige Bedingung zu sichern, daß nicht der besonders intensive Eingriff des frühen Verbreitungsverbots schon bei bloßem Strafbarkeitsverdacht und damit in weitem Umfang auch gegenüber rechtmäßigen Äußerungen möglich ist. Das problematische, eilige, vorläufige und mißbrauchsanfällige Verfahren soll Ausnahme bleiben; jedenfalls dürfen in ihm nicht mehr Inhalte untersagt werden als in dem nachfolgenden freiheitswahrenden Verfahren. Nun hat der Bundesgesetzgeber durch Gesetz vom 8.5.1998 zur Verbesserung der Bekämpfung der Organisierten Kriminalität das Wort „dringende“ in § 111 b StPO

112 Vgl. *Achenbach*, in: Löffler, Presserecht 4. Aufl., § 13 LPG Rn. 34 f., 74 ff.; *Löffler*, Presserecht 3. Aufl., § 13 LPG Rn. 61 ff.

gestrichen, womit er den Zugriff auf kriminell erworbene Vermögenswerte, insbesondere Geld, erleichtern wollte. Dabei wurde, soweit ersichtlich, im Gesetzgebungsverfahren nicht einmal erwähnt, daß die Änderung des für *alle* Beschlagnahmen geltenden § 111 b StPO angesichts seiner unveränderten Inbezugnahme durch den *druckwerkspezifischen* § 111 m I StPO die für die Pressefreiheit wesentliche Beschränkung der Auflagenbeschlagnahme beseitigt[113]. Soll § 111 b nur noch einen dem Anfangsverdacht des § 152 II StPO entsprechenden einfachen Tatverdacht verlangen[114], genügt dieser von nun an auch für die Beschlagnahme der Auflage eines Druckwerks. Diese bestenfalls unbewußte Beschneidung der Pressefreiheit erscheint nicht nur als bemerkenswerter Schnitzer der Legislative, sondern zugleich als Folgelast der Unüberschaubarkeit der vorhandenen Regelung. § 111 b StPO regelt die *vorläufige* Beschlagnahme ganz ohne Differenzierung danach, *welche endgültige* Maßnahme sie absichern soll, obwohl nicht nur Verfall und Einziehung unterschiedliche Institute sind, sondern schon das Einziehungsrecht mit der Strafeinziehung und der Sicherungseinziehung ganz verschiedene, im Gesetz aber kaum zum Ausdruck kommende Grundgedanken verfolgt[115] und dann eine mit punktueller Zielsetzung verfolgte Änderung fast zwangsläufig ihre Bedeutung und Tragweite verkennen muß. Zugleich zeigt der Vorgang aber, daß der weitgehend argumentationsfreie bloße Vorzug der strafprozessualen Regelung durch die strafprozessuale Literatur und die Strafgerichte eine sorgfältige Begründung des Ausschlusses der pressespezifischen Beschlagnahme aus der Materie des Presserechts nicht ersetzen kann.[116] Die Regelung der pressespezifischen (sichernden) Beschlagnahme ist nicht nur historisch ein Kernstück der Pressegesetzgebung, ohne das zudem der Materie „Presse-

---

113 Vgl. insbes. BT-Drs. 13/8651 v. 1.10.1997, S. 15 f.; Protokoll der 101. Sitzung des Rechtsausschusses d. Deutschen Bundestags v. 21.11.1997.

114 Ausdrückliche Gleichstellung in der Begründung des fraktionsübergreifenden Gesetzentwurfs, BT-Drs. 13/8651, S. 15.

115 Kritisch hierzu *Jescheck/Weigend*, Strafrecht, Allg. Teil, 5. Aufl. 1996, S. 796 vor und mit Fn. 41.

116 Eine Diskussion findet sich aber immerhin bei *Achenbach*, in: Löffler, 4. Aufl., Vorbem. §§ 13 ff. LPG, Rn. 24 ff.; Nw. zur Literatur und Rechtsprechung bei *demselben*, NStZ 2000, 123 (124 Fn. 1 f. u. 6; Nw. zur Gegenansicht in Fn. 7). *Achenbachs* Äußerung (S. 124), die Mehrzahl der presserechtlichen Autoren habe sich der Auffassung von der Bundeskompetenz angeschlossen, hat einen etwas faden Beigeschmack, da – abgesehen von *Bullinger*, der dieser Ansicht gerade nicht folgt – seit dem Tod *M. Löfflers* eine wissenschaftlich interessierte und ausgerichtete Presserechtsliteratur kaum noch existiert: Wieso hätte sonst einem Strafprozessualisten die Kommentierung der §§ 13 ff. der Landespressegesetze in der Neuauflage des Löffler übertragen werden sollen? Ebenso fragwürdig erweist sich der Hinweis, „[d]ie" presserechtliche Literatur habe die Absenkung der Beschlagnahmeschwelle „noch gar nicht entdeckt" (S. 126): die Äußerungen des von *Achenbach* zitierten Autors, der seit den 70er Jahren immer wieder einen jeweils leicht abgewandelten Aufsatz zur Pressebeschlagnahme veröffentlicht, darf nicht mit einer Literaturgattung gleichgesetzt werden, die im 19. Jahrhundert blühte, unter der Weimarer Reichsverfassung vor allem von *Häntzschel* und *Kitzinger* repräsentiert wurde, seit 1949 aber zunehmend ausdünnt. Bemerkenswert ist eher, dass offenbar keiner der Strafprozessualisten, die allesamt so eifrig wie argumentationsfrei die Kompetenzgemäßheit der §§ 111 b, m, n StPO reklamieren und von denen der eine oder andere sicherlich Informationen zur Novellierung des § 111 b StPO gehabt haben dürfte, dazu beitrug, die offenbar unbewußte Presserechtsänderung wenigstens als solche zu erkennen. Und auch selbst nach der Änderung lassen weder *Kleinknecht/Meyer-Goßner*, 44. Aufl. 1999, noch *Lemke u. a.*, StPO, 2. Aufl. 1999, oder *Pfeiffer*, StPO, 3. Aufl. 2001, bei §§ 111 b, m, n StPO erahnen, dass sie die Absenkung der Voraussetzung der Auflagenbeschlagnahmen auf den einfachen Verdacht und damit letztlich den Anfangsverdacht auch nur als irgendwie erwähnenswerte Änderung oder gar als Problem wahrgenommen hätten.

recht" kaum noch ein Torso bleibt, sondern gehört offenbar auch sachlich, „ihrem Wesen nach", in ein Pressegesetz und nicht zum allgemeineren Strafverfahrensrecht, das, wie man sieht, mit anderen Überlegungen bereits vollauf ausgelastet ist.[117] Die Zulassung der Pressebeschlagnahme auch ohne dringenden Strafbarkeitsverdacht bleibt jedoch selbst für den Fall, dass die strafprozessuale Regelung kompetenzgemäß klassischen oder elektronischen Druck erfaßt, für beide Äußerungstypen folgenlos, wenn die grundrechtliche Garantie der formalen Äußerungsfreiheit richtig dahingehend verstanden wird, daß sie den Ausnahmecharakter vorgreifender Verbote unter anderem durch die Beschränkung auf evidente und schwerwiegende Schrankenverletzungen sichert[118]. Weder der Wortlaut noch ein entgegenstehender Gesetzgeberwille hindern die entsprechende verfassungskonforme Auslegung des geänderten § 111 b StPO.

Wie die endgültige Einziehung ist auch die vorläufige strafverfahrensakzessorische Verbreitungsunterbindung bereits nach einfachem Recht dem Erforderlichkeitsgebot verpflichtet und setzt an die Stelle der Beschlagnahme der Festplatte die bloße Löschung bzw. Sperrung der für strafbar gehaltenen Stellen bzw. Dateien. Zwar ist unklar, ob die Pflicht, ausscheidbare, nichts Strafbares enthaltende Teile der Schrift von der Beschlagnahme auszunehmen (§ 111 m II StPO, § 14 II LPrG), Anwendung findet. Denn die Festplatte ist zwar in dem die Datei speichernden Zustand ein der „Schrift" gleichgesetzter Datenspeicher, doch sind aus ihr keine (physischen) „Teile" – sondern nur Dateien – „ausscheidbar". Jedenfalls aber kann der Betroffene sowohl gemäß § 111 m IV StPO als auch nach §§ 13 ff. der Landespressegesetze die Beschlagnahme des Speichers abwenden, indem er die zu der Maßnahme Anlaß gebenden und in der Beschlagnahmeanordnung zu bezeichnenden Textstellen, Bilder etc. aus der fraglichen Datei entfernt oder die Datei insgesamt für weitere Abrufe sperrt. Unabhängig von dieser Abwendungsmöglichkeit ist § 111 c VI 1 Nr. 2, S. 3 StPO zu beachten. Die funktional § 74 b II StGB ähnelnde Vorschrift erlaubt es, dem Betroffenen die beschlagnahmte Festplatte zur vorläufigen weiteren Benutzung bis zum Abschluß des Verfahrens unter der Auflage zu überlassen, daß er die für strafbar erachteten Passagen von der Verbreitung ausschließt. Da allein die Unterbindung genau dieser Kommunikation für die Zukunft alleiniger Zweck der Maßnahme ist, wird regelmäßig nur eine solche – im Falle der Nichterfüllung der Auflage zu widerrufende – Aussetzung der Beschlagnahme verhältnismäßig sein.

(3) Weitergehende Verbreitungsunterbindung zu Beweissicherungszwecken?

Wenn die endgültige ebenso wie die vorläufige strafverfahrensakzessorische Abwehr der Gefahr strafbarer Äußerungen im Web regelmäßig auf Löschungs- bzw. Sperrungsanordnungen hinausläuft, bleibt noch zu klären, ob nicht das Beweissicherungsrecht zu

---

117 Merkwürdig denn auch der Satz eines Verfechters der Bundeskompetenz, „die Änderung [bloß] des § 111 b StPO [könne nicht] dazu führen, dass unter der Herrschaft der Strafprozessordnung die Pressefreiheit künftig stärker bedroht wäre als während der Geltung des Landespresserechts" (*Achenbach*, NStZ 2000, 123 [127, unter 2.]).

118 S. oben V. 1. b (2), S. 68; a. A. *Achenbach*, der nicht ganz im Einklang mit seiner soeben (Fn. 117) erwähnten Aussage meint, der Beschlagnahmeschutz der Presse sei nun de lege lata abgeschwächt (NStZ 2000, 123, 126 l. Sp., unter 3. „zumeist" und VI. „stärker differenzieren").

weitergehenden Eingriffen führt. Während im Falle verkörperter Informationsträger zum Beweis insbesondere des Äußerungsinhalts höchstens wenige, die Verbreitung nicht merklich tangierende Exemplare benötigt werden, würde die Beschlagnahme der Festplatte des Servers womöglich wie eine Auflagenbeschlagnahme wirken und zudem die Verbreitung anderer auf der Platte gespeicherter Äußerungen unterbinden. Der auch die Beweissicherung erfassende Verhältnismäßigkeitsgrundsatz läßt in dieser Situation zwei praktikable Alternativen: Die Strafverfolgungsorgane kopieren den Inhalt der Festplatte auf ein mitgebrachtes, möglichst nur einmal bespielbares und also nachträglich nicht veränderbares Speichermedium. Sollte alleine einer solchen Kopie keine hinreichende Beweiskraft zukommen, muß vor der Entfernung der regelmäßig noch weitere Äußerungen speichernden Festplatte dem Betroffenen eine Kopie überlassen oder gestattet werden; die *Unterbindung der Verbreitung* der anlaßgebenden Daten kann nur nach den soeben behandelten Vorschriften über die sichernde Beschlagnahme erreicht werden.

(4) Rechtswidrige Verbreitungsunterbindungsmaßnahmen im Strafverfahren

Mit dem beschriebenen, von einer Verfolgbarkeit der Täter unabhängigen Instrumentarium zur Unterbindung strafbarer Äußerungen können die Strafverfolgungsorgane jede auf Internet-Hosts im Bundesgebiet gespeicherte Web-Seite erreichen. Sollte beispielsweise ein Provider, der den Server des abwesenden Kunden bloß beherbergt, im vorläufigen Verfahren nicht in der Lage oder nicht gewillt sein, der Sperrungsauflage nachzukommen, wird die Festplatte beschlagnahmt.

Höchst problematisch erschiene es hingegen, wenn Strafverfolgungsorgane eine Web-Seite auf Inlands-Servern für strafrechtswidrig halten und dann *weder* die nach § 111 n I StPO – im vorhinein bzw. binnen Dreitagesfrist – erforderliche richterliche Entscheidung über eine Dateisperrung einholen *noch* – der Antrag nach § 111 m StPO steht im Ermessen – ein subjektives oder objektives Hauptverfahren einleiten, sondern dem Betroffenen (Äußernder, Provider) die Löschung mit dem Hinweis nahelegen, *anderenfalls* werde von nun an von seinem Vorsatz ausgegangen und ein Strafverfahren eingeleitet. Weder könnte von Straf*verfolgung* die Rede sein, noch würde die in §§ 111 b, m, n StPO i. V. m. § 74 d StGB eröffnete Befugnis zur Gefahrenabwehr durch Unterbindung objektiv strafrechtswidriger Äußerung genutzt. Mit der Androhung von Strafverfolgung würde vielmehr auf die Unterbindung einer nur möglicherweise strafbaren Äußerung hingewirkt, obwohl die Löschungsanordnung zu einer solchen Klärung geführt hätte, und zwar ebenfalls ohne dem Betroffenen für die Zeit *nach* dem Einschreiten einen Tatvorwurf zu machen. Letztlich dürfte den Strafverfolgungsorganen für eine solche Gefahrenabwehr durch Realakt schon die erforderliche gesetzliche Ermächtigungsgrundlage fehlen. Im Prinzip gilt nichts anderes, wenn die Staatsanwaltschaft glaubt, ein Betreiber von Vermittlungsrechnern mache sich dadurch strafbar, dass er von ausländischen WWW-Servern versandte Daten importiere und an andere Inlands-Internetteilnehmer weiterleite. Zwar gibt es derzeit keine Ermächtigungsgrundlage für Strafverfolgungsorgane, aufgrund der Routerbetreibern befohlen werden kann, bestimmte Datenpakete nicht zu importieren, also den Pakettransport bspw. anhand von

URLs zu filtern. Gefahrenabwehr durch Warnung potentieller Straftäter ist aber nun einmal nicht Aufgabe der Strafverfolgung. So ließ sich auch die Frage der Strafbarkeit von Mitarbeitern eines US-amerikanischen Konzerns, die in Deutschland ein Computernetz betrieben, über das Inländer Zugang zu inkriminierten Dateien auf amerikanischen Rechnern erhielten, nur durch die Einleitung eines Strafverfahrens klären. Verfehlt sind freilich Hinweise, die aus der Problematik eines gesetzlich nicht gedeckten Hinwirkens von Staatsanwaltschaften auf das Unterlassen möglicherweise strafbarer Handlungen darauf schließen, die bloße exekutive Gefahrenabwehr sei zu Verbreitungsverboten berufen[119].

bb) Freiheit der Internet-Veröffentlichung von weitergehenden Verbreitungsverboten, insbesondere aufgrund § 18 MDStV?

Freiheit von anderen als den beschriebenen, durch Maßstab, Organisation und Verfahren vielfach beschränkten und gezähmten Verbreitungsverboten ist eine zentrale Bedingung formaler Freiheit des klassischen und des elektronischen Drucks. Einfache Gesetze garantieren nach verbreiteter Ansicht eine solche Freiheit für die *verkörperte* Presse. Im Gegensatz dazu ermächtigt *§ 18 MDStV* Aufsichtsbehörden, ganz ohne freiheitswahrende Beschränkungen die Verbreitung elektronischer Druckschriften mit der schlichten Begründung inhaltlicher Rechtswidrigkeit zu untersagen. Ungeachtet der Grundrechtswidrigkeit[120] einer solchen Exekutivbefugnis stellt sich die Frage nach ihrer Verdrängung durch Bundesrecht: Denn mit der Beanspruchung der Gesetzgebungskompetenz für die Presseauflagenbeschlagnahme durch den Bund unter dem Titel des Straf(verfahrens)rechts im Jahre 1975 ist nicht nur zweifelhaft geworden, ob ein Ausschluß weitergehender Verbreitungsverbote gegenüber *der verkörperten Presse* durch die Landespressegesetze oder die Strafprozeßordnung erfolgen kann und inwieweit solche Regelungen zur Zeit existieren. Sollten die §§ 111 b, m, n StPO als leges speciales kompetenzgemäß Länderregelungen zur Abwehr von Inhaltsgefahren durch Verbreitungsverbote ausschließen (Art. 72 GG), dürfte diese Wirkung nicht nur die klassische Presse, sondern alle in den Anwendungsbereich der strafprozessualen Regelung fallenden Informationsträger erfassen. Auch auf Inlandsrechnern gespeicherte und veröffentlichte WWW-Dokumente kämen dann in den Genuß der Ausschlußwirkung und § 18 MDStV liefe insoweit wegen fehlender Gesetzgebungskompetenz ins Leere.

(1) Situation im Falle einer Länderkompetenz

Einfachgesetzlich war die Freiheit der *verkörperten* Presse von anderen als an das Strafverfahren gekoppelten Inhaltsverboten lange Zeit dergestalt realisiert, dass die für das Presserecht zuständigen Gesetzgeber in den jeweiligen Pressegesetzen zum einen die Auflagenbeschlagnahme regelten und zum anderen jede nicht durch das Pressegesetz zugelassene inhaltsbezogene Beschränkung der Pressefreiheit verboten. So schloß der für die „Bestimmungen über die Presse“ (Art. 4 Nr. 16 RV) bzw. das „Pressewesen“

119 In diese Richtung aber offenbar *P. G. Mayer*, S. 229.
120 Oben, S. 67 ff.

(Art. 7 Nr. 6 WRV) zuständige Reichsgesetzgeber mit dem Reichspressegesetz landesgesetzliche Ermächtigungen und insbesondere die polizeilichen Generalklauseln von der Anwendung auf inhaltliche Gefahren von Presseerzeugnissen aus (sog. Polizeifestigkeit, in der Sache besser Exekutivfestigkeit). Dabei waren Maßnahmen zur Abwehr *jedweder* Inhaltsgefahr Teil des Presserechts und somit dem Landesgesetzgeber verschlossen, gleich, ob die Unterbindung strafbarer oder sonst inhaltlich rechts- bzw. polizeiwidriger Durchschriften in Frage stand. Mit dem Grundgesetz schrumpfte der Gesetzgebungstitel des Zentralstaats für die Presse zu einer bis heute ungenutzten Rahmenkompetenz (Art. 75 I Nr. 2), womit seither und bislang den Ländern das Recht der Pressegesetzgebung vollumfänglich zusteht. Zählt nun nach wie vor die „Abwehr inhaltlicher Gefahren der Presse durch Verbreitungsunterbindung vor der strafgerichtlichen Einziehung" insgesamt zum Presserecht, hat sich dennoch nicht viel geändert, soweit Landespressegesetze die strafverfahrensakzessorische Pressebeschlagnahme regeln und den Ausschluß anderweitiger Beschränkung übernommen haben; die Verdrängung insbesondere des allgemeinem Polizei- und Ordnungsrechts durch die freiheitssichernden Pressegesetze findet nun nur aufgrund des Länderkompetenztitels *innerhalb* der jeweiligen Landesgesetze statt. Auch die Abwehr inhaltlicher Gefahren durch Unterbindung der Verbreitung elektronisch in Speichermedien „gepreßter" Texte und Bilder vor der strafgerichtlichen Einziehungsentscheidung dürfte dann eher in die Gesetzgebungskompetenz der Länder als in die des Bundes fallen. Ob man doch den Pressebegriff i. S. d. Kompetenztitels entsprechend weit versteht oder nur keine Bundeskompetenz für die elektronische Presse findet und eine Regelung des allgemeinen Gefahrenabwehrrechts annimmt: Mit § 18 MDStV haben die Länder eine kompetenzgemäße Regelung getroffen, die, im Gegensatz zur Behandlung der verkörperten Presse, elektronische Text- und Bildveröffentlichung rein exekutiven inhaltsbezogenen Verbreitungsverboten unterwirft und insoweit jedenfalls gegenüber Äußerungen auf Inlandsrechnern mit dem formalen Grundrechtsschutz aus Art. 5 I GG unvereinbar ist. Sofern dann keine anderweitige Länderregelung der inhaltsbezogenen Unterbindung im Inland veröffentlichter WWW-Text- und Bilddateien vor der strafgerichtlichen Einziehung vorliegt, sei es, weil diese Äußerungen keine Presse i. S. d. der Pressegesetze sind oder weil die Pressebeschlagnahmeregelungen der Pressegesetze in – grundgesetzlich irrelevanter – Anerkennung einer Bundeskompetenz aufgehoben wurden, ist es Sache der Länder, eine grundrechtskonforme Ermächtigung für vorläufige Verbreitungsverbote zu schaffen. Bis dahin bliebe zu überlegen, ob § 18 MDStV für eine Übergangsfrist in materiell verfassungskonformer Reduktion angewendet werden kann, soweit er sich auf offensichtlich strafrechtswidrige Fälle beschränkt und die Verfügung unter dem Vorbehalt der Bestätigung der objektiv strafrechtswidrigen Verbreitung in einem strafrechtlichen Einziehungsverfahren ergeht.

(2) Abschließende strafverfahrensrechtliche Regelung im Falle der Bundeskompetenz?

Wenn jedoch die Auflagenbeschlagnahme der Materie des Straf(verfahrens)rechts zuzuschlagen ist und so die §§ 111 m, n StPO eine Bundeskompetenz vorweisen können[121], wird es auf dem Boden der Rechtsprechung des Bundesverfassungsgerichts zum Ausschluß sich überschneidender Gesetzgebungskompetenzen im Bundesstaat des Grundgesetzes kompliziert.

Zuweilen wird offenbar angenommen, die strafprozessuale Auflagenbeschlagnahme sei kompetenzgemäß *und* zugleich würden die Landespressegesetze weitergehende landesrechtliche Maßnahmen untersagen. Die damit vorausgesetzte Aufspaltung der Regelungsmaterie „Abwehr inhaltlicher Gefahren von Presseerzeugnissen durch Unterbindung ihrer Verbreitung“ könnte so aussehen, dass als Strafverfahrensrecht nur die „Unterbindung *für strafrechtswidrig erachteter Druckwerke im Strafverfahren*“ angesehen wird, womit dem Presserecht die Kompetenz zur Regelung der „Unterbindung *für strafrechtswidrig oder sonst rechtswidrig erachteter Druckwerke außerhalb von Strafverfahren*“ verbliebe. Das ist nicht undenkbar[122], hätte aber die merkwürdige Konsequenz, daß alle freiheitsschützenden Sicherungen der Strafprozeßordnung gegen die verbreitungsunterbindenden Maßnahmen in fast grotesk anmutender Weise leerliefen, wenn die Länder mit ihren Gesetzen die Sicherstellungsbefugnis oder die allgemeine Generalklausel der Polizeigesetze nicht ausschließen[123]. Hilfsbeamte der Staatsanwaltschaft dürften dieselbe Druckschrift nach § 111 n StPO i. V. m. § 111 b StPO – selbst bei dringendem[124] Strafbarkeitsverdacht – nicht beschlagnahmen, wohl aber – und zwar schon im Falle der schlichten Gefahr inhaltlicher Straf- oder sonstiger Rechtswidrigkeit – nach ihrem Polizeigesetz. Und sonstige Beamte des Polizeidienstes wären gemäß § 98 StPO zwar nicht einmal zur beweissichernden Beschlagnahme weniger Stücke der Schrift befugt, wohl aber könnten sie wegen desselben Strafbarkeitsverdachts die Verbreitung der Schrift auf polizeilicher Grundlage verhindern bzw. beenden.[125] Auch hier zeigt sich, daß Maßnahmen zur Unterbindung der Verbreitung von Druckschriften aus inhaltlichen Gründen einer einheitlichen Materie angehören, seien sie schlicht polizeilich motiviert oder strafverfahrensveranlaßt.

Nun läßt sich erwägen, dem beschriebenen Leerlauf der strafprozessualen Regelung – und letztlich des Kompetenztitels als Befugnis zur *Entscheidung* einer Sachfrage – gegenzusteuern, indem die Kompetenz so verstanden wird, dass sie die vorbeugende

121 Das meint die strafprozessuale Literatur, zu der seit der 4. Auflage auch die Kommentierung der §§ 13 ff. LPG im Löfflerschen Presserecht zu rechnen ist; vgl. *Achenbach*, Vorb. §§ 13 ff. LPG Rn. 24 ff. m. w. N.

122 Auf andere denkbare Spaltungen der Sachfrage „Abwehr inhaltsbezogener Gefahren der Verbreitung von Druckschriften“, bspw. nach der Rechtsfolge (Beschlagnahme versus anderweitiges Verbreitungsverbot etc.), wird nicht gesondert eingegangen; das Folgende gilt jeweils entsprechend.

123 Wohl über den entschiedenen Fall des Kindergartenwesens hinaus skeptisch gegenüber Aufspaltungen als einheitlich empfundener Materien BVerfGE 97, 332 (342).

124 Das ist unabhängig von der Frage nach der Relevanz der Absenkung der Eingriffsschwelle in § 111 b StPO für die Auflagenbeschlagnahme; dazu oben, S. 80 f.

125 §§ 111 b, m, n StPO haben freiheitssichernde Eingriffsbeschränkungen aus den LPrG'en übernommen, die Eingriffe durch die Exekutive und zur strafverfahrensunabhängigen Gefahrenabwehr ausschließen sollten. Eine friedliche Koexistenz mit den allgemeinen Gefahrenabwehrermächtigungen beraubt sie weitgehend ihres Sinns. Das ist auch bei der Anwendung auf Datenspeicher zu bedenken. Jedenfalls ist es abzulehnen, wenn ganz selbstverständlich von einem Nebeneinander beider Ermächtigungen ausgegangen und in einer gewissen Umkehr der auf Eingriffserschwerung zielenden rationes leges konstatiert wird, die polizeiliche Sicherstellung sei gegenüber der strafprozessualen nach §§ 111 b, m, n StPO „in mancher Hinsicht erleichtert“ (so *Germann*, S. 460 ff., Zitat S. 465).

Unterbindung strafrechtswidriger Schriften *schlechthin* (und nicht nur im Strafverfahren oder durch Strafverfolgungsorgane) umfaßt. Dann würden die als abschließend zu verstehenden §§ 111 b, m, n StPO weitergehende Maßnahmen nach Länderrecht *im Falle des Strafbarkeitsverdachts* ausschließen. Da die strafprozessuale Regelung aber – ungeachtet des oder der grundgesetzlichen Pressebegriffe – nicht nur die verkörperte Presse, sondern auch den elektronischen Druck erfaßt, macht dann auch die Ausschlußwirkung nicht vor den strafbaren WWW-Veröffentlichungen halt, die allein nach der Strafprozeßordnung, aber nicht aufgrund des § 18 MDStV oder anderer Länderermächtigungen bekämpft werden könnten. Tatsächlich würde aber selbst eine so weit verstandene Kompetenzgrundlage der §§ 111 b, m, n StPO die merkwürdig anmutende Aufspaltung der „Verbreitungsunterbindung zur Abwehr inhaltlicher Gefahren" nicht beseitigen. Denn zwar dürften der Polizist oder andere Verwaltungsbehörden im Falle des Verdachts *strafbarer* Verbreitung nur unter den freiheitssichernden Voraussetzungen der StPO und damit aus eigener Machtvollkommenheit praktisch nicht einschreiten; hingegen bliebe es ihnen nach wie vor unbenommen, unter auch materiell sehr viel geringeren Voraussetzungen Verbreitungsverbote zu erlassen, wenn es (nur) um die *weniger schwerwiegende Gefahr „bloß" rechts- oder polizeiwidriger* Äußerungen geht. Sinn macht letztlich allein eine einheitliche Regelungskompetenz für die Bedingungen von Verbreitungsverboten zur Bekämpfung inhaltsbezogener Gefahren von Druckwerken vor der strafgerichtlichen Einziehungsentscheidung.[126]

cc) Allgemeines Polizei- und Ordnungsrecht

§ 18 II – IV MDStV gilt wie der gesamte Staatsvertrag nur für Mediendienste[127], ohne die Anwendung der landesrechtlichen Ermächtigungen des allgemeinen Polizei- und Ordnungsrechts *auf andere Text- und Bildveröffentlichungen*, also insbesondere Teledienste i. S. d. Teledienstegesetzes[128], auszuschließen. Auch solche Äußerungen liegen auf den WWW-Serverhosts allerdings als Datenspeicher i. S. d. § 11 III StGB vor, so daß zum einen strafprozessuale Sperrungs- und Löschungs- bzw. Beschlagnahmeanordnungen die freiheitsschützenden Beschränkungen der §§ 74 d StGB, 111 m, n StPO zu beachten haben, zum anderen eine denkbare Ausschlußwirkung der strafprozessualen Regelung gegenüber Landesrecht unter Einschluß der Generalklauseln auch hier greifen würde[129]. Dessenungeachtet verbietet, wie gesehen, der formale Grundrechtsschutz der

---

126 Daß Sicherstellungen auf polizeirechtlicher Grundlage – und also wohl bei beliebigem Inhaltsverdacht – als „Umgehung von § 111 n" StPO – und damit offenbar von Bundesrechts wegen – unzulässig seien, meint *Achenbach*, Alternativkommentar zur StPO, Bd. 2, Teilbd. 1, § 111n Rn. 3.

127 Ob § 18 II – IV MDStV nur Verstöße gegen die in § 8 MDStV speziell erwähnten Inhaltsschranken erfassen will, so daß andere Inhaltsgefahren nach allgemeinem Gefahrenabwehrrecht bekämpft werden müßten, oder ob über den zu den „Bestimmungen dieses Staatsvertrages" i. S. d. § 18 II 1 MDStV zählenden § 7 I MDStV praktisch das gesamte geltende Inhaltsschrankenrecht soll durchgesetzt werden können, bleibt hier offen.

128 Es läßt sich vertreten, daß jegliche Äußerung im Web entweder Tele- oder Mediendienst i. S. d. § 2 TDG oder des § 2 MDStV ist.

129 Siehe soeben, unter bb).

im Inland gespeicherten Äußerungen aus Art. 5 GG inhaltsbezogene Verbreitungsverbote aufgrund der Exekutivermächtigungen der Polizei- und Ordnungsgesetze.

dd) Ergebnis

Wenn elektronische Druckwerke ganz unproblematisch inhaltsbezogenen Verbreitungsverboten behördlicher Aufsicht unterliegen sollen und damit die für die Verteilung von Text und Bild seit über 100 Jahren zentrale weitgehende Freiheit von solcher Inhaltskontrolle ohne weiteres beseitigt wird, dürften Gründe dafür nicht zuletzt in der beschriebenen Wirkstoffkombination aus pauschalierender Fehleinschätzung des Transportmittels Internet (II.) und allgemeiner Unterschätzung der formalen Seite der Äußerungsfreiheit und ihrer grundrechtlichen Garantie (III.) zu finden sein. Tatsächlich ist das Verfahren, in dem angesichts konkreter Äußerungen über den Inhalt der Inhaltsschranken entschieden wird, und damit die Frage der Freiheit von bestimmten Verfahren zumindest ebenso bedeutsam für die Äußerungsfreiheit wie die in diesem Verfahren überhaupt erst lebensfähige Äußerungsinhaltsfreiheit.

b) Heranziehung des vom Äußernden verschiedenen Serverbetreibers im Rahmen staatlicher Kontrolle – Vollstreckungs- und Anwendungshilfe

Werden Dienstleister, die ihre Internet-Hosts anderen zum (ferngesteuerten) Gebrauch überlassen, staatlicherseits zur Sperrung oder Löschung von Dateien der Rechner-Mieter herangezogen, können hinter der konkreten Maßnahme zwei verschiedene Formen der Inhaltskontrolle stehen.

aa) Hilfestellung bei der Vollstreckung konkreter staatlicher Verbreitungsverbote anhand sekundärer Inhaltsmerkmale

Haben staatliche Stellen das Angebot einer bestimmten Datei aus inhaltlichen Gründen untersagt, beispielsweise im Wege der Löschungsanordnung unter Einziehungsvorbehalt, nimmt der an der Umsetzung beteiligte Server-Provider keine eigene inhaltliche Bewertung veröffentlichter Dateien vor, sondern entfernt anhand der im staatlichen Ausspruch genannten sekundären Inhaltsmerkmale wie Dateiname, Uniform Ressource Locator o. ä. die so gekennzeichnete Datei. Sein Vorgehen ähnelt demjenigen bei der Umsetzung einer strafrechtlichen Druckschrifteneinziehung, die sich auf eine Auflage bezieht und dementsprechende sekundäre Inhaltskriterien als Prüfraster benutzt.

bb) Selbständige Inhaltskontrolle der Server-Provider als staatliche Helfer

Werden die Betreiber von Rechnern im Rahmen staatlicher Indienstnahme, also *nicht* zur Vermeidung *eigener* strafgesetzwidriger Äußerungsbeteiligung, zu echter Inhaltskontrolle herangezogen, müssen sie selbständig Äußerungsinhalte bewerten. Wiederum sind zwei Varianten denkbar. In der ersten wäre etwa nur nach bestimmten, bereits bekannten Dateiinhalten zu suchen, etwa indem die Rechner mit einem entsprechenden Programm auf bestimmte Bilder abgesucht würden. In einer zweiten würde den Rechnerbetreibern die Aufgabe obliegen, nach abstrakt-generellen Vorgaben, die allerdings auch in einer Einzelweisung konkretisiert sein könnten, Äußerungen zu überprüfen. Dabei wären echte wertende Entscheidungen über die Konformität vielfältiger Inhalte mit bestimmten Inhaltsvorgaben zu machen. Immer vorausgesetzt, es geht nicht um staatliche Hinweise auf gesetzliche Pflichten, die dem Rechnerbetreiber als Bürger ohnehin obliegen, handelt es sich ungeachtet der genauen Qualifikation des Auftragsverhältnisses zwischen Staat und dem in seinen Dienst genommenen Provider um funktional staatliche und abwehrrechtlich gebundene Kontrolle. Es gelten dann alle grundrechtlichen und einfachgesetzlichen organisatorischen und verfahrensbezogenen Anforderungen an inhaltsbezogene Verbreitungsverbote[130], die von den Providern nicht erfüllt werden (können).

2. Staatliche Eingriffe an Vermittlungsknoten einschließlich der Aufrüstung um Filter

Anders als bei den inländischen Internet-Endgeräten (Hosts) gilt es in Fragen des staatlichen Zugriffs auf inländische Internet-Vermittlungsrechner (Router) zwei Gruppen zu unterscheiden: Inlands-Router und Betreiber von Inlands-Routernetzen, die allein über Inlandskontakte verfügen, sowie Inlands-Router und Betreiber von Inlands-Routernetzen mit Auslandsleitungen.

a) Staatliche Inhaltskontrolle an Vermittlungsknoten ohne Auslandsleitung

Öffentliche Angebote von Äußerungsdateien auf Hosts im Inland genießen ungeschmälerten abwehrrechtlichen Grundrechtsschutz. Die Unterbindung konkreter Sendungen einer solchen Äußerung muß den genannten Anforderungen genügen, also ahndungsakzessorisch organisiert sein, im Falle des Vorgriffs auf die gerichtliche Hauptsacheentscheidung auf offensichtliche und schwerwiegende Schrankenverletzungen beschränkt bleiben usf.[131] Dass der Staat zusätzlich zu solchen freiheitsrechtskonformen Maßnahmen gegen die Quellrechner und ihre Betreiber – oder gar statt solcher Maßnahmen – Aufrüstungen der Vermittlungsknoten um inhaltsbezogene Filter verlangen kann, ohne die Äußerungsgrundrechte zu verletzen, sollte ausgeschlossen sein:

Geht es um die Filterung der Datenpaketströme anhand *sekundärer Inhaltsmerkmale* (Dateinamen etc.) zum Zweck der Unterbindung im Inland angebotener Datensendungen, erscheint schon die bloße Existenz von Inhaltsfiltern in den öffentlichen Datenverkehrsstraßen ebenso wie die Filterung aller Äußerungen als völlig überzogen (unangemessen oder unverhältnismäßig i. e. S.). Würde also von den Internet-Vermittlungsnetzbetreibern verlangt, WWW-Datei-Anfragen ihrer Kunden auf einen Zwangs-Proxy zu leiten, der eine Liste der nach §§ 111 b, m, n StPO gesperrten URL's führen muß und entsprechende Anfragen verwirft, ist Art. 5 GG verletzt. Soll weitergehend sogar *echte Inhaltskontrolle* stattfinden, die ggf. den Weitertransport der ad hoc kontrollierten Da-

130 Siehe oben, S. 62 ff.
131 Siehe oben, S. 67 ff.

tensendung unterbindet, handelt es sich darüber hinaus um staatliche und damit verfassungswidrige Zensur.

Daß staatliche Kontrolle die Aufrüstung von Inlandsvermittlungsrechnern ohne Auslandsleitung auch nicht mit dem Ziel der Suche nach importierten Datensendungen verlangen darf, wurde bereits als Grundrechtsgebot erkannt. Gegenüber dem Äußerungsimport erlaubte Inhaltskontrolle rechtfertigt keine Kontrollen auch der inländischen Kommunikation auf den Datenstraßen im Inland (vgl. sofort b).

b) Staatliche Äußerungsimportkontrolle an Vermittlungsknoten mit Auslandsleitung

(Nur) derjenige Vermittlungsknoten, der über wenigstens eine Leitung zu einem Vermittlungsknoten im Ausland verfügt, ist eine Seite eines Grenzübergangs des Internet-Paket-Datenverkehrs. Dabei sollte die Frage des politischen Sinns einer verschärften Inhaltskontrolle des Datenimports von derjenigen ihrer rechtlichen Zulässigkeit scharf unterschieden werden. Die hier behandelte Rechtsfrage, ob – im Verhältnis zur Kontrolle von Inlandsäußerungen – besondere Inhaltskontrollen importierter Kommunikation auch heute noch gerechtfertigt sein können, dürfte grundsätzlich recht einfach mit ja zu beantworten sein. Gründe dafür sind nach wie vor unterschiedliche Inhaltsfreiheiten in den verschiedenen Staaten und Kulturen, eine faktisch wie rechtlich geringere Verantwortung und Verantwortlichkeit des Urhebers importierter Kommunikation ebenso wie größere Schwierigkeiten des Zugriffs auf die Verbreitungsquelle. Und der leichtere Datenaustausch über Grenzen hinweg spricht *rechtlich* betrachtet sogar eher für die Zulässigkeit besonderer Importkontrollen. Das heißt nicht, dass die grundlegenden Anforderungen an inhaltsbezogene staatliche Weiterverbreitungsverbote – wie zwingend gerichtsförmige Hauptsacheentscheidung etc. – aufzugeben sind. Aber es kann dann überhaupt zulässig sein, für Vermittlungknoten mit Auslandsleitungen Filterelemente zu verlangen, mit deren Hilfe staatliche Importverbote umgesetzt werden könnten. Technisch jedenfalls ist die Möglichkeit solcher Kontrollen weder heute noch morgen ausgeschlossen. Es kann nur nicht oft genug wiederholt werden, dass eine Überwachung des Kommunikationsimports ausschließlich den Datenimport erfassen darf. Das heißt insbesondere, daß Filterungen auf die Grenzübergänge und also Vermittlungsknoten mit Auslandsleitungen zu beschränken sind; die innerstaatlichen Vermittlungswege müssen von Inhaltsfiltern frei bleiben.[132]

132 Oben, S. 73 f. (V. 4.) und S. 31 ff. (III. 5.).

VII. Gesetzeshaftung der Vermittlungsnetzbetreiber für Inhalte der von den Hosts versandten und empfangenen IP-Datengramme – Überdehnung der Inhaltszurechnung und äußerungsfreiheitswidriger Drittkontrollzwang

Die materielle Privatisierung staatlich betriebener Transportinfrastruktur, handele es sich um Telekommunikations-, Straßen- oder andere Netze, erweitert und verkürzt die Wirkbereiche grundrechtlicher Freiheit in einem Zug. Die wirtschaftlichen Freiheiten finden neue Betätigungsfelder, zugleich endet mit dem staatlichen Betrieb der abwehrrechtliche Grundrechtsschutz der Nutzer gegenüber dem Transporteur. Besonders wenn Kommunikation befördert wird, fallen die Unterschiede auf. Die als Sondervermögen oder Eigengesellschaft geführte Bundespost war mit ihrem Telefon- und Btx-Netz ebenso wie im Brief- und Paketdienst an die formalen und materiellen abwehrrechtlichen Ansprüche der Kommunikationsgrundrechte (Art. 5, 10 GG) gebunden[133]. Gesetzlose Grundrechtseingriffe waren ihr ebenso verboten wie ihr kein Verwaltungs-, Zivil- oder Strafgesetz dem Grundrechtsschutz der Nutzer widersprechende Kontrollbefugnisse oder -pflichten übertragen konnte. Demgegenüber weist der private Internet-Teilnetz- oder Server-Provider nicht nur jede Grundrechtsbindung von sich, sondern beruft sich auf grundrechtliche Freiheiten, wenn er aus freiem Willen Kunden oder den Transport bestimmter Inhalte ablehnt.

Was aber gilt für *Gesetze*, die den Provider zu einem solchen Verhalten zwingen, indem sie ihn zivil- oder strafrechtlich für den Inhalt der Veröffentlichungen Dritter auf seinen Hosts oder für den Inhalt der IP-Datenpakete verantwortlich machen, die seine Vermittlungsknoten (Router) von fremden Hosts bzw. Routern annehmen und an andere fremde Hosts bzw. Router weiterreichen?

Überblick: Schon um den Rahmen möglicher Antworten richtig zu erfassen, muß die Vorstellung abgelegt werden, es gehe in Fällen gesetzlicher Verbreiterhaftung im wesentlichen immer nur um die Zweierbeziehung zwischen dem Anspruchsteller und demjenigen unter den Verbreitungsbeteiligten, den der Anspruchsteller in Anspruch nehmen möchte. Denn nicht nur die isolierte Bewertung des Verbreiterverhaltens, sondern auch das durch Inhaltskontrolle infolge Verbreiterverantwortlichkeit beeinträchtigte Äußerungsinteresse ist für (straf- wie zivil)gesetzliche Haftungsanordnungen relevant und beeinflußt sie (unten 1.). An und für sich bekannt, erlangt das Phänomen im Internet besondere Brisanz. Weniger noch im Rahmen der Haftung des Internet-Host-Betreibers, der seine Rechner als WWW-Server einrichtet und anderen für Veröffentlichungen zur Verfügung stellt, oder bei der Haftung des Äußernden für den Inhalt von Seiten anderer, auf die er mit sogenannten Links verweist. Beide Bereiche lassen sich gut als Variationen der Diskussion um das funktionsadäquate Ausmaß prinzipiell möglicher Inhaltsverantwortung diverser technischer und geistiger Verbreiter auffassen. Sie werden deshalb erst an zweiter Stelle behandelt (unten VIII., S. 175 ff.). Doch spitzt sich die Problematik mit der Frage nach dem „Ob“ einer Haftung der Betreiber der Vermitt-

133 Vgl. etwa BVerfGE 85, 386 (395 ff. – Fangschaltungen).

lungsknoten für die Inhalte vermittelter Datenpakete zu, ist sie doch identisch mit der Frage, ob Äußerungen über den eigenen Server in eigenen Räumen überhaupt von anderen als dem Äußernden inhaltlich zu verantworten und zu kontrollieren sind. Bleibt der Betrieb der Router als der einzigen zwischen Sender- und Empfänger-Host liegenden Maschinen haftungsfrei, hat der Äußernde mit eigenem Server ungeteilte Veröffentlichungsfreiheit und Inhaltsverantwortung; Kommunikationsbetroffene ebenso wie der staatliche Strafanspruch können sich nur an ihn halten (unten 2.). Letztlich findet sich keine Rechtfertigung, dem Vermittlungsknoten- oder Vermittlungsnetzbetrieb *irgendeine* Haftung für den Inhalt von IP-Paketen aufzuerlegen, die ihre Vermittlungsknoten von unmittelbar oder mittelbar angrenzenden Internet-Hosts übernehmen und weiterleiten (unten 3. – 5.).

Zunächst schließen weder nationale noch europäische computernetzspezifische Normierungen die Inhaltsverantwortung der Vermittlungsknotenbetreiber gänzlich aus oder schreiben eindeutig ein Mindestmaß an solcher Haftung vor. Damit bleibt insbesondere die Frage von Sperrungsverpflichtungen nach wie vor den allgemeinen, in puncto Verantwortlichkeit auslegungsoffenen Zurechnungsnormen von StGB, BGB, UWG etc. überlassen (unten 3.). Derzeit ließe sich allein die Urheberrechtsrichtlinie so verstehen, als wolle sie abweichend von der bereichsübergreifend angelegten Haftungsregelung der ECRiLi eine Unterlassungsverpflichtung der Vermittlungsnetzbetreiber erzwingen; sie wäre dann erst im späteren grundrechtlichen Teil abzuhandeln.

Die nötige Auslegung der Haftungsgeneralklauseln ergibt schon ohne Rücksicht auf die Folgen einer Haftung für sich äußernde Dritte, dass Vermittlungsknotenbetreiber einschließlich der sogenannten Zugangsprovider weder als technische *Verbreiter konkreter Äußerungen* noch auch nur überhaupt als *Verbreiter von Äußerungen* anzusehen sind. Jedenfalls aber überschreitet ihre Tätigkeit nicht die Schwelle eines minimalen Bezugs zum Äußerungsinhalt, der für jede Zurechnung fremder Inhalte erforderlich ist. Eine dennoch zur Zurechnung und Haftung führende künstliche Vergeistigung der durch die Vermittlungsnetze gebildeten technischen Infrastruktur läßt sich nicht rechtfertigen. Ungeachtet des für sich genommen ungenügenden Inhaltsbezugs sind die Folgen einer Inhaltshaftung der Vermittlungsnetzbetreiber mit dem Zwang zur Kontrolle und Unterbindung fremder Äußerungen für die Hostnutzer als Dritte unzumutbar; insbesondere die Gefahren für die Kommunikationsfreiheitsinteressen können nicht hingenommen werden und schließen jegliche Inhaltshaftung der Vermittlungsnetzbetreiber aus. Äußerungen über den eigenen WWW-Server in eigenen Räumen lassen sich demnach nicht nur tatsächlich als doppelt mittler- oder verbreiterlos kennzeichnen; die Bestimmung ihres Inhalts und die Verantwortung für das so Bestimmte obliegt auch rechtlich allein dem Äußernden (unten 4.).

Was de lege lata aus einfachem staatlichen und sekundärem Europarecht folgt, ist darüber hinaus auch Imperativ grundgesetzlicher wie europäischer Äußerungsgrundrechte. Sollten ihm Gesetze oder sekundäre EG-Normen im Wege der Auslegung nicht nachkommen können, sind sie nichtig bzw. für nichtig zu erklären (unten 5.).

1. Nicht nur im Internet: Inhaltsverantwortung als Kehrseite eigener Freiheit und als Zwang zur Fremdkontrolle – Zur Relevanz des Äußerungsinteresses für die Bestimmung der gesetzlichen Inhaltshaftung inhaltsdesinteressierter Verbreitungsbeteiligter

Die Diskussion um die Providerinhaltshaftung vermittelt nicht selten den Eindruck, die für die Auslegung der Haftungsgesetze relevanten Gesichtspunkte ergäben sich nur oder doch fast ausschließlich aus dem zweiseitigen (bipolaren) Verhältnis zwischen dem in Anspruch genommenen Provider und dem Strafe beanpruchenden Staat bzw. dem Sperrung, Schadensersatz etc. fordernden Betroffenen. Ehre, Jugendschutz, Eigentum an Kommunikationsinhalten und anderen wichtigen Interessen auf der Seite des Anspruchstellers steht dann auf Seiten des nicht selbst kommunizierenden Verbreiters kaum mehr als ein gewerbliches Interesse an geringen Transportkosten gegenüber. Höchstens noch technische Unmöglichkeit der Kontrolle oder wenig klare Unzumutbarkeitsüberlegungen vermögen Grenzen aufzuzeigen. Eine solche mit der Ausblendung des Äußernden verbundene Interessenbeschränkung ist für den Anspruchsteller günstig und vor allem aus der Sicht eines zivilrechtlichen Denkens verständlich, wenn und soweit es sich in der Schaffung und nicht in der Versagung von Ansprüchen verwirklicht, greift nichtsdestotrotz aber bereits zivilrechtsimmanent zu kurz. Die durch gesetzliche Anordnung einer Haftung des Providers erzwungene Kontrolle und Unterbindung von Äußerungen Dritter ist für die Auslegung der Haftungsgesetze von Relevanz; solche Gesetze treffen die Kommunikation des Dritten nicht nur faktisch, sondern regeln ein mehrseitiges (multipolares) Interessenverhältnis, in dem sie das Kommunikationsinteresse, um dessentwillen die Datennetze überhaupt bestehen, als der Providerhaftung gegenüberstehendes Hauptinteresse berücksichtigen[134].

a) Geltungsvor- und Anwendungsnachrang der Grundrechte

Dabei wird die grundrechtliche Betrachtung zunächst zurückgestellt. Zwar zeigt sie[135], daß Straf- wie Zivilgesetze, die Provider zur Inhaltskontrolle verpflichten, sowohl in grundrechtliche Freiheiten ihrer Adressaten eingreifen als auch in manchen Fällen mittelbar die Kommunikationsfreiheit des Äußernden nicht nur tatsächlich betreffen, sondern als abwehrrechtlich geschütztes Grundrechtsgut verkürzen und verletzen können. Doch lassen sich die danach mit der Schärfe des abwehrrechtlichen Unterlassungsanspruchs gebotenen Vorgaben auch schon im Rahmen üblicher, konstruktiv diffuser Grundrechtsverwendung erzielen, ja stehen selbst einer völlig auf Bordmittel beschränkten Gesetzesauslegung zur Verfügung. Und solange der Anwendungsvorrang der rangniedrigeren Norm zu freiheitsrechtskonformen Ergebnissen führt, kommt es auf den Geltungsvorrang der Verfassung nicht an. Das gilt nicht nur im Verhältnis von BGB, UrhG, StGB, MDStV, TDG, und anderen Gesetzen zum Grundgesetz. Auch die einschlägigen Regelungen der RiLi 2000/31/EG können, ihre – fragwürdige – Kompetenzgemäßheit einmal unterstellt, schon aus sich heraus so ausgelegt werden, daß sie

134 Vgl. auch die entsprechende Frage oben, III. 1. a. E. (S. 25).
135 Unten, 5. (S. 157 ff.).

den Konflikt mit einer primärrechtlichen Äußerungsfreiheitsgarantie vermeiden. Aus dem gleichen Grund erübrigt sich dann auch die Frage, unter welchen Umständen die Beachtung grundgesetzlicher Grundrechte staatsrechtliche Geltungsbedingung für Europarecht in Deutschland ist[136], ob diese Grundrechte ausschließlich als Merkposten bei der Zusammenstellung der – jedenfalls im Singular fiktiven – grundrechtlichen Tradition der Mitgliedstaaten Europarelevanz erlangen oder ob die von den Staats- und Regierungschefs oktroyierte EG-Grundrechtscharta einen europarechtlichen Ausverkauf effektiver Grundrechte nun auch der Textbasis nach vollständig harmonisiert hat. Und erst in noch weiterer Ferne ist dann an mögliche Vorgaben des Art. 10 EMRK selbst für europarechtlich determinierte und europäisch ausgeübte Hoheitsgewalt zumindest in denjenigen Staaten zu denken, die die einmal eingegangene Konventionsbindung durch die spätere Übertragung von Teilen ihrer damit in bestimmter Intensität menschenrechtsverpflichteten Gewalt auf Organisationen wie die Europäischen Gemeinschaften weder abschütteln konnten noch können[137].

b) Keine beliebige Gesetzesauslegung zu Lasten Dritter – Drittinteressen und Belange der Allgemeinheit als übliche und grundrechtsunabhängige Grenzen der Auslegung gesetzlicher Haftungsgeneralklauseln

Die einschlägigen Haftungsnormen enthalten keine selbstverständliche Reduktion der auslegungsrelevanten Argumente auf einen quasi natürlich vorgefundenen Kreis „unmittelbarer" Eigeninteressen desjenigen aus dem Kreis der Verbreitungsbeteiligten, den der Kommunikationsbetroffene als Anspruchsgegner auswählt. Zivil- wie Strafgesetze sind weithin in der Lage, bei der Grenzziehung zwischen dem untersagten, haftungsbegründenden und dem nicht verbotenen, in diesem Sinne erlaubten und vom Anspruchsteller zu duldenden Verhalten eine Vielzahl unterschiedlicher Interessen zu berücksichtigen. Dazu zählen sowohl Interessen Dritter als auch – grundrechtsunabhängig – Freiheitsinteressen oder Belange der Allgemeinheit.

Daß Gesetze ein bestimmtes Freiheitsinteresse schützen können, auch wenn sie kein Grundrecht dazu zwingt, ist eine – in Zeiten rhetorischer Allgegenwärtigkeit von Grundrechten – erinnerungsbedürftige Selbstverständlichkeit. Selbst die kategorische Ablehnung *grundrechtlichen* Schutzes eines – angesichts öffentlich-rechtlicher Gesetze und Exekutivmaßnahmen fraglos grundrechtlich umhegten – Freiheitsinteresses *gegen* das Privatrechtsgesetz verbietet nicht den *einfachgesetzlichen* Schutz des Freiheitsinteresses *durch* das Privatrechtsgesetz. Und noch nicht einmal mit der entschiedensten Ab-

---

136 Vgl. BVerfGE 73, 339; E 89, 155; E 102, 147.

137 Vgl. *G. Ress*, Menschenrechte, europäisches Gemeinschaftsrecht und nationales Verfassungsrecht, in: FS für Winkler, 1997, S. 897 (919 ff., 931 f.); EGMR, 18.2.1999 – Waite u. Kennedy gegen Deutschland, NJW 1999, 1173; EGMR, 18.2.1999 – Matthews gegen Vereinigtes Königreich, EuGRZ 1999, 200; EGMR, Zustellungsentscheidung der 3. Sektion v. 4.7.2000, Beschwerde-Nr. 56672/00 – Senator Lines GmbH gegen die 15 Mitgliedstaaten der Europäischen Union, mit vollem Wortlaut der Beschwerdeschrift in HRLJ 2000, 112 (116 ff.), dt. Zusammenfassung in EuGRZ 2000, 334; vgl. auch *Winkler*, EuGRZ 2001, 18 (26 f.). Besteht die Konventionsbindung der Staaten für ihre weiterhin ausgeübte wie für die auf die EG übertragene Hoheitsgewalt fort, sind *in dieser Hinsicht* Qualifikation und Inhalt einer EG-Grundrechtscharta nur von geringem Interesse.

sage an Grundrechtswirkungen auf Zivilgesetze steht fest, ob der zivilgesetzliche Schutz des fraglichen Interesses in der Sache nicht sogar weiter geht als das entsprechende privatrechtsblinde Grundrecht. So kann bspw. die Auslegung des § 823 I BGB unabhängig von einem parallelen, engeren, weiteren oder inexistenten Grundrecht und der Erwähnung von Grundgesetzartikeln ein allgemeines Persönlichkeitsrecht als zivilgesetzliches „sonstiges Recht" anerkennen, das sowohl in eher passiver Ausrichtung bspw. Privatsphäre oder Ehre als auch in aktiver Hinsicht die Entfaltungsfreiheit zu schützen vermag. Weitere zivilgesetzliche Generalklauseln wie „widerrechtlich" in § 823 BGB, § 97 UrhG, die „guten Sitten" in § 1 UWG u. v. a. erlauben und verlangen Entscheidungen über die rechtliche Relevanz vielfältiger, gegenläufiger Interessen von Anspruchsteller und dem in Anspruch Genommenen ganz unabhängig davon, dass diese Interessen auch grundrechtliche Schutzgüter sind oder sein können und ob einschlägige Grundrechte bei der Anwendung des Zivilgesetzes Relevanz erlangen.

So wenig grundrechtliche Befehle conditio sine qua non der Berücksichtigung von Freiheitsinteressen im Rahmen der Auslegung auslegungsfähiger Haftungsnormen sind, so wenig ist eine solche Auslegung auf die Berücksichtigung dessen beschränkt, was ein erster Blick dem in Anspruch Genommenen als objektiviertes Eigeninteresse unterstellen mag. Soll also bspw. ein Vermittlungsnetzbetreiber den Inhalt von Äußerungen verantworten und unterbinden, die in Datenpaketen durch sein Netz hindurch transportiert werden, spricht einiges dafür, dass er kein originäres Eigeninteresse an den fraglichen Veröffentlichungen hat. Doch heißt das nicht, dass nur nicht-kommunikative Interessen wie technische Unmöglichkeit, personeller, technischer oder finanzieller Aufwand des Vermittlungsnetzbetreibers als haftungsbegrenzende Belange in Betracht kommen, während die mit der Unterbindungsverpflichtung eines uninteressierten und uninformierten Datentransporteurs womöglich besonders gravierende Beeinträchtigung des Äußerungsinteresses der Datenabsender außen vor bleiben muß.

Dabei ist es – anders als im grundrechtlichen Fragenkreis – unwichtig, ob das Haftungsgesetz die fraglichen Belange als Interessen allein des Dritten bzw. der Allgemeinheit auffaßt, zu deren Schutz es von der Haftung des in Anspruch Genommenen absieht, oder ob es ein dem Interesse des Dritten paralleles Eigeninteresse des in Anspruch Genommenen anerkennt. Wenn also bspw. die Grenzziehung zwischen rechtswidriger, haftungsbegründender Kritik an einem Gewerbebetrieb und der rechtmäßigen, zu duldenden Verfolgung von Äußerungsinteressen im Rahmen der anspruchsbegrenzenden Klausel „Wahrnehmung berechtigter Interessen" ein „Recht zur Unterrichtung der Öffentlichkeit" oder ein „Informationsinteresse der Öffentlichkeit"[138] verwendet, bleibt die Fassung des Belangs entweder als „Recht" des sich Äußernden (zur Information gerade der Öffentlichkeit über bestimmte Gegenstände) oder als Interesse der Öffentlichkeit (an Informationen über bestimmte Gegenstände) für die Begrenzung der Haftung des Äußernden bedeutungslos.

Insbesondere wo über den unmittelbaren Täter hinaus auch mittelbar verletzungskausales Verhalten haftbar gemacht werden soll, muß die Abgrenzung rechtswidriger und

138 BGH, NJW 1970, 187 – Hormoncreme (190: „Recht zur Unterrichtung der Öffentlichkeit", bzw. 189: „Informationsinteresse der Öffentlichkeit").

erlaubter Verletzungsursachen häufig über den Tellerrand des potenziell verbotenen Verhaltens hinausschauen. So ging der Bundesgerichtshof davon aus, dass die Tonbandgerätehersteller im Falle eines – von den Bundesrichtern infolge Entscheidungsunerheblichkeit als wahr unterstellten – „überwiegend" urheberrechtsverletzenden Gebrauchs der Geräte durch private Endabnehmer für diese Rechtsbeeinträchtigungen als Störer verantwortlich seien.

Doch selbst dann sei ein *uneingeschränktes* urhebergesetzliches *Verbot* des Tonbandgerätevertriebs ausgeschlossen, und zwar womöglich schon wegen des gegenläufigen Interesses „der Allgemeinheit" an der „Auswertung der technischen Errungenschaft" des Tonbandgeräts auf dem Sektor urheberrechtlich geschützter Werke, jedenfalls aber wegen der Wirkung des Verbots für (unbeteiligte) Dritte in Gestalt des „möglicherweise nur geringfügigen Teil[s] der Erwerber", der die Geräte ohne Urheberrechtsberührung verwendet.

Und auch ein *eingeschränktes Verbot* für die Herstellerin, Tonbandgeräte ohne Vorkehrungen zum Schutz gegen Urheberrechtsverletzungen durch die Endabnehmer auszuliefern, besteht nur „im Rahmen des Zumutbaren und Erforderlichen", der die Verbotswirkungen für die Geräteherstellerin wie Dritte einschließt. Insbesondere dürfen von der Geräteherstellerin keine Maßnahmen verlangt werden, die eine „unzumutbare Belastung für die Beklagte [die Herstellerin] oder die Erwerber der Geräte darstellen." So scheitert das beschränkte Verbot, Geräte in den Verkehr zu bringen, wenn sich die Verkäufer nicht verpflichten, die Identität der Endabnehmer festzustellen und Name, Anschrift sowie Personalausweisnummer der klagenden Urheberrechtsverwalterin zu übersenden, daran, dass es die Gefahr einer erheblichen Störung des Rechtsfriedens bzw. einer unangemessenen Beeinträchtigung des Interesses aller (rechtsverletzender wie unbeteiligter) Endabnehmer am Schutz ihrer häuslichen Privatsphäre gegen Ausforschungen begründet.[139]

Ein solches Verbot des Gerätevertriebs ohne Identitätsfeststellung ist aber nicht nur wegen seiner (mittelbaren) Auswirkungen für die Endkunden unzumutbar, sondern verkürzt auch Interessen der (unmittelbar) zur Verantwortung gezogenen Geräteherstellerin in unzumutbarer Weise, „und zwar selbst dann, wenn die Klägerin [Urheberrechtsverwerterin] bei der Durchsetzung ihrer Ansprüche gegenüber den Tonbandgerätebesitzern auf unüberwindliche Schwierigkeiten stoßen sollte"[140]. Bei dem Eigeninteresse handelt es sich um die Kundenbeziehung, die durch die Identitätsfeststellung und die mittelbar dadurch zu befürchtenden Privatsphärenbeeinträchtigungen erheblich gestört werden könnte.[141] Damit wird ein den – mittelbar beeinträchtigten – Endkundeninteressen paralleles Interesse der Herstellerin anerkannt, die Interessen Ihrer Endkunden nicht (unzumutbar) beeinträchtigen zu müssen. Schließlich sieht der Bundesgerichtshof die Gefahr eines Präzedenzfalles für weitere, den Rechtsverkehr belastende Eingriffe zugunsten der Inhaber von Ausschließlichkeitsrechten[142], womit das allgemeine Interesse an

139 BGHZ 42, 118 (131).
140 BGHZ 42, 118 (132).
141 BGHZ 42, 118 (132).
142 BGHZ 42, 118 (133).

der Freiheit des Rechtsverkehrs von unzumutbar belastenden Eingriffen im Interesse bestimmter Gläubiger als Haftungsbegrenzung aktiviert wird.

c) Verbreiterinhaltshaftung als Beeinträchtigung der haftungsbedingt kontrollierten und unterbundenen Äußerungen

Wie soll Verbreiterhaftung zu einem Problem der Freiheit haftungsbedingt kontrollierter Äußerungen werden? Das Verhältnis von Inhaltshaftung und Äußerungsfreiheit verändert sich mit der Rolle des Haftenden im Kommunikationsprozeß. An einem Ende der Skala fallen Freiheit und Verantwortung in der Person des Äußernden zusammen. Ungeschmälerte Inhaltsverantwortlichkeit erscheint hier als selbstverständliche und natürliche Kehrseite der freien Wahl des Äußerungsinhalts, die wesentlicher Teil jeder Äußerungsfreiheit ist. Bei arbeitsteiliger Organisation erweitert sich der Kreis der *geistigen Hersteller* und *Verbreiter* wie Mitautor, Herausgeber, Verleger usf., die typischerweise über Inhaltseinfluß verfügen und ganz unproblematisch in einem ihrer Teilnahme und Funktion entsprechenden Umfang für geäußerte Inhalte einzustehen haben. In diesen Fällen tritt die Inhaltswahlfreiheit gegenüber nachgeordneten Mitarbeitern zugleich als Inhaltsbestimmungs- und -kontrollbefugnis auf, und zwar ohne Rücksicht darauf, ob Haftungsvermeidung oder rechtlich ungebundener Gestaltungswille Grund des Eingriffs ist. Der Redakteur kann Artikel zensieren, der Herausgeber mag Kommentarpositionen vorgeben, und selbst der womöglich zur Ausgewogenheit verpflichtete Eigentümer einer Fernsehsenderkette betätigt seine Programmfreiheit, wenn er ein Verbot anderer als konstruktiver Regierungskritik nach der Wahlniederlage seiner Favoriten aufhebt.

Doch verliert die Inhaltsverantwortung ihre innere Legitimation als selbstverständliches Korrelat eigener Freiheitsbetätigung in um so größerem Maße, je weiter sie sich über den Kreis der an der Äußerung geistig Beteiligten hinaus auf eher *technische Hersteller oder Verbreiter* wie etwa Drucker, Papierlieferant, Grossist, viele Händler, Post oder anderweitige Transporteure, Sendeanlagen- und Internet-Teilnetzbetreiber erstrekken soll. Aus der kaum erwähnenswerten Verantwortlichkeit für selbst bestimmte Inhalte eigener Äußerungen wird mit der Haftung inhaltsferner oder inhaltskontaktloser Verbreiter zu immer größeren Anteilen eine Verantwortung für den Inhalt von Äußerungen Dritter. Die gesetzliche Fremdverantwortung zwingt den Verbreiter zu einer über seine typische Funktion hinausgehenden Kenntnisnahme, geistigen Aufnahme und rechtlichen Prüfung fremder Äußerungsinhalte; für den Äußernden handelt es sich um die gesetzliche Vorschaltung inhaltlicher Fremdkontrolle. Daß funktionsunangemessene Inhaltsverantwortlichkeit der Verbreiter nicht nur diese, sondern auch den Äußernden und die Äußerungsfreiheit trifft, gilt für jedes ausdifferenzierte Medium. „Wird die Verantwortlichkeit der Buchdrucker und Verleger zu strenge genommen, so läuft man leicht Gefahr, die Preßfreiheit, so weit wir sie noch haben, völlig zu vernichten"[143], befand schon *Adolph D. Weber*, verwies auf die „einem Jeden wol von selbst ein[leuchtende]" Haftungsrelevanz der „ganz verschiedene[n] Verhältnisse" bei den diversen Perso-

143 *A. D. Weber*, Über Injurien und Schmähschriften, 3. Abtheilung, 1800, S. 122.

nen[144] und lehnte es insbesondere ab, Druckern, Verlegern oder gar Buchhändlern – im Unterschied zu Herausgebern und Redakteuren – „anzusinnen, alle Manuscripte [...] sorgfältig durchzulesen, und Inhalt und Ausdruck von Seiten der Verantwortlichkeit zu prüfen“[145]. Wenn die Anwendung der den Äußernden selbstverständlich bindenden Inhaltsschranken auf manch inhaltsfernen Verbreitungsbeteiligten als unzumutbare Beeinträchtigung der Äußerungsfreiheit erscheint, liegt dies an Elementen des Äußerungsfreiheitsinteresses, die ungeachtet des rechtlichen Kontextes ihrer Bewertung strukturell unverändert bleiben.

2. Eigener Internet-Host mit WWW-Server in eigenen Räumen und Haftung der Vermittlungsnetze als Schlüssel zur Gestalt der Kommunikationsfreiheit im Internet

Es ist kein Zufall, wenn hier in Umkehrung einer verbreiteten Gewichtung die Frage nach der Haftung der Vermittlungsnetzbetreiber und nicht der Host- und Serverprovider im Mittelpunkt steht. Zwar wird zur Zeit die Mehrzahl der WWW-Veröffentlichungen über die Anmietung[146] und Fernsteuerung von Veröffentlichungskapazitäten realisiert, die Hosting- oder Serverprovider auf Internet-Hosts in ihren Räumen bereitstellen. Für die Äußerungsfreiheit im Internet ist aber der eigene Internet-Host in eigenen Räumen die Schlüsselsituation, treffen doch erst hier Eigenheiten öffentlicher Computernetze so zusammen, daß in kommunikationsrechtlicher Hinsicht von einem vielleicht sogar radikal neuen Verbreitungsweg die Rede sein kann.

Das wird deutlich, wenn man nicht nur die einzelnen Beiträge verschiedener Teilnehmer zu den vielfältigen Varianten arbeitsteiliger Organisation öffentlicher Äußerungen im Internet isoliert voneinander untersucht, sondern, was der Funktion des Internet als seinen Nutzern dienendes Transportmittel entspricht, die Anwendungsperspektive einnimmt. Dann läßt sich sehen, dass erstmals einfache und dennoch potenziell weitreichende und nachhaltige Publikationsorganisationsformen zur Massenware werden, die gleichzeitig die Frage aufwerfen, ob überhaupt noch jemand außer dem Äußernden rechtliche Inhaltsverantwortung trägt.

Der Zusammenhang zwischen einer Haftung von Verbreitern für den Inhalt von Äußerungen anderer und der Freiheit des sich Äußernden von Inhaltskontrolle durch den Verbreiter ist zufällig, soweit das Maß an Freiheit und Kontrolle von den nur bedingt beeinflußbaren tatsächlichen Gegebenheiten abhängt: Beteiligt der Äußernde freiwillig oder notwendigerweise andere an der Herstellung oder Verbreitung, haften diese anderen ihrer Funktion und ihrem Inhaltskontakt gemäß; verteilt der Äußernde hingegen eigenhändig das selbst vervielfältigte Flugblatt oder verschickt es in Briefform per Post, ist sonst niemand inhaltlich verantwortlich und zur Kontrolle verpflichtet. Das Beispiel deutet bereits an, wieso es in den letzten Jahrzehnten vor der Ausbreitung des Internet relativ wenig Anlaß gab, die arbeitsteilig ausdifferenzierten Kommunikationsverbrei-

144 Inkl. Zitat (Fn. 143) S. 120.
145 (Fn. 143) S. 123.
146 Der Host- oder Serverprovider überläßt dem Äußernden Rechner oder Teile von Rechnern zur ferngesteuerten Nutzung. Damit muß keine abschließende Klassifizierung derartiger entgeltlicher Gebrauchsüberlassungen als Miete i. S. d. §§ 535 ff. BGB verbunden sein.

tungssysteme unter dem Gesichtspunkt der Bedeutung einer Verbreiterinhaltshaftung als Inhaltkontrolle über die Äußernden zu betrachten. Zwar sind auch bei der Verteilung verkörperter Druckschriften und anderer Äußerungsträger solche Konstellationen denkbar. Und dem historischen Bewußtsein ist die freiheitsrechtliche Problematik geläufig[147]. Doch kann sie an den Rand des juristischen Bewußtseins treten, weil gesetzliche Verbreiterinhaltshaftung in ihrer Funktion als Kontrolle des Äußernden praktisch kaum Probleme bereitet. Die am Äußerungsinhalt beteiligten, geistigen oder intellektuellen Verbreiter wie Verleger, Produzent, Herausgeber, Redakteur u. a. unterliegen einer weitgehend unproblematischen Haftung, während die inhaltsferneren, eher technischen Verbreiter wie Drucker, Händler, Transporteure und andere schon aus tatsächlichen Gründen eher selten in Anspruch genommen werden. Zum einen schützt sie der Filter der Kontrolle, die die ihnen vorgeschalteten, an den meisten Äußerungen beteiligten geistigen Verbreiter vornehmen. Zum anderen werden sie dadurch gegen Inanspruchnahme abgeschirmt, daß im dennoch eintretenden Streitfall ebenfalls primär die geistigen Verbreiter herangezogen werden, sei es, weil sie leichter ausmachbar und tatsächlich faßbar sind, sei es, weil ihre Inhaltsverantwortung deutlicher und damit eine Haftung leichter durchsetzbar scheint. So stellen außerhalb des Internet tatsächliche Umstände weitgehend sicher, dass für jede öffentlich weitreichende und nachhaltige Äußerung aufgrund ihres Inhaltskontakts unproblematisch haftende geistige Verbreiter als Inhaltsfilter wirken. Hingegen bleiben Veröffentlichungen ohne Beteiligung solcher Verbreiter regelmäßig unterhalb der Schwelle quantitativ relevanter Wirksamkeit und in dieser Hinsicht marginal.

(1) Das Internet alleine räumte diese Hürden nicht beiseite. In seinen ersten Jahrzehnten gab es keine Kommunikationsanwendung, die von Millionen Menschen als dem technisch-theoretisch erreichbaren Publikum genutzt wurde und einfache Veröffentlichungen erlaubte. Erst die Entwicklung und die überraschend schnelle Ausbreitung des Austausches von Dateien im Format der HyperText Markup Language nach den Regeln des HTTP, also das sog. WorldWideWeb, ermöglichte technisch nachhaltige, vielen zugängliche Veröffentlichungen ohne die Notwendigkeit der Einschaltung geistiger Verbreiter. Wer selbst Text-, Bild- und Tondateien erstellen, einen Internet-Host mit WWW-Server-Programm bzw. Speicherplatz auf einem solchen Host mieten und so für die eigene Veröffentlichung nutzen kann, benötigt weder Verleger noch Redakteur noch sonst jemanden, der die Inhalte auch nur zur Kenntnis nimmt, geschweige denn mit eigenem Inhaltsinteresse an ihrer Verbreitung beteiligt ist.

(2) Aber auch das Internet *und* seine Massenanwendung WWW zusammen führen noch nicht zwingend zur verbreiterlosen Veröffentlichungsmöglichkeit für fast jeden. Denn die Anbieter von Veröffentlichungskapazitäten auf Internet-Hosts mit WWW-Servern lassen sich als technische Verbreiter ansehen, die in gewissem Umfang für die Veröffentlichungen des Äußernden haften und also zu bestimmten Kontrollen verpflichtet sein mögen (unten VIII., S. 175 ff.). Erst die sinkenden Kosten für permanente Datenleitungen von beliebigen Wohn- und Büroräumen zum ersten Router des nächsten

147 Vgl. exemplarisch oben S. 97 f. vor und nach Fn. 143.

Internet-Vermittlungsnetzbetreibers lassen auch die Notwendigkeit der Einschaltung fremder technischer Verbreiter in der Gestalt der Hostbetreiber entfallen.

Zwischen der Veröffentlichung auf dem Host in eigenen Räumen und beliebig vielen Hosts beliebiger Empfänger liegen nur noch die Vermittlungsnetze mit ihren Vermittlungsknoten, den Routern, und Leitungen. So läßt erst die Kombination von Internet und WorldWideWeb in der Organisationsform des „eigenen Servers in eigenen Räumen" evolutionär-zufällig eine Veröffentlichungsform entstehen, die sich als tatsächliche Grundlage einer kommunikationsrechtlich kaum zu unterschätzenden Zäsur erweisen kann: *der Möglichkeit verbreiterloser und dennoch potentiell nachhaltiger wie weitreichender öffentlicher Äußerung für fast jedermann.* Erstmals verfügt jeder nicht nur über die Technik[148] zu massenhafter und nachhaltiger Verbreitung von Äußerungen, ohne professionelle und zugleich als Inhaltsfilter wirkende geistige Verbreiter wie Verleger, Redakteure etc. vom Gewinn versprechenden Sinn seiner Äußerung überzeugen zu müssen. Sondern es kommt hinzu, daß auch kein technischer Verbreiter mehr benötigt wird, der, wie Drucker, Setzer, Zeitungsausträger und andere noch einen Restinhaltsbezug aufweist, der wenigstens eine minimale Inhaltshaftung rechtfertigen würde. Stattdessen steht erstmals die Frage nach der Inhaltsverantwortlichkeit bloßer Transportinfrastrukturbetreiber im Mittelpunkt, die Inhaltshaftung von Verbreitungsmitverursachern, die keinen funktionsnatürlichen Inhaltsbezug mehr haben. Beide Entwicklungslinien verstärken sich. Die Technik macht den geistigen Verbreiter, der außerhalb der Datennetze typischerweise inhaltsschrankenkundig und finanzstark die Eigenschaften des kompetenten Inhaltsfilters ebenso wie des verläßlichen Schuldners der Kommunikationsopfer in sich vereint, obsolet. Die Technik führt aber gleichzeitig auch dazu, dass dort, wo erstmals inhaltsfernere Verbreiter unter Inhaltshaftungsgesichtspunkten interessant werden, zwischen Äußerndem und Empfängern überhaupt kein technischer Verbreiter mehr agiert, dessen Tun noch genügend Kontakt zur Äußerung oder gar zu deren Inhalt hat, um ihm eine „natürliche" Inhaltsverantwortung aufzuerlegen.

Ob der Wegfall jeglichen Äußerungsverbreiters tatsächlich zu der kommunikationsrechtlich revolutionären Situation der allein eigenverantwortlichen und von haftungsbedingter Kontrolle Dritter freien, potentiell weitreichenden Äußerungsmöglichkeit für jedermann führt, hängt davon ab, wie die Betreiber der Datenstraßen und -kreuzungen, also die Vermittlungsnetzbetreiber behandelt werden. Sind sie diejenigen, die die verbreiterlose Veröffentlichung erst ermöglichen, auf diese Weise erhöhte Kommunikationsrisiken setzen und dann auch ohne jeden Inhaltskontakt inhaltlich haften und demzufolge kontrollieren müssen? Oder sind Sie ähnlich den Betreibern der überkommenen Telekommunikationsnetze oder gar der öffentlichen Straßen- und Wegenetze völlig frei von Verantwortlichkeit für kommunikative Inhalte, die Netznutzer über und durch ihre Netze zu den Empfängern transportieren?

---

148 Dazu, dass die technische Möglichkeit keinerlei Sicherheit oder auch nur Wahrscheinlichkeit bedeutet, mit seiner Äußerung tatsächlich viele zu erreichen, dass dieser Umstand aber für die rechtliche Äußerungsfreiheit gleichgültig ist, vgl. schon oben, S. 33 f.

3. *Die Auslegungsbedürftigkeit und Unentschiedenheit der allgemeinen und datennetzspezifischen Normen aller Ebenen in der Frage der Vermittlungsnetzbetreiberhaftung*

Internet-Vermittlungsnetzbetreiber einschließlich derjenigen, die ihre Vermittlungsknoten mit fremden Hosts oder fremden Netzen mit Hosts zusammenschließen und deshalb Anschluss-Provider genannt werden, unterliegen einer zur Zeit ausnahmsweisen, im Rahmen der Technik- und Zeitgeistentwicklung zukunftsoffenen Verantwortlichkeit für die geistigen Inhalte vermittelter Daten. So läßt sich die Quintessenz eines Regelungskonzepts beschreiben, wie es bislang über alle Gesetzesänderungen hinweg den relevanten Haftungsnormen entnommen wird.

Haftung und Verantwortlichkeit meinen im Folgenden gleichermaßen rechtliches Einstehenmüssen. Eine Bedingung rechtlicher Verantwortlichkeit *kann* Verschulden sein, das – wie im Strafrecht – stärker subjektiv oder – wie etwa im bürgerlichen Deliktsrecht – eher objektiv verstanden wird. Die zweite Variante geht fast fließend in Fälle der Verantwortlichkeit für bloß rechts- oder pflichtwidriges Verhalten über, die kein oder kein als solches erkennbares Verschulden benötigen. Verantwortlichkeit ist aber selbst ohne Pflichtverletzung möglich, wie es beispielsweise die Haftung des Halters für durch den Betrieb seines Kfz verursachte Schäden zeigt. Allein die negativen Rechtsfolgen für den, der seiner Verantwortung nicht gerecht wird, nehmen mit der Verantwortlichkeit ohne Verschulden tendenziell ab. Keine Strafe ohne Schuld, vorsätzliche sittenwidrige Schädigung als Bedingung des Vermögensschadensersatzes nach § 826 BGB oder die Beschränkung der Verantwortlichkeit des mittelbar an Verletzungshandlungen Dritter Beteiligten auf die Verhinderung künftiger Verletzungserfolge sind Ausprägungen dieser groben Korrelation.

In der ersten, bis 1997 dauernden Phase des vermittlungsnetzrelevanten Haftungsrechts macht der neue Sachverhalt Internet alte Gesetze zu Normen auch des Cyberspace. Bürgerliches und Strafgesetzbuch, sachgebietsspezifische Normensammlungen wie Urheberrechtsgesetz, Markengesetz usf. beantworten jeweils für sich ohne jede Störung durch datennetzspezifische Querschnittsregelungen die Frage, ob und wann inhaltlich rechtswidrige Veröffentlichungen auf Internet-Hosts auch Ansprüche gegen die Betreiber der Vermittlungsnetze begründen, die die Daten zwischen den Hosts transportieren. Dabei überlassen die regelmäßig generalklauselartigen, im ersten Schritt auf Kausalität setzenden und im zweiten Schritt durch vielfache Wertungen handhabbar gemachten Haftungsregeln die Entscheidungsverantwortung in erster Linie den Rechtsanwendern. Das ist ebenso unschwer theoretisch zu erahnen wie praktische Realität (unten a, S. 102 ff.).

1997 schaffen Bund und Länder im Rahmen einer einigermaßen konzertierten Aktion mit § 5 TDG (1997) und §§ 5, 18 MDStV sachgebietsübergreifende Regelungen der Verantwortlichkeit von Vermittlungsnetz- und Host-Betreibern für die Inhalte von Äußerungen Dritter. Angetreten im Dienste der Rechtssicherheit sowie zum Schutz der sogenannten Internet-Service-Provider, beschränken die Normen die möglichen Inhalte gesetzlicher Haftung jedenfalls der Vermittlungsnetzbetreiber auf Unterbindungsmaßnahmen. Außerdem machen sie die telekommunikationsgeheimniskonforme Kenntnisnahme der Inhalte zur Haftungsvoraussetzung und ändern im übrigen an der Entscheidung der Generalklauseln über Existenz und Voraussetzungen gesetzlicher Inhaltskontrollverpflichtungen *nichts*. Die Maßgeblichkeit der sachgebietsspezifischen Gesetze bleibt unberührt und wird nur für den Fall der danach möglichen Haftung um die – vermutlich ohnehin geltende – generalklauselartige Haftungsbedingung der Zumutbarkeit ergänzt (unten b, S. 108 f.).

Die dritte Phase hat das Konzept eines Nebeneinanders vieler Haftungsnormen einerseits und einer alle Haftungsnormen durchschneidenden medien- und funktionsspezifischen Verantwortlichkeitsregel zunächst nicht verändert. Die europarechtliche Haftungsregelung sollte in der E-Commerce-Richtlinie einheitlich, mit Wirkung für alle Sachgebiete erfolgen. Tatsächlich wird die Richtlinie 31/2000/EG mit mancher Begriffsbildung der Realität gerechter als TDG und MDStV. Dennoch schafft sie wiederum keine Rechtssicherheit. Bleibt auch nach der ECRiLi insbesondere die Haftung der Vermittlungsnetzbetreiber recht unbestimmt, hätte die Umsetzung durch das EGG Klarheit schaffen können. Art. 1 EGG novelliert das TDG, schreibt dabei allerdings ohne Not nichts weiter als den europarechtlichen Nebel fort. Noch weiter eingetrübt hat sich die Lage mit Art. 8 III UrhRiLi. Die Vorschrift hebelt in einer denkbaren Deutung das bis dahin verfolgte, der ECRiLi zugrundeliegende und ihr Sinn gebende Konzept einheitlicher Verantwortlichkeitsregelung dadurch aus, dass allein den Inhabern von Urheberrechten Ansprüche gegen Vermittlungsnetzbetreiber auf Inhaltsfilter und Sperrungsmaßnahmen eingeräumt werden *müssen* (unten c, S. 110 ff.).

a) Gesetze mit Äußerungsinhaltsschranken wie BGB, StGB, UWG, UrhG usf. regeln jeweils auch die Verantwortlichkeit der am Kommunikationstransport Beteiligten

Ohne datennetzbezogene Querschnittsregelung bestimmt jedes Gesetz mit eigenen Kommunikationsinhaltsschranken selbständig und abschließend, unter welchen Bedingungen und mit welchen Folgen nicht nur der Äußernde, sondern auch ihn unterstützende Dritte für Äußerungsinhalte verantwortlich sind.

aa) Bürgerliches Recht

Wer mit der Veröffentlichung von Äußerungen auf einem Internet-Host das allgemeine Persönlichkeitsrecht, das Recht am eingerichteten und ausgeübten Gewerbebetrieb oder sonstige Rechte anderer i. S. d. § 823 I BGB rechtswidrig verletzt, haftet auf Unterlassung, im Regelfall schuldhaften Handelns außerdem auf den Ersatz des entstandenen Schadens, ggf. auch auf Widerruf. Inwieweit darüber hinaus Dritte, die an der technischen und geistigen Herstellung und Verbreitung solcher Äußerungen beteiligt sind, ebenfalls eine deliktsrechtliche Verantwortung trifft, wird in erster Linie für geistige Verbreiter wie Herausgeber, Verleger, Rundfunkanstalten usf. diskutiert. Besteht an der adäquat kausalen Verursachung des jeweiligen Verletzungserfolges regelmäßig kein Zweifel, wird doch die Haftung selbst der geistigen und also recht inhaltsnahen Verbreiter in zahlreichen Fällen über Stellschrauben wie verkehrserforderliche Sorgfalt, objektive Zurechnung oder die Wahrnehmung berechtigter Interessen wertend begrenzt.

So sind etwa Zeitungsverleger nur für die Verbreitung *offensichtlich* wettbewerbswidriger Anzeigen verantwortlich, anderweitig wettbewerbswidrige Werbung Dritter veröffentlichen sie haftungsfrei. Wer andere in seiner Rundfunksendung zu Wort kommen läßt, hat auch bei aufgezeichneten Sendungen nicht für jedes dieser Worte einzustehen etc. Technische Verbreiter werden angesichts der regelmäßigen Verfügbarkeit geistiger Verbreiter bislang eher selten in Anspruch genommen; die wiederum fraglose adäquate Kausalität verschiebt die Entscheidung über die Haftungsfrage in die Bestimmung der Verkehrspflichten und damit des zumutbaren Maßes haftungsbedingter Nachteile für die Interessen des Inanspruchgenommenen, der Allgemeinheit oder für die Interessen Dritter. Prüfpflichten der Drucker und Setzer werden noch gröber als diejenigen der Verleger sein; wer einem Verlag lediglich Räume oder technisches Gerät vermietet, sollte – abgesehen vom Fall des Unrechtspaktes – keinerlei Haftung für den Inhalt der Verlagspublikationen ausgesetzt sein.

Derartige – in ihrer Reichweite teilweise umstrittene – Begrenzungen der Verbreiterverantwortlichkeit sind nicht allein der verschuldens*abhängigen* Haftung auf Unterlassung, Schadensersatz etc. immanent, sondern erfassen auch die verschuldens-*unabhängige* Haftung für Rechtsverletzungen Dritter. Eine solche sog. Störerhaftung existiert im allgemeinen Deliktsrecht ebenso wie für Marken-, Urheber-, Patentrechts-, Wettbewerbsrechtsverletzungen usf. Auf den ersten oder in unreflektierter Gewöhnung abgestumpften Blick zwingt diese Haftung einen jeden, der einmal adäquat kausal eine unmittelbare oder mittelbare Ursache für eine fremde Rechtsverletzung gesetzt hat, künftig alle ihm zur Verfügung stehenden Maßnahmen zur Verhinderung einer Wiederholung der Rechtsverletzung zu ergreifen. Das schließt die Aufgabe seiner Tätigkeit ein.

Tatsächlich wird sowohl die Störerbestimmung als auch die Entscheidung über die nötigen Abhilfemaßnahmen mit wertenden Korrektiven wie der Zumutbarkeit für den Inanspruchgenommenen und für andere versehen. In der Sache dürfte das nie ganz zu vermeiden gewesen sein; es wird heute nicht zuletzt in der Rechtsprechung auch ausgesprochen. Dabei liegt ein wichtiger, lange Zeit vernachlässigter Umstand dieser Haftung darin, dass den jeweiligen Verbreiter unstreitig *keine* Verkehrspflicht zur Unterbindung der fraglichen Rechtsverletzung durch Dritte trifft, dass also die Prüfpflicht des Verbreiters auf gewisse, generell zu erwartende Rechtsübertretungen durch Dritte *nicht* erstreckt wird. Mit anderen Worten ändert das Vorkommen solcher Rechtsverletzungen nichts an der Rechtmäßigkeit und Pflichtmäßigkeit der Mitwirkung des Verbreiters. Dennoch soll ihn aber dann mit dem Stattfinden einer Rechtsverletzung für die Zukunft die – im übrigen und grundsätzlich nach wie vor abgelehnte – Verkehrssicherungspflicht treffen, allein eingeschränkt im Maßstab auf die Wiederholung der eingetretenen Verletzung. Am Beispiel: Wie gesehen, müssen Zeitungsherausgeber Anzeigen Dritter nur auf offensichtliche inhaltliche Rechtswidrigkeit hin untersuchen; die Verbreitung schlicht einfach rechtswidriger Anzeigen verletzt keine Prüfungspflicht und bleibt von Ansprüchen frei. Dennoch wäre es der weit verstandenen Störerhaftung ab der ersten Veröffentlichung einer bloß einfach rechtswidrigen Anzeige für alle künftigen Ausgaben gleichgültig, ob dem Herausgeber nur eine Verkehrspflicht zur Erkennung offensichtlicher Rechtswidrigkeiten obliegt. Ohne selbst pflichtwidrig gehandelt zu haben, müßte der Herausgeber als Störer von nun an verpflichtet sein und entsprechend verurteilt werden, keine das Recht des Klägers verletzenden Anzeigen mehr zu verbreiten, und zwar unabhängig von der Offensichtlichkeit oder Versteckheit der Rechtswidrigkeit der Anzeige. Mit der ersten Verletzung entsteht die bis dahin und noch für die erste Verletzung nicht bestehende Pflicht zur Prüfung aller Anzeigen auf einfache Rechtswidrigkeit[149], wenn auch mit inhaltlich beschränktem Maßstab. Diese Pflicht erstreckt sich nicht nur auf die Unterbindung künftiger Wiederholungen der rechtswidrigen Anzeigen, sondern erfaßt alle Anzeigen, die die rechtswidrigkeitsbegründenden Elemente oder Teile der ersten Äußerung enthalten.[150] Lange Zeit wurde an diesem Problem der Statuierung von Prüfungspflichten ohne Prüfungspflicht mit der Aussage vorbeiargumentiert, die Störerhaftung setze auch mit ihrer Folge der Pflicht zur Unterbindung künftiger Rechtsverletzungen keine Prüfungspflichten voraus. Inzwischen hat jedoch selbst der Bundesgerichtshof erkannt, dass nicht schon jede kausale Mitwirkung an Rechtsverletzungen selbständig handelnder Dritter zu bis dahin nicht bestehenden Prüfungspflichten führt, *sondern dass umgekehrt die Zumutbarkeit von Prüfungspflichten für den jeweiligen Beteiligten Bedingung der Annahme einer entsprechenden Gesetzespflicht ist.* Auf nichts anderes läuft es hinaus, wenn „zu beachten [ist], daß mit Hilfe der Störerhaftung die einen Normadressaten treffende Pflicht nicht über Gebühr auf unbeteiligte Dritte erstreckt werden darf. Denn bei der Bejahung der Störerhaftung werden notgedrungen Prüfungspflichten vorausgesetzt, deren Einhaltung zur Vermeidung erneuter Inanspruchnahme geboten ist.“[151] Letztlich hängt die auf die Unterbindung künftiger Rechtsverletzungen beschränkte verschuldensunabhängige Haftung für Rechtsverletzungen Dritter von der Zumutbarkeit der Pflicht zur Verhinderung der Rechtsverletzung ab.

Inwieweit ein Vermittlungsnetzbetreiber danach aus § 823 BGB für deliktische Veröffentlichungen einzustehen hat, die andere auf Internet-Hosts seiner unmittelbaren Netznachbarn oder auf Hosts in weiter entfernten Netzen anbieten, ist nicht eindeutig geklärt. Der Vermittlungsnetzbetrieb ist adäquat kausal mitursächlich für jede rechtswidrige Einzelverbreitung, deren Daten über seine Vermittlungsknoten laufen, aber auch ganz allgemein dafür, dass *nur* an sein Vermittlungsnetz angeschlossene Hosts und

149 Vgl. auch *Spindler*, K & R 1998, 177 (179 ff.); *ders.*, MMR 1999, 199 (204: „de facto“ [?] zur Überwachung gezwungen).

150 Also z. B. nicht nur die Pflicht, die Wiederholung der abgedruckten Werbeanzeige zu verhindern, sondern die Pflicht, alle Werbeanzeigen zu unterbinden, die Nachbildungen bestimmter Möbelmodelle zum Gegenstand haben; vgl. BGH, 15.10.1998 – I ZR 120/96 – Le Corbusier, NJW 1999, 1960.

151 Zur Störerhaftung im Wettbewerbsrecht z. B. BGH, 10.10.1996 – I ZR 129/94 – Architektenwettbewerb, NJW 1997, 2180 (2181); mit unterschiedlichen Formulierungen und Akzentuierungen in der Sache ebenso BGH, 3.11.1994 – I ZR 122/92 – Betonerhaltung, NJW-RR 1995, 304 (305, II. B. 3. a] u. b]); BGH, 10.4.1997 – I ZR 3/95 – Branchenfernsprechbuch / Lohnsteuerhilfe, NJW-RR 1997, 1468 (1470, II. 2. c). Für die urheberrechtliche Störerhaftung schon BGHZ 42, 118 – Private Tonbandaufnahme / Tonbandgerätehersteller (s. oben, S. 96 ff.); BGH, 9.6.1983 – I ZR 70/81 – Kopierläden, NJW 1984, 1106 (1107 f.); zu § 97 I 1 UrhG BGH, 15.10.1998 – I ZR 120/96 – Le Corbusier, NJW 1999, 1960: Es „dürfen auch in die – nicht von einem Verschulden abhängige – Störerhaftung nach § 97 I 1 UrhG nicht über Gebühr Personen, die nicht selbst die rechtswidrige Nutzungshandlung vorgenommen haben, einbezogen werden. Die Bejahung der Störerhaftung Dritter nach § 97 I 1 UrhG setzt deshalb wie die wettbewerbsrechtliche Störerhaftung Dritter die Verletzung von Prüfungspflichten voraus.“ Für die Störerhaftung in anderen Sachgebieten gelten gleiche Grundsätze.

Netze rechtswidrige Äußerungen in die Welt des übrigen Internet hinaus verbreiten können. Gleiches gilt umgekehrt dafür, dass die Hosts der übrigen zigtausenden am Internet teilnehmenden Netze ihre rechtswidrigen Dateien an die nur an sein Netz angeschlossenen Hosts und Netze versenden können. Teilweise wird eine Pflicht zu inhaltlicher Prüfung und damit zur Verschuldenshaftung offenbar vollständig ausgeschlossen[152]; teilweise soll der Vermittlungsnetzbetreiber deliktisch auch zu Schadensersatz verpflichtet sein, wenn er Vorsatz in Gestalt positiver Kenntnis von konkreten rechtswidrigen Angeboten erlangt und nicht alle technisch möglichen Sperrungsmaßnahmen ergreift[153]. Nach Ansicht Vieler ist der Zugangsvermittler auch ohne Inhaltsprüfungspflicht Störer hinsichtlich rechtswidriger Veröffentlichungen und damit zu jeder (technisch) möglichen Verhinderung jedenfalls nach der Aufforderung durch Betroffene verpflichtet.[154] Häufig bleibt unklar, ob für die Auslösung der jeweiligen Verantwortlichkeit Inhaltskenntnis genügt oder die weitergehende Rechtswidrigkeitskenntnis[155] bzw. -überzeugung hinzukommen muß und ob schon der Hinweis Dritter auf konkrete Inhalte Vorsatz begründet. Gleiches gilt für die Frage, ob die Verantwortlichkeit nur Angebote auf Hosts bzw. in Netzen mit unmittelbarer Verbindung zu den eigenen Vermittlungsknoten betrifft oder ob sie auch Angebote auf den Hosts des übrigen Internet erfaßt.

Für deliktische Ansprüche aus § 823 II BGB i. V. m. diversen äußerungsinhaltsbezogenen Schutzgesetzen wie § 185 ff. StGB etc. gilt nichts grundsätzlich Abweichendes. Im Falle von § 824 I BGB existiert mit dem Gesetzeswort „verbreiten“ ein expliziter Hinweis auf die Handlungsform, der jedoch die hier relevante Problematik nicht abweichend auflöst. Auch § 826 BGB kommt insoweit keine Sonderrolle zu, wenn man davon absieht, dass er mit „vorsätzlicher sittenwidriger Schädigung“ denkbare Unrechtspakte zwischen Inhaltsanbietern und Vermittlungsnetzbetreibern erfassen kann.

bb) Strafrecht

Im Strafrecht dürfte die Einsicht weiter verbreitet sein, dass die Frage der Verantwortlichkeit der Vermittlungsnetzbetreiber für die über ihre Rechnerknoten abgewikkelten strafrechtswidrigen Kommunikationen von nicht ganz einfachen Wertungen abhängt. Häufig wird viel Energie in die Abgrenzung von Tun und Unterlassen gesteckt[156]; auch die weiteren sogenannten dogmatischen Anknüpfungspunkte für die Entscheidung über das Ob und die Reichweite der Strafbarkeit sind heftig umstritten[157].

So läßt sich etwa das Aufrechterhalten des automatischen Vermittlungsnetzbetriebs trotz aktueller Verhinderungsmöglichkeit als positives Tun erfassen, das für jeden über

152 Leider wird häufig ohne Differenzierung von Internet-Service-Providern gesprochen, so dass unklar bleibt, ob nur sog. Zugangsvermittler (Vermittlungsknoten- und -netzbetreiber), nur Hosting-Provider (Host-Betreiber und „Vermieter“) oder beide gemeint sind. „Internet-Service-Provider“ kennzeichnet die Funktion innerhalb der Verbreitungskette ungefähr so, als wenn man von der Haftung derjenigen spräche, die kausal an der Herstellung und Verteilung bedruckten Papiers mitwirken.

153 So etwa *Hoeren/Pichler*, in: Loewenheim/Koch, S. 381 (442).

154 Beispielsweise *Hoeren/Pichler*, in: Loewenheim/Koch, S. 381 (450).

155 So für die Verschuldenshaftung *Hoeren/Pichler*, in: Loewenheim/Koch, S. 381 (442).

156 Vgl. etwa *Altenhain*, CR 1997, 485 (487 ff.).

157 Dazu knapp m. w. N. *Lenckner/Perron*, in: Schönke/Schröder, § 184 Rn. 66e.

das Netz vermittelten rechtswidrigen Verbreitungsvorgang kausal ist. Das läßt es sinnvoll erscheinen, die grundsätzliche Entscheidung in der Frage nach der objektiven „Zurechnung", der „Sozialadäquanz", einem „Regreßverbot" etc. zu beantworten[158]. Wer nur ein Unterlassen von Kontrollmaßnahmen für strafrechtlich relevant hält, verfügt damit über den zusätzlichen Justierhebel des Erfordernisses einer Garantenpflicht. Einige scheinen eine solche Garantenpflicht der Anschlußvermittler grundsätzlich abzulehnen[159]; aber auch die Zurechnung der Drittkommunikation zum positiven Tun „Vermittlungsnetzbetrieb" kann kategorisch verneint werden. Beide Lösungen schließen – vorbehaltlich des ominösen und nichtsdestotrotz als Kategorie unverzichtbaren Unrechtspakts – die strafrechtliche Verantwortlichkeit schlechthin aus. Damit bewerten sie die Vermittlungsnetze im Ergebnis funktional eher wie öffentliche Netze oder Straßennetze zum Transport von Briefen, Telefongesprächen, Menschen und Fahrzeugen als sie Buch- oder Zeitschriftenhändlern und -austrägern etc. gleichzustellen.

Wer hingegen die strafrechtliche Zurechnung nicht schon prinzipiell verneint[160], fragt dann nach den Sorgfaltspflichten, die, da niemand die Einstellung des Netzbetriebs verlangt, darüber entscheiden, *was* dem Netzbetreiber ohne Haftung erlaubt ist. So soll der Vermittlungsnetzbetreiber, etwa wie ein Verleger oder Zeitschriftenhändler für die von ihm verkauften Presseprodukte, beispielsweise auch für bloß durchgeleitete e-mails Sorgfaltspflichten zu beachten haben, die im Falle der Weiterleitung strafbarer elektronischer Texte etc. insbesondere dann zur Strafbarkeit führen können, wenn etwa der Absender schon zuvor einschlägig aufgefallen ist usf.[161] Andere erkennen strafrechtlich relevante Verkehrssicherungspflichten der Vermittlungsnetzbetreiber für die Gefahrenquelle „Internet", ähnlich wie sie der Tierhalter für Tiere, der Mieter für die Gehwegschneeräumung usf. habe. Das bedeute die Pflicht zu inhaltlicher Überwachung der weitergeleiteten Daten, soweit die Möglichkeit bestehe, von Nutzern angeforderte rechtswidrige Inhalte herauszufiltern und nicht zuzustellen.[162]

cc) Wettbewerbs-, Marken- und Urheberrecht

Wessen Veröffentlichung rechtswidrig Markenrechte verletzt oder gegen Wettbewerbsrecht verstößt, der haftet dem Verletzten gesetzlich auf Beseitigung, Unterlassung, ggf. Rechnungslegung, Schadensersatz etc. Inwieweit mehr oder minder mittelbar oder untergeordnet beteiligte Dritte für derartige fremde Rechtsverletzungen mitverantwortlich sind, ermittelt die Rechtsprechung anhand einer selbst gefundenen, zunächst auf Beseitigung und Unterlassung beschränkten Verursacherhaftung. Nach dieser sogenannten Störerhaftung ist ein jeder auch gänzlich ohne Verschulden für die Gesetzesverstöße

---

158 So z. B. *Altenhain,* CR 1997, 485 ff.

159 In diese Richtung etwa *Sieber*, JZ 1996, 494 (499 – 505, ohne immer genau zwischen Vermittlungsnetz- und Host-Betreibern zu unterscheiden).

160 Vgl. *Altenhain*, CR 1997, 485 mit der interessanten Verwendung der richtig erkannten Zweckfreiheit und Inhaltsneutralität der Vermittlungsnetze dahingehend, beide sprächen *gegen* eine generelle Herausnahme der Vermittlungsnetzbetreiber aus der Verbreitungsstrafbarkeit (S. 491); dazu noch unten S. 117 ff. (VII. 4.).

161 *Altenhain*, CR 1997, 485 (492).

162 Einschließlich der Beispiele *Conradi/Schlömer*, NStZ 1996, 472 (473).

anderer gesetzlich verantwortlich, wenn er nur in gleich welcher Art und Funktion, auch bloß mittelbar oder an untergeordneter Stelle, an der Rechtsverletzung des Dritten „in der Weise beteiligt ist, daß er in irgendeiner Weise willentlich und adäquat kausal an der Herbeiführung der rechtswidrigen Beeinträchtigung mitwirkt".[163] Dabei ist das willentliche Element nicht, wie eine unbefangene Lektüre vermuten könnte, auf die Rechtsverletzung bezogen, sondern soll nur das nicht willensgesteuerte Verhalten aus dem Kreis der relevanten Ursachen herausnehmen. Die in der häufig anzutreffenden weiten Variante praktisch unbegrenzte Haftung wird in der Praxis nach Bedarf mit Wertungen an der jeweils für passend erachteten Stelle zurechtgestutzt.[164] Neigt das Gericht einer Haftung zu, soll der – jedenfalls in den einschlägigen Gesetzen *nicht* auffindbare – „Störerbegriff" im Interesse eines „möglichst weitreichenden" Schutzes „weit" auszulegen sein, ohne dass die Denkbarkeit entgegenstehender Interessen auch nur überhaupt als möglich erwähnt wird.[165] Soll die Haftung hingegen begrenzt werden, „ist zu beachten, daß mit Hilfe der Störerhaftung die einen Normadressaten treffende P[rüfungsp]flicht nicht über Gebühr auf unbeteiligte Dritte erstreckt werden darf"[166], und wird sodann die Zumutbarkeit der Prüfungspflicht bewertet.

Im Urheberrecht wird ebenfalls seit langem eine verschuldensunabhängige Störerhaftung verwendet[167], die vordergründig praktisch jede adäquat kausale Setzung von Ursachen für Urheberrechtsverletzungen haftbar macht. Recht früh hat aber die Rechtsprechung auch hier erkannt, dass entgegen dem Versprechen des Obersatzes weder Kausalität noch adäquate Kausalität für die Bejahung der Haftung genügen. Ganz unabhängig davon, wo die entsprechende Korrektur der halbblinden Gleichsetzung von Ursache und rechtlicher Verantwortlichkeit verortet wird, steht fest, dass die Haftung zu keiner unzumutbaren Belastung für den Inanspruchgenommenen oder für Dritte führen darf. Und dass diese Grenze selbst dann gilt, wenn als Folge die Rechteinhaber auf unüberwindbare Schwierigkeiten bei der Durchsetzung ihrer Ansprüche gegen die unmittelbaren Verletzer stoßen sollten.[168]

Letztlich gibt keines der fraglichen Gesetze Auskunft über die genauen Voraussetzungen und Grenzen gesetzlicher Verantwortlichkeit für Rechtsverstöße Dritter. Das gilt gerade auch für die Frage, ob und inwieweit Vermittlungsnetzbetreiber für rechtswidrige Veröffentlichungen auf Hosts in Nachbar- oder weiter entfernten Netzen einzu-

---

163 BGH, 10.4.1997 – I ZR 3/95, WRP 1997, 1059 = GRUR 1997, 909.

164 Vgl. dazu grundsätzlich bereits oben, S. 103 f.

165 BGH, GRUR 1990, 463 (464) – Firmenrufnummer (UWG).

166 Nw. oben in Fn. 151.

167 § 97 I UrhG: „Wer das Urheberrecht [...] widerrechtlich verletzt, kann vom Verletzten auf Beseitigung der Beeinträchtigung, bei Wiederholungsgefahr auf Unterlassung und, wenn dem Verletzer Vorsatz oder Fahrlässigkeit zur Last fällt, auch auf Schadensersatz in Anspruch genommen werden."

168 BGHZ 42, 118; BGH, 15.10.1998 – I ZR 120/96, AfP 1998, 624 (625); in der Literatur wird das wertende Element häufig selbst bei Bezugnahme auf diese Entscheidungen nicht als solches erwähnt, was dann schnell zu widersprüchlichen Aussagen führen kann. So etwa, wenn einerseits den lediglich Hilfsdienste leistenden Zeitungsausträger, Setzer etc. keine Verantwortlichkeit treffen soll, da er keine adäquat kausale Ursache setze (!), andererseits aber die Unterstützung eines eigenverantwortlich handelnden Dritten als adäquat kausale Mitwirkung genügt (vgl. Möhring/Nicolini/*Lütje*, Urheberrechtsgesetz, 2. Aufl. 2000, § 97 Rn. 18 und Rn. 20). Zur Störerhaftung des Setzers nach BGB a. A. KG, AfP 1987, 427.

stehen haben. Im Rahmen der Störerhaftung kommt das dem Richter Raum verschaffende Ungefähre des Gesetzes sogar besonders deutlich dort zum Vorschein, wo das Gesetz mit einer scheinbar schneidigen Verursacher- und damit auf Wissenschaft verweisenden Haftung besonders präzise und wertungsunabhängig zu sein scheint.

b) Teledienstegesetz und Mediendienstestaatsvertrag

Um Rechtsunsicherheit[169] zu beseitigen und um als zu haftungsfreundlich angesehene richterliche Gesetzesauslegungen zu korrigieren, werden 1997 datennetzspezifische Verantwortlichkeitsregeln in § 5 TDG (1997)[170] und § 5 MDStV geschaffen. WWW-Veröffentlichungen sind nun nach inhaltlichen Kriterien in Tele- und Mediendienste aufgeteilt. Als Mediendienst gelten z. B. die meisten öffentlichen Informationsangebote; Teledienste sind nach Ansicht mancher etwa die Webauftritte von Privatpersonen.

Allerdings ist fraglich, ob die Gesetze die Tätigkeit des bloßen Internet-Anschlusses überhaupt erfassen. Dagegen spricht, dass sich die Verbindung eigener Vermittlungsnetze und -einzelknoten mit fremden Rechnern oder Netzen in einer Telekommunikationsdienstleistung erschöpft, die § 2 IV Nr. 1 TDG ausdrücklich vom Anwendungsbereich des TDG ausnimmt bzw. deren telekommunikationsgesetzliche Regelung § 2 I MDStV unberührt läßt. Verlangt man so für Medien- und Teledienste eine über die Datenvermittlung hinausgehende inhaltsbezogene Leistungskomponente, gelten TDG und MDStV für Internet-Anschlußanbieter nicht[171] – ebensowenig wie für Telefonnetz-Anschlußanbieter. Es hat sich dann in der Inhaltshaftungsfrage nichts geändert. „Vermittlung" des Zugangs zur Nutzung fremder Inhalte im Sinne der §§ 5 III TDG (1997) und MDStV bleibt auf inhaltsbezogene Tätigkeiten wie Verweise auf fremde Seiten durch Suchmaschinen, Portale oder sonstige Hyperlinks etc. beschränkt. Die Gegenmeinung hält hingegen auch den bloßen Internet-Anschluß für einen Kommunikationsdienst in der Form der Vermittlung des Zugangs zur Nutzung fremder Inhalte.[172] Sie beruft sich ebenfalls auf § 2 TDG, dessen Absatz 2 Nr. 3 „Angebote zur Nutzung des Internet oder weiterer Netze" zum Teledienst erklärt. Ob damit wirklich das Telekommunikations(verbund)netz Internet anders behandelt werden sollte als das Telekommunikations(verbund)netz des überkommenen Sprachtelefondienstes oder ob es sich dabei nur um den in der Formulierung mißlungenen Hinweis eines nicht besonders sachkundigen Gesetzgebers auf Suchmaschinen und Navigationshilfen handelt, kann hier offen bleiben. Im Folgenden wird von der Anwendbarkeit der §§ 5 TDG (1997) / MDStV auf Vermittlungsknotenbetreiber ausgegangen.

Vermittlungsnetzbetreiber haben dann in aller Regel beide Gesetze zu beachten, wissen sie doch nicht, von welchen Diensten die Nutzdaten der Datenpakete verwendet werden, die ihre Vermittlungsnetze von oder zu den angeschlossenen Netzen und Hosts transportieren. TDG und MDStV *begründen* übereinstimmend *keine* Inhaltsverantwort-

---

169 Konstatiert oder beklagt etwa bei *Engel-Flechsig/Maennel/Tettenborn*, NJW 1997, 2981 (2984).

170 Alle Gesetzesangaben ohne Jahreszusatz gelten der durch das EGG novellierten Fassung.

171 So etwa *Germann*, S. 128 ff., 167, 210.

172 *Pelz*, ZUM 1998, 530 (533 f.); *von Bonin/Köster*, ZUM 1997, 821 ff.; *Sieber*, Verantwortlichkeit, Rn. 262 ff.; *Koenig/Loetz*, MMR Beilage 12/1998, S. 6; *P. G. Mayer*, S. 190 f.; *Pankoke*, S. 44, 56.

lichkeit der Internet-Diensteanbieter, sondern ordnen für Host-Vermieter und Vermittlungsnetzbetreiber unterschiedliche Haftungsbeschränkungen und -ausschlüsse an, die *zusätzlich* und *unabhängig von* eventuellen Haftungsbegründungen der verschiedenen Straf- und Privatrechtsgesetze gelten. Betreiber von Vermittlungsnetzen oder -knoten, an die Nutzer ihre Netze oder Einzelhosts anschließen (Access-Provider, Zugangsprovider, Anschlußprovider), sollten nach Entwürfen zu § 5 TDG (1997)[173] und § 5 MDStV für Inhalte vermittelter Daten von Tele- wie Mediendiensten schlicht „nicht verantwortlich" sein; allein Befugnisse der Aufsichtsbehörden, zumutbare Sperrungen anzuordnen, blieben in § 18 III MDStV vorbehalten. Diese klare Regel, die Inhaltshaftung ausschließt, dem Staat aber nach Maßgabe der dazu geschaffenen Gesetze die Möglichkeit läßt, den Netzbetreiber im Einzelfall zu Inhaltsüberwachungs-[174] bzw. Inhaltskontrollmaßnahmen heranzuziehen, erinnert an die Rechtslage, wie sie für die Betreiber der überkommenen Telekommunikationsvermittlungsnetze seit langem gilt; sie wurde für die Internet-Vermittlungsnetzbetreiber aber so explizit nicht Gesetz. Ob die Länder befürchteten, ohne eine entsprechende bundesrechtliche Regelung könnten staatliche Eingriffsbefugnisse gegenüber Telediensten ausgeschlossen sein, oder ob sie eine weitergehende gesetzliche Haftung der Vermittlungsnetzbetreiber ermöglichen wollten; sie erwirkten[175] eine Ergänzung des § 5 TDG (1997) um seinen Absatz 4, der den Haftungsausschluß des Absatz 3 dahingehend relativiert, dass „Verpflichtungen zur Sperrung der Nutzung rechtswidriger Inhalte nach den allgemeinen Gesetzen" „unberührt bleiben", sofern der Vermittlungsnetzbetreiber fernmeldegeheimniskonform Kenntnis von den Inhalten erlangt habe und ihm „die Sperrung technisch möglich und zumutbar" sei.[176] Die Möglichkeit, § 5 IV TDG (1997) ausschließlich als klarstellenden Hinweis auf das Unberührtbleiben etwaiger öffentlich-rechtlicher Sperrungspflichten zu verstehen, es für zivilrechtliche Pflichten also beim kategorischen Haftungsausschluß des § 5 III TDG (1997) zu belassen, wurde in der Folgezeit wohl nicht erwogen.[177] Legt man die demzufolge vorherrschende Auffassung zugrunde, § 5 IV TDG (1997) nehme auch eventuelle zivilrechtliche Unterlassungspflichten von der Haftungsfreistellung des § 5 III TDG (1997) aus, ist damit doch noch keine positive Aussage über die Existenz

173 Vgl. Referentenentwurf zum IuKDG (Stand 28.6.1996, BMBF/M 1).

174 Vgl. Telekommunikations-Überwachungsverordnung v. 22.1.2002 (BGBl. I 458).

175 Und zwar nach *Knothe,* AfP 1997, 494 (497: „mit Überzeugungsarbeit").

176 § 5 III MDStV (1997) lautet: „(3) Diensteanbieter sind für fremde Inhalte, zu denen sie lediglich den Zugang zur Nutzung vermitteln, nicht verantwortlich. Eine automatische und kurzzeitige Vorhaltung fremder Inhalte auf Grund Nutzerabfrage gilt als Zugangsvermittlung. § 18 (3) bleibt unberührt." Besagter § 18 (3) MDStV erlaubt der Aufsichtsbehörde, Maßnahmen zur Sperrung von Angeboten unter bestimmten Voraussetzungen nicht nur an den Angebotsanbieter, sondern auch an Vermittlungsnetzbetreiber zu richten. § 5 III TDG (1997) stimmt wörtlich mit den ersten beiden Sätzen des § 5 III MDStV überein; statt des nicht vorhandenen Satzes 3 wurde er um einen Absatz 4 ergänzt, der besagt: „(4) Verpflichtungen zur Sperrung der Nutzung rechtswidriger Inhalte nach den allgemeinen Gesetzen bleiben unberührt, wenn der Diensteanbieter unter Wahrung des Fernmeldegeheimnisses gemäß § 85 Telekommunikationsgesetzes von diesen Inhalten Kenntnis erlangt und eine Sperrung technisch möglich und zumutbar ist."

177 Im Allgemeinen wird im Anschluß an die Gesetzesbegründung (BT-Drs. 13/7385 v. 9.4.1997, S. 21) ohne weiteres davon ausgegangen, § 5 IV TDG eröffne die Möglichkeit zivil- wie verwaltungsrechtlicher Verpflichtungen (s. bspw. *Sieber,* CR 1997, 653 [668]; *ders.*, Verantwortlichkeit, Rn. 385 f.).

solcher Pflichten verbunden: Nur *wenn und soweit* andere Gesetze Sperrungen verlangen, überdies das Fernmeldegeheimnis gewahrt wird und die Sperrung i. S. der Querschnittsregelung zumutbar ist, läßt § 5 TDG (1997) solche Verpflichtungen zu. Auch Rechtssicherheit kann die Regelung dann allerdings in der Frage der Sperrungs- und also Filterpflichten nicht schaffen. Nach wie vor bleibt die Entscheidung über die Haftung der Vermittlungsnetzbetreiber in einem ersten Schritt den sachgebietsspezifischen Haftungsgeneralklauseln überlassen: Gaben sie vorher keine Haftung her, tun sie dies immer noch nicht. § 5 TDG (1997) ändert daran nichts und wird dann höchstens noch benötigt, um die Fortgeltung etwaiger nach öffentlich-rechtlichen Gesetzen bestehender Pflichten klarzustellen. Begründen hingegen andere Gesetze eine Haftung, schließen nunmehr § 5 III, IV TDG (1997) zum einen über die Sperrung hinausgehende Haftungsfolgen wie Strafe, Schadensersatz etc. aus. Außerdem hängen haftungsgesetzliche Sperrungsverpflichtungen nicht mehr nur von den unberührt bleibenden Voraussetzungen der diversen Haftungsnormen, sondern *zusätzlich* schon aufgrund der expliziten Anforderungen des § 5 IV TDG (1997) von der Beachtung des Telekommunikationsgeheimnisses sowie der Zumutbarkeit der Sperrung ab. Die Herrschaft der Generalklauseln wird sogar ausgedehnt, da das Zumutbarkeitserfordernis als Haftungsbedingung nun sogar für bis dahin – theoretisch mögliche – eindeutige Aussagen spezialgesetzlicher Haftungsnormen gilt.[178]

c) E-Commerce-Richtlinie, TDG-Neufassung und Urheberrechts-Richtlinie

Das Einsetzen europäischer Normierungsbemühungen läßt das Nebeneinander von datennetzneutralen sachgebietsbezogenen und datennetzspezifischen sachgebietsübergreifenden Verantwortlichkeitsregeln unberührt. Es kommen eben nur weitere Hierarchieebenen hinzu.

aa) Richtlinie 31/2000/EG

Was § 5 des Teledienstegesetzes (1997) in seinen Absätzen 2 bis 4 noch recht knapp behandelt, breitet die sogenannte E-Commerce-Richtlinie (ECRiLi) unter der Überschrift „Verantwortlichkeit der Vermittler" in einem eigenen Abschnitt 4 aus, der gleich

178 Sollte § 5 III MDStV aus kompetenziellen Gründen die Verantwortlichkeit der Vermittlungsnetzbetreiber für Verstöße von Mediendiensteanbietern gegen *bundesgesetzliche* Kommunikationsschranken (BGB, UWG, StGB etc.) nicht regeln können (vgl. etwa *Freytag*, S. 31 ff.), gilt entweder ebenfalls § 5 TDG (1997) bzw. nun § 8 TDG oder die alte Rechtslage fort. Insoweit im übrigen Gerichte in recht krasser Mißachtung des TDG und damit des Art. 20 III GG die Haftung für urheberrechtswidrige Veröffentlichungen aus dem Anwendungsbereich des § 5 TDG (1997) herausnehmen (so OLG München, 8.3.2001 – 29 U 3282/00, CR 2001, 333, für § 5 II TDG (1997); zu Recht scharfe Kritik bei *Hoeren*, MMR 2001, 379 ff.; vgl. *Waldenberger*, MMR 2001, 378; *Spindler*, CR 2001, 324 ff.), hat sich die Rechtslage durch den Erlaß des TDG im Jahr 1997 ebenfalls nicht geändert. Gleiches gilt für eventuelle weitere Lücken von TDG und MDStV. Auch die Frage, ob und inwieweit die strafbewehrten Verbote aus §§ 3 I Nr. 4, 6, 21 GjSM, indizierte bzw. offensichtlich schwer jugendgefährdende Datenträger durch Informations- und Kommunikationsdienste zugänglich zu machen, Anschlußanbieter und andere Vermittlungsnetzbetreiber erfassen, läßt sich mit wie ohne § 5 TDG nicht ohne Zurechnungs- und Zumutbarkeitsüberlegungen beantworten.

den Raum einer Seite des Amtsblatts verbraucht. Ästhetisch betrachtet also ein Reinfall, ähnelt der Regelungsansatz der ECRiLi demjenigen von TDG (1997) und MDStV. Auch die Art. 12 bis 15 ECRiLi stellen Bedingungen auf, unter denen der Betreiber von Internet-Vermittlungsknoten und -netzen („Reine Durchleitung“, Art. 12, 15)[179] und der Betreiber von Internet-Endknoten für andere („Hosting“, Art. 14, 15) „nicht für die übermittelten“ bzw. „gespeicherten Informationen verantwortlich ist“.

Wie bei TDG und MDStV ist sodann die Frage nach den Voraussetzungen der Haftungsfreistellung von der – gerade bei europäischer Reichweite brisanten – Frage zu unterscheiden, ob sich die Norm in diesen Haftungsausschlüssen erschöpft. Ist dem so, überläßt die Richtlinie in allen anderen Fällen dem übrigen (europäischen bzw. staatlichen) Recht die Entscheidung, ob und wann es eine Haftung anordnet; anderenfalls würde europarechtlich über den Verantwortlichkeitsausschluß hinaus zugleich für die Fälle seines Nichteingreifens positiv eine Inhaltshaftung verlangt. Die Wortwahl der Haftungsausschlüsse „Die Mitgliedstaaten stellen sicher, daß ... der Diensteanbieter nicht ... verantwortlich ist, sofern ...“ (Art. 12 u. 14 I) spricht für eine Beschränkung auf Bedingungen, unter denen in jedem Fall Haftungsfreiheit gewährt sein muß, ohne dass eine Aussage über die Haftung oder Nichthaftung im übrigen getroffen wird. Überhaupt wäre es systematisch fragwürdig, einer Norm, die *explizit* nur spezifische Haftungsausschlüsse und damit einen Teilbereich der Haftungsfrage regelt, zusätzlich *implizit* für den nicht ausdrücklich behandelten Restbereich und damit für den Gesamtbereich den sehr viel weitreichenderen Regelungsanspruch positiver Haftungsanordnungen zu entnehmen. Gegen eine Haftungsanordnung für die von den Haftungsausschlüssen nicht erfaßten Fälle spricht zudem der – bislang zu wenig beachtete – Grundsatz restriktiver Auslegung des Europarechts: Regelungen, die auf begrenzte Einzelermächtigungen gestützt und mit geringerer demokratischer Legitimation versehen sind als entsprechende staatliche Regelungen, maßen sich im Zweifel keine expansive Verdrängung und Unitarisierung der besser legitimierten demokratischen Gesetze der Staaten an, sondern halten sich zurück. Für die Einordnung als bloße Haftungs*ausschlüsse*, die das Haftungsrecht im übrigen weder positiv noch negativ antasten, läßt sich ferner Erwägungsgrund (9) der ECRiLi anführen, nach dem „[d]ie grundlegenden Regeln und Prinzipien des einzelstaatlichen Rechts, die die freie Meinungsäußerung betreffen“, von der Richtlinie „unberührt bleiben“ „sollen“. Denn eine europaweite Haftungsvorgabe für alle nicht haftungsfrei gestellten Fälle könnte dieser Aussage nur gerecht werden, wenn sie zugleich wüßte, dass eine solche Haftung mit den grundlegenden Prinzipien der Meinungsfreiheit in all ihren einzelstaatlichen Ausprägungen vereinbar wäre, was schon dadurch ausgeschlossen ist, dass die *europarechtliche* Richtlinie weder bestimmen kann noch will, was die grundlegenden Prinzipien des meinungsfreiheitsbezogenen *einzelstaatlichen* Rechts ausmacht.

Tatsächlich wird die ECRiLi bislang wohl eher als bloße Mindestregelung für die Möglichkeiten eines haftungsfreien Betriebs von Vermittlungsnetzen und Internet-Hosts betrachtet. Hinsichtlich der hier im Mittelpunkt stehenden Haftung der Internet-Vermitt-

179 Soweit ein Vermittlungsknoten- oder Vermittlungsnetzbetreiber als (unnötigen) Zusatzdienst einen Internet-Host mit Caching-Funktion betreibt, gelten die Regeln der Art. 13, 15 ECRiLi.

lungsnetzbetreiber ist die Frage eines möglichen Haftungsverlangens der ECRiLi zudem in spezifischer Weise dadurch entschärft, dass Art. 12 I u. II für die IP-Paket-Vermittlung grundsätzlich *jegliche Haftung ausschließt* und Art. 12 III als einzige Ausnahme explizit eine *bloße Option* eröffnet: „Dieser Artikel läßt die Möglichkeit unberührt, daß ein Gericht oder eine Verwaltungsbehörde nach den Rechtssystemen der Mitgliedstaaten vom Diensteanbieter verlangt, die Rechtsverletzung abzustellen oder zu verhindern". Aus dieser „Möglichkeit" eine europarechtliche Pflicht der Staaten herauszulesen, ihren Behörden und Gerichten den Erlaß von Sperrungsanordnungen zwingend vorzuschreiben, erlaubt höchstens eine unbegrenzte Auslegung, die hier abgelehnt wird.

Ist also eine Pflicht der Vermittlungsnetzbetreiber mit und ohne Endkundenanschluß zur Unterbindung von Datensendungen bestimmten Inhalts auch von der E-Commerce-Richtlinie weder angeordnet noch verboten, bleibt die Frage wiederum anderweitigen Regelungen vorbehalten. Doch könnte der danach verbleibende Raum für Sperrungsverpflichtungen der Vermittlungsnetzbetreiber in zweierlei Hinsicht enger sein als nach den Regelungen des Teledienstegesetzes.

Zum einen läßt sich Art. 12 III ECRiLi – ähnlich wie § 18 III MDStV – so verstehen, dass *ausschließlich* Gerichte oder Behörden durch Einzelfallanordnungen Sperrungsverpflichtungen der Vermittlungsnetzbetreiber begründen können, dass also ohne eine solche Anordnung *keine* Sperrungsverpflichtung besteht und eine solche auch nicht auf anderem Wege, etwa durch Vorhalte oder Anzeigen Dritter ausgelöst werden kann. Tatsächlich paßt die Richtlinienformulierung, die die Haftungsfreiheit allein zugunsten gerichtlicher und behördlicher Sperrungsverlangen durchbricht, nicht zu einer Norm, die in Wirklichkeit die *weitergehende* Ausnahme gesetzlicher Sperrungspflichten regeln will. Denn die Ausnahme von der Haftungsfreiheit zugunsten auch gesetzlicher Sperrungsverpflichtungen ist nicht nur als solche einfach zu vertexten, sondern enthält auch die Möglichkeit gerichtlicher und behördlicher Aktualisierungen so selbstverständlich, dass sie keiner Klarstellung bedarf. Umgekehrt hätte eine vollständige Freistellung unmittelbar gesetzlicher Haftung ohne den Hinweis auf das Unberührtbleiben gerichtlicher und behördlicher Maßnahmen die – angesichts der häufig holzschnittartigen und wenig überlegt wirkenden Rechtsprechung des EuGH nicht ganz von der Hand zu weisende – Gefahr heraufbeschworen, dass sich Vermittlungsnetzbetreiber nicht nur gegenüber strafrechtlicher Verantwortlichkeit sowie zivilrechtlichen Schadensersatz-, Unterlassungs- und sonstigen Ansprüchen, sondern auch gegenüber verantwortlichkeitsunabhängigen staatlichen Einzelfalleingriffen auf Art. 12 ECRiLi berufen hätten. Positiv gewendet gibt es gute Gründe, in die Ausnahme von der Haftungsfreiheit nicht auch gesetzliche Unterbindungspflichten aufzunehmen, sondern nur staatlicherseits generierte Einzelfallanordnungen unberührt zu lassen. Schon vor der Einzelfallanordnung staatlicher Stellen bestehende Sperrungsverpflichtungen laufen darauf hinaus, dass die Vermittlungsnetzbetreiber in mehr oder weniger weitem Umfang fremde Veröffentlichungen bewerten und über ihre inhaltliche Rechtmäßigkeit entscheiden müssen. Eine solche Kommunikationsinhaltskontrolle durch die Betreiber der öffentlichen Datenstraßennetze bringt Nachteile mit sich, die es ungeachtet ihrer äußerungs(grund)rechtlichen Relevanz[180] sinnvoll erscheinen lassen können, mit Art. 12 I und II ECRiLi *jede* gesetzliche Inhaltshaftung auszuschließen und dann in Art. 12 III nur klarzustellen, dass hoheitlich verantwortete Anordnungen im Einzelfall – trotz fehlender unmittelbarer gesetzlicher Verantwortlichkeit – Unterbindungsmaßnahmen verlangen können. Es könnte sich praktisch um Maßnahmen handeln, wie sie strukturell ähnlich von den überkommenen Telefonnetzen her bekannt sind: Die Telefonvermittlungsnetzbetreiber sind aus sonstigem Recht weder für die inhaltliche Rechtmäßigkeit der über ihre Netze laufenden Kommunikation noch für deren Abhörbarkeit verantwortlich; dennoch werden sie gesetzlich zur Bereitstellung von Abhörschnittstellen verpflichtet, die dem Staat nach Anordnung im Einzelfall die Überwachung bestimmter Anschlüsse gestatten.[181] Alldessenungeachtet scheint sich die Novelle des TDG nicht darum zu kümmern, dass Art. 12 III ECRiLi Sperrungsverpflichtungen ausschließen könnte, die den Vermittlungsnetzbetreiber schon vor einer gerichtlichen oder behördlichen Entscheidung zum Handeln verpflichten. Denn § 8 II 2 TDG geht wie selbstverständlich davon aus, Vermittlungsnetzbetreiber dürften ganz allgemein Sperrungsverpflichtungen nach den allgemeinen Gesetzen unterworfen werden.

Eine weitere, von der soeben behandelten unabhängige Auslegungsfrage ergibt sich daraus, dass zwar Art. 12 III ECRiLi gerichtliche oder behördliche Sperrungsanordnungen erlaubt, daneben aber Art. 15 I ECRiLi es den Mitgliedstaaten verbietet, Übermittlern i. S. d. Art. 12 ECRiLi oder Speicheranbietern i. S. d. Art. 14 ECRiLi „allgemeine Verpflichtungen auf[zuerlegen], die von ihnen übermittelten oder gespeicherten Informationen zu überwachen oder aktiv nach Umständen zu forschen, die auf eine rechtswidrige Tätigkeit hinweisen". Einerseits läßt sich die Filterung des vermittelten Datenverkehrs daraufhin, ob in der Nutzdatenlast eine bestimmte Datei transportiert wird, durchaus als „allgemeine" Überwachung i. S. d. Art. 15 I ECRiLi verstehen. Andererseits setzt aber auch noch das konkreteste gerichtliche Unterbindungsverlangen gemäß Art. 12 III ECRiLi eine solche Filterung des gesamten über den jeweiligen Vermittlungsknoten bzw. das jeweilige Vermittlungsnetz laufenden Datenverkehrs voraus. Es ist mit anderen Worten zwar für einen Host-Provider möglich, die Anordnung zur Löschung einer bestimmten Datei auf einem seiner an Fremde vermieteten Internet-Hosts durch gezielten Zugriff umzusetzen, ohne dazu andere Dateien desselben oder gar anderer Nutzer oder Rechner auch nur grob erfassen zu müssen. Zugangsprovider und andere Vermittlungsnetzbetreiber leiten hingegen nur ankommende IP-Pakete weiter und können deshalb auch nur durch Filterung der ihre Vermittlungsrechner erreichenden Datenpakete erkennen, ob Pakete an dem Transport einer konkreten Datei beteiligt sind. Im Falle etwa der Pflicht zur Unterbindung der Weiterleitung einer Datei mit einem bestimmten Namen (URL) müssen zunächst alle IP-Pakete daraufhin überprüft werden, ob

180 Dazu unten S. 147 ff.

181 Dass sich inhaltsbezogene Sperrungsverpflichtungen aufgrund der Freiheitsgrundrechte allein für Internet-Vermittlungsknoten mit Leitungen zu Auslandsvermittlungsknoten und nur für den Datenimport rechtfertigen lassen, ist dann i. S. d. Art. 12 III ECRiLi ein Umstand des staatlichen Rechtssystems. Gleiches gilt für die EU selbst, letztlich aufgrund ihrer über die Konventions-Mitgliedstaaten vermittelten Bindung an Art. 10 EMRK, schon aus eigenen EG-Grundrechten nur, wenn diese mehr sein sollten als das, was sie jedenfalls noch im Jahre 2000 und nach *Ossenbühl* waren: eine Legende.

der mit dem Host-Teil des Dateinamens bezeichnete Rechner Sender bzw. Empfänger ist. Sodann sind alle von diesem Rechner stammenden bzw. an ihn gesandten Pakete mit Filteranwendungen zu untersuchen, die WWW-Anwendungsdaten lesen, mit der Sperrungsvorgabe vergleichen und ggf. die fraglichen Pakete verwerfen. So bedeutet jede Unterbindungsanordnung für Vermittlungsnetzbetreiber die Pflicht zur Installation von Filtern, die den gesamten über bestimmte Vermittlungsknoten laufenden Datenverkehr erfassen und prüfen müssen und in diesem Sinn allgemein sind.

Da aber auch im Spannungsverhältnis zwischen Art. 12 III und Art. 15 I ECRiLi der Grundsatz gilt, möglichst keine Norm leerlaufen zu lassen, ließe sich „allgemein" im Sinne des Art. 15 ECRiLi enger dahingehend verstehen, daß zwar der Datenverkehr allgemein gefiltert werden darf, die dabei an alle Daten angelegten *Filterkriterien aber nicht allgemeiner Natur* sein dürfen. Mit Art. 15 ECRiLi unvereinbar wäre also etwa die gerichtliche Anordnung, die inhaltliche Vereinbarkeit mit den gesetzlichen Inhaltsschranken oder auch nur mit einer von ihnen zu überwachen.

Das Verbot allgemeiner Überwachungspflichten könnte aber auch bedeuten, dass zwar der Maßstab allgemein sein darf, dann aber die Filterung auf den Datenverkehr von oder zu bestimmten Internet-Teilnetzen bzw. -Hosts beschränkt sein muß.

Letztlich ist die Aussage der Art. 12, 15 ECRiLi zu Unterbindungs- und damit Filterpflichten der Vermittlungsnetzbetreiber wenig eindeutig.[182] Vielleicht verbieten sie jede Verantwortlichkeit, womöglich erlauben sie aber auch eine Verantwortlichkeit für die Unterbindung jeder als rechtswidrig angezeigten Dateiveröffentlichung oder gestatten sogar die Auferlegung noch weitergehender anzeigeunabhängiger Filterpflichten.

bb) Neufassung des Teledienstegesetzes

Art. 1 des EGG hat in Reaktion auf die ECRiLi auch die Haftungsregelung des TDG neu gefaßt. Dabei darf bezweifelt werden, ob dem deutschen Gesetzgeber der Charakter der ECRiLi als Regelung eines Minimums an Haftungsfreiheit mit Normierungsspielraum im übrigen überhaupt bewußt war. An die Stelle von § 5 III, IV TDG (1997) tritt eine von den Bestimmungen der ECRiLi satzteilweise abgeschriebene Kombination aus § 9 u. § 10 i. V. m. § 8 II TDG. § 9 TDG stellt die Vermittlungsnetzbetreiber unter Einschluß der Zugangsprovider in weitgehend wörtlicher Übernahme des Art. 12 I ECRiLi von der Verantwortlichkeit für übermittelte Informationen frei. § 8 II 1 TDG erklärt in einer das Attribut „allgemein" auslassenden Anlehnung an Art. 15 I ECRiLi, die Internet-Vermittlungsnetzbetreiber seien „nicht verpflichtet, die von ihnen übermittelten Informationen zu überwachen". Der anschließende § 8 II 2 hat wohl Art. 12 III zum Anknüpfungspunkt, läßt aber nicht nur gerichtliche und behördliche Sperrungsverlangen unberührt, sondern ganz allgemein „Verpflichtungen zur Entfernung oder Sperrung der Nutzung rechtswidriger Informationen nach den allgemeinen Gesetzen". Das geht deutlich über das hinaus, was der beim Wort genommene Art. 12 III zuläßt. Jedenfalls aber

182 Vgl. auch *Freytag*, CR 2000, 600 (605); *Spindler*, MMR 1999, 199 (204: Störerhaftung sei ungeregelt); *Holznagel/Holznagel*, K & R 1999, 103 (106).

werden wiederum Sperrungsverpflichtungen der Vermittlungsnetzbetreiber weder ausdrücklich normiert noch ausgeschlossen.[183]

cc) Urheberrechts-Richtlinie

Die Verantwortlichkeitsregelungen des alten wie des neuen Teledienstegesetzes, des Mediendienstestaatsvertrags und der E-Commerce-Richtlinie sind als datennetzspezifische Querschnittsregelungen darauf angelegt, die Verantwortlichkeit schlechthin und also mit Wirkung für *alle Inhaltsschranken gleich welcher Provenienz oder Dignität* zu regeln. Dennoch haben Gerichte die für Host-Betreiber geltende Regelung des § 5 II, IV TDG (1997) schlicht mißachtet, indem sie verkündeten, die Norm erfasse zwar vielleicht strafrechtliche und sonstige Verantwortlichkeiten, nicht aber die Verantwortlichkeit für Urheberrechtsverletzungen.[184] Auf europäischer Ebene schien – trotz noch intensiveren Drucks der Urheberrechtsindustrie – mit der ECRiLi eine einheitliche Verantwortlichkeitsregel gewollt und umsetzbar, was insbesondere noch die Erwägung 12 des Kommissionsvorschlags zur UrhRiLi v. 10.12.1997 verdeutlicht: „Die Haftung für Handlungen im Netzwerk-Umfeld betrifft nicht nur das Urheberrecht und die verwandten Schutzrechte, sondern auch andere Bereiche; es wird daher in horizontaler Weise im Rahmen einer künftigen Richtlinie [der ECRiLi] behandelt werden [...]."

Dennoch wurde letztlich an versteckter Stelle und in leicht irreführendem Zusammenhang eine Vorschrift in die UrhRiLi aufgenommen, die so gelesen werden *kann*, dass sie Sinn und Gehalt der ECRiLi und ihres Konzeptes horizontaler Verantwortlichkeitsregelung schlichtweg aushebelt. Art. 8 III UrhRiLi würde in dieser Lesart zum einen aus der *Option* des Art. 12 III ECRiLi, gerichtliche oder behördliche Einzelfallanordnungen zu Inhaltsfilterungen vorzusehen, *ausschließlich für Urheberrechtsverletzungen eine Pflicht* machen. Zum anderen würde entgegen einer naheliegenden Deutung des Art. 12 III ECRiLi wiederum nur für Urheberrechtsverletzungen der Vermittlungsnetzbetreiber *unmittelbar im Verhältnis zu den Betroffenen* zu Filtermaßnahmen verpflichtet. Der Rat fügte im Kapitel „Allgemeine Bestimmungen" dem Art. 8 UrhRiLi, der nach seiner Überschrift „Sanktionen und Rechtsbehelfe" an anderweitig geregelte materielle Ansprüche anzuknüpfen scheint, einen Absatz 3 an, der die Mitgliedsstaaten verpflichtet sicherzustellen, „dass die Rechtsinhaber gerichtliche Anordnungen gegen Vermittler beantragen können, deren Dienste von einem Dritten zur Verletzung eines Urheberrechts" „genutzt werden". Damit wird nicht nur entgegen der in Art. 12 III ECRiLi normierten *Möglichkeit* ein Zwang zu gerichtlichen Anordnungen konstituiert, der auch noch unabhängig von Verhältnismäßigkeitserwägungen zu sein scheint. Es wird mit dem bloß prozessualen Verlangen einer Antragsmöglichkeit der Rechteinhaber gegen die Vermittler ganz offenbar auch ein Anspruch der Rechteinhaber gegen die

183 Vgl. auch *Spindler*, ZUM 2001, 203 (206).

184 Dass die Gerichte nicht einmal eine Auseinandersetzung mit der ganz anders lautenden herrschenden Literaturmeinung für nötig hielten (vgl. OLG München, 8.3.2001 – 29 U 3282/00, CR 2001, 333, für § 5 II TDG (1997); und dazu treffend *Hoeren*, MMR 2001, 379 ff.), ist nur eines der Indizien für die Dreistigkeit, mit der die Gesetzesbindung des Richters sogar noch in ihrer minimalen Form der Argumentationslast für den Fall der Konterkarierung des Gesetzgeberwillens ignoriert wurde.

Vermittler auf Unterbindung urheberrechtswidriger Dateitransporte klammheimlich vorausgesetzt, unterstellt oder soll womöglich gar mitnormiert werden.

Natürlich *muß* das bekanntermaßen äußerst flexible europäische Auslegungsarsenal auch in Art. 8 III UrhRiLi keine Anordnung urheberrechtsspezifischer inhaltlicher Filterung der Vermittlungsnetze erkennen. So läßt sich die Norm wörtlich prozessual begreifen; sie erzwingt dann keine die ECRiLi konterkarierenden neuen Ansprüche, sondern stellt nur sicher, dass anderweitig eventuell begründete Ansprüche nicht infolge fehlender Antragsmöglichkeiten leerlaufen. Auch sprechen gute Gründe für eine Auslegung der UrhRiLi, nach der die Vermittlungsnetzbetreiber, die lediglich IP-Pakete weiterleiten, Vermittler nur i. S. d. ECRiLi, nicht aber im Sinne des Art. 8 III UrhRiLi sind. Erwägungsgrund 59 der UrhRiLi meint, die Rechteinhaber sollten gerichtliche Anordnungen gegen Vermittler selbst dann beantragen können, „wenn die Handlungen des Vermittlers nach Artikel 5 [UrhRiLi] freigestellt" seien. Freistellungen nach Art. 5 UrhRiLi setzen aber voraus, dass die Tätigkeit des Vermittlers überhaupt eine das Urheberrecht tangierende Vervielfältigungshandlung i. S. d. Art. 2 UrhRiLi darstellt. Das trifft für denjenigen zu, der nicht nur Vermittlungsknoten, sondern auch Internet-Hosts mit Proxy-Servern betreibt und also Dateikopien erstellt, nicht aber für reine (Zugangs)Vermittlungsnetzbetreiber, die bloß die vom Senderhost erstellten und versandten IP-Pakete weiterleiten.

Meinte man hingegen, Art. 8 III UrhRiLi verlange urheberrechtsspezifische Ansprüche gegen die Vermittlungsnetzbetreiber[185] und lasse – anders als die bisher besprochenen Gesetze – in dieser Frage auch keinen Auslegungsspielraum, würde es sich um das bislang einzige Haftungsgesetz handeln, dessen Vereinbarkeit mit den Kommunikations*grund*rechten seines Rechtsquellenkreises entscheidende Bedeutung zukommt.[186]

Letztlich erscheint die Frage nach der Inhaltsverantwortlichkeit der Internet-Vermittlungsnetze vor allem eins: unentschieden. Man könnte auch sagen, dass weder das vor 1997 geltende internetneutrale Kommunikations- und Telekommunikationsrecht noch die bislang drei Versuche einer Regelung der Internet-Vermittlungsnetze sich ernsthaft der Frage gestellt haben, ob die öffentlichen Datenstraßennetze mit haftungsbedingten Inhaltsfiltern versehen werden sollen oder nicht. Das mag auch daran liegen, dass viele der an den diversen Gesetzgebungsvorhaben Beteiligten viel Zeit mit der Weitergabe oder der Abwehr eines massiven Lobbyistendrucks verbracht haben dürften[187], sich hingegen wohl nur wenig mit dem Funktionieren und der Funktion der Internet-Vermitt-

185 Weil die Norm gar keine Vervielfältigungshandlung des Vermittlers verlange oder weil der bloße IP-Pakettransport als solche zu qualifizieren sei.

186 Unten, S. 157 ff. (VII. 5.) mit S. 147 ff. (VII. 4. c).

187 Der für Binnenmarktfragen zuständige Kommissar sprach anläßlich der Zustimmung des Europäischen Parlaments zur UrhRiLi am 14.2.2001 davon, das Parlament sei „in bis dahin beispiellosem Maße dem massiven Druck von Lobbyisten ausgesetzt" gewesen (http://europa.eu.int/comm/internal_market/ de/intprop/news /01-210.htm [5.10.2001]). Nun darf als sicher gelten, dass Lobbyisten vor der Kommission nicht Halt machen, womit, andersgearteter Eigenstand beider Organe unterstellt, Fragen nach den Druckmitteln und der Druckempfindlichkeit sowie der Qualität der Mitglieder des Europäischen Parlaments auftauchen. Zur Zerstreuung etwaiger qualitativer Zweifel kann jedenfalls die Lektüre der Plenarprotokolle über die Beratung der UrhRiLi – selbst unter Einbeziehung eines Vergleiches mit denjenigen des Deutschen Bundestags anläßlich der Beratungen zum IuKDG – nicht beitragen.

lungsnetze in einer Gesellschaft beschäftigt haben, die zu einem wachsenden Teil aus über diese Netze vermittelten Kommunikationen „besteht"[188].

4. Freiheit aller Vermittlungsnetzbetreiber von gesetzlicher Haftung für Inhalte vermittelter Datenpakete und Freiheit der Datenversender von haftungsbedingter Inhaltskontrolle durch die Vermittlungsnetzbetreiber

a) Überblick

Im Ergebnis wird sich die Äußerung auf dem eigenen Server-Rechner im doppelten Sinn als mittler- oder verbreiterlos erweisen. Sie bedarf keines geistigen Verbreiters. Und sie benötigt für ihren Transport zum Empfänger-Rechner auch keinen technischen Verbreiter, der wenigstens beschränkt für ihre Inhalte einzustehen hätte: Der Betrieb der Vermittlungsknoten und -netze, die allein zwischen Sender- und Empfängerrechner liegen, setzt keinen ausreichenden Grund für die Zurechnung der Inhalte vermittelter Datenpakete. Ebensowenig haftet, wer Leitungen zwischen Vermittlungsrechnern oder zwischen diesen und Hosts zur Verfügung stellt. Da niemand sonst als Inhaltsverantwortlicher in Betracht kommt, geschieht die Veröffentlichung auf dem eigenen Internet-Host nicht nur auf eigene, sondern ausschließlich auf eigene Gefahr. Es handelt sich um die erste fast jedermann zur Verfügung stehende technische Möglichkeit, beliebigen Empfängerkreisen unter Einschluß der Öffentlichkeit Beliebiges in alleiniger Freiheit und Verantwortung mitzuteilen.

Die Freiheit der Vermittlungsknoten von rechtlicher Verantwortung für den geistigen Sinn, den Empfänger-Hosts und Empfänger den vermittelten Daten entnehmen können, ergibt sich bereits ohne explizite Einflußnahme des Kommunikationsinteresses der Datenversender. Schon die Bewertung des Vermittlungsnetzbetriebs führt also – quasi nebenbei und als Rechtsreflex – zu einer korrespondierenden Freiheit der in Datenpaketen verschickten Äußerung von haftungsbedingter Inhaltskontrolle der Vermittlungsknoten (unten, b).

Ist naturwissenschaftliche Gesetzmäßigkeit gemeint, gibt es natürlich keine „natürliche" Grenze zwischen denjenigen Beiträgen zum Betrieb von Verkehrsnetzen, die für rechtswidriges Verhalten der Netznutzer haften, und solchen, die haftungsfrei bleiben. Ebensowenig kann die wahrheitsgleich universelle Richtigkeit versprochen werden, die manch Alchimist in der Hoffnung auf normatives Gold für den Fall prophezeit, dass es gelänge, hinreichend unverzerrte und herrschaftsfreie Kommunikation hinreichend lang vor sich hin köcheln zu lassen. Zieht man beides ab, bleibt ein Grad an Natürlichkeit der Inhaltsferne von Vermittlungsnetzbetreibern, der bewirkt, dass Versuche, ihnen dennoch Inhaltsverantwortlichkeit zuzuschreiben, als künstliche und in freien Gesellschaften nicht zu rechtfertigende Vergeistigung erscheinen müssen: Weder die Sezierung des Verhaltens „Vermittlungsnetzbetrieb" in Einzelaspekte und deren Bewertung noch die Gesamtbetrachtung zeigt hinreichende Gründe für die Zuweisung selbst ausgedünnter

188 Zur Kommunikation als basalem Element der Gesellschaft *N. Luhmann*, Die Gesellschaft der Gesellschaft, Teilband. I, 1997, S. 78 ff., insbes. 81 ff., 190 ff.

Inhaltsverantwortlichkeit. Der für jegliche Inhaltszurechnung notwendige minimale Inhaltsbezug fehlt (unten b, aa – cc).

Es läßt sich auch keine tragfähige Rechtfertigung dafür finden, die Infrastrukturleistung „Vermittlungsnetzbetrieb" trotz fehlenden Inhaltsbezugs im Wege einer künstlichen Vergeistigung für Inhalte von Äußerungen auf Hosts Dritter verantwortlich zu machen und so zur Inhaltskontrolle zu zwingen. Insbesondere genügt es als Grund für eine Haftung der Netzbetreiber nicht, wenn das Internet auch Laien, Rechtsunkundigen und schlechten Schuldnern eine nachhaltige Veröffentlichungstechnik verschafft, die von Veröffentlichungen Betroffene ihre Ansprüche aber verständlicherweise lieber gegen leicht erreichbare zahlungsfähige Unternehmen richten und solche erst in den Vermittlungsnetzbetreibern finden. Die tatsächliche Möglichkeit der Netzbetreiber, riskantes Verhalten anderer in der Form öffentlicher Äußerungen inhaltlich zu überwachen und erforderlichenfalls zu unterbinden, ist kein hinreichender Grund für die Begründung rechtlicher Verantwortlichkeit für die fremden Kommunikationsinhalte. Im Gegenteil haben die von Äußerungsinhalten negativ Betroffenen keinen Anspruch darauf, dass die Technik auf einem Stand verharrt, der für potenziell massenwirksame Kommunikation die Einschaltung kompetenter und finanzstarker Verbreiter verlangt, die über einen für Inhaltszurechnung und -haftung ausreichenden Inhaltsbezug verfügen. So können im Falle öffentlicher Computernetze nach Art des Internet die Netzinfrastrukturbetreiber nicht unter Hinweis auf das technische Mehr an verbreiterlosen Veröffentlichungschancen für die ihnen nicht zurechenbaren Inhalte haftbar gemacht werden (unten, b, dd).

Weitergehend zeigt die unumgängliche Berücksichtigung der Haftungsauswirkungen auf Drittinteressen, daß die gesetzliche Inhaltshaftung der Datenvermittler an der unzumutbaren Beschneidung des Kommunikationsinteresses der datenversendenden Dritten scheitern muß, dessentwegen öffentliche Datennetze wie das Internet überhaupt bestehen. Insbesondere sind diejenigen Beeinträchtigungen nicht hinnehmbar, die in der Gestalt von Gefahren für die Äußerungsfreiheit entstehen, wenn die Vermittlungsnetzbetreiber über eine Haftungsdrohung zur Kontrolle und Unterbindung von fremden Äußerungen gezwungen werden, die auf fremden Rechnern veröffentlicht sind. Es gilt also auch und in der Sache an erster Stelle: Das technische Mehr an verbreiterloser Äußerungsfreiheit für jedermann läßt sich nicht durch künstliche Vergeistigung der für Äußerungsinhalte unverantwortlichen Netzinfrastrukturbetreiber unterbinden (unten, c).

Für Inlandsvermittlungsnetze, deren Grenzrouter nur über Leitungen zu anderen Vermittlungsrechnern im Inland verfügen, ist damit jede Inhaltshaftung abschließend ausgeschlossen. Insbesondere müssen sich die Betreiber solcher Netze auch nicht darum kümmern, ob die mit ihnen verbundenen Vermittlungsnetze ihrerseits über Router mit Leitungen zu Auslandsrechnern verfügen. Was aber gilt für den Betreiber eines Netzes, der wenigstens einen seiner im Inland gelegenen Router mit einem (eigenen oder fremden) Router im Ausland verbindet? Letztlich sollte das mit der Schaltung von Auslandsleitungen verbundene erhöhte Risiko der Weiterleitung folgenlos rechtswidriger Kommunikation an inländische Empfänger nicht den Netzbetreibern zugerechnet werden. Jedenfalls aber sind die mit einer haftungsbedingten Inhaltskontrolle durch derart inhaltsferne Infrastrukturbetreiber verbundenen Beeinträchtigungen der Kommunikationsfreiheiten immer noch unzumutbar. Gesetzlich angeordnete Kontrolle kann die traditionellen Erleichterungen für freiheitsgefährdende Inhaltskontrolle importierter Kommunikation letztlich nur dann in Anspruch nehmen, wenn sie nach Inhalt und Verfahren als freiheitsrechtlich gebundene staatliche Kontrolle agiert (unten d).

b) Vermittlungsnetze sind auch ohne Rekurs auf die Interessen Dritter zu inhaltsfern für Inhaltszurechnung und Inhaltshaftung

Wer über das Internet Texte, Bilder und Töne anbieten möchte, *kann* dafür geistige wie auch technische Verbreiter einschalten. Sucht und findet er jemanden, der eine womöglich reichweitenstarke „Site" betreibt, den Äußerungsentwurf goutiert und in sein Angebot aufnimmt, ist ein *geistiger Verbreiter* beteiligt, dessen inhaltliche Haftung – wie auch bei anderen Medien – nach Voraussetzungen und Reichweite umständehalber differieren wird. Auch wer freiwillig oder gezwungenermaßen auf die Unterstützung geistiger Verbreiter verzichtet und den Text auf der eigenen Site unter eigenem Domain-Namen anbietet, kann dennoch bei dem Betrieb des WWW-Server-Programms sowie des Internet-Hosts, auf dem das Serverprogramm läuft und der die Quelldateien beherbergt, *technische Hilfe* in Anspruch nehmen. Einen hohen technischen Fremdanteil weist die Veröffentlichung über WWW-Server-Programme auf, die ein Server-Provider auf seinen Internet-Hosts fern ab vom Aufenthaltsort des Äußernden bereitstellt: der Äußernde hat keinen unmittelbar-räumlichen Zugriff auf den Internet-Host, aber er hat das Recht, eines der auf dem Rechner laufenden WWW-Server-Programme mit eigenem Domain-Namen zu betreiben und Speicherplatz auf dem Host für die Veröffentlichung oder nicht öffentliche Versendung von Dokumenten etc. zu nutzen. Dabei nimmt der Äußernde über seinen Heim- oder Büro-Internet-Host Kontakt zum Server-Host auf und steuert den „gemieteten" WWW-Server fern, indem er die zu veröffentlichenden WWW-tauglichen Dateien auf ihn überträgt etc. Der Server-Provider hat zwar keinen Inhaltskontakt, stellt aber doch mit dem WWW-Server eine auf Veröffentlichungsanwendungen zugeschnittene Technik bereit und beherbergt die physische Äußerungsquelle in der Gestalt des Internet-Host, auf dem der WWW-Server läuft und der die jeweiligen Dateien mit den entäußerten Inhalten speichert.[189]

Eine der interessanteren Eigenheiten des Internet besteht nun aber darin, dass viele seiner Anwendungen unter Einschluß des Betriebs eines WWW-Servers in vollständiger technischer und geistiger Eigenregie auf dem eigenen Internet-Host in eigenen Räumen realisiert werden können. Die letzte Hürde für technisch stabile Veröffentlichungen auf dem eigenen Rechner, hohe Kosten für eine permanente und hinreichend durchsatzstarke Telekommunikationsleitung zwischen den eigenen Räumen und dem ersten Vermittlungsknoten des nächsten Internet-Teilnetzes, sinkt und wird aller Voraussicht nach weiter sinken. Konventionelle Leitungen, ISDN Standleitungen, DSL etc. gestatten die ununterbrochene Erreichbarkeit des WWW-Servers für Anfragen von WWW-Browsern. Übertragungstechniken mit höheren Bandbreiten werden marktreif und vielfach

189 Inwieweit Provider als technische Verbreiter für die auf Rechnern in ihren Räumen gespeicherten Inhalte verantwortlich sind, wird näher unten unter VIII., S. 175 ff., behandelt.

preiswert. Beispielsweise erlaubt SDSL[190] je nach Produkt bereits heute, bis zu 2,3 Megabit pro Sekunde über die gute alte Kupferleitung zu senden und zu empfangen, genug für vielfältige und nachhaltige Veröffentlichungen.

Was macht der Äußernde, und was bleibt anderen und kann so Grund sein, ihnen Äußerungsinhalte zuzurechnen und deshalb Inhaltskontrollpflichten im Interesse Dritter und Kontrollrechte gegenüber dem Äußernden aufzuerlegen? Dabei wird hier und im Folgenden explizit nur der Anschluß an Vermittlungsknoten „echter" Internet-Anschlußanbieter behandelt, die selbst einzelne Internet-Vermittlungsknoten oder vielknotige Internet-Vermittlungsnetze betreiben und damit die angeschlossenen Kundenrechner bzw. -netze zu Internet-Hosts bzw. Internet-Netzen werden lassen.[191] Der Äußernde stellt einen Rechner auf, konfiguriert ihn als Internet-Host, installiert ein WWW-Server-Programm und speichert die zu veröffentlichenden Dateien auf seinem Festspeicher. Außerdem benötigt der Server-Host noch eine Verbindung mit einem Vermittlungsknoten eines Internet-Teilnetzes unter einer IP-Adresse der Form 112.156.88.12. Der Äußernde kann dabei seinen Internet-Host zunächst an einen eigenen Internet-Router (Vermittlungsknoten) in den eigenen Räumen anschließen, der dann mittels Modem, ISDN, SDSL, Richtfunk o. ä. mit dem ersten Internet-Router im Netz des Anschlußproviders (häufig POP – Point of Presence – genannt) in Verbindung tritt und so das lokale Netz des Äußernden zum Internet-Teilnetz macht. Das bietet sich an, wenn noch weitere Rechner des Äußernden als Internet-Hosts arbeiten sollen. Ein lokales Netz mit Vermittlungsknoten ist zudem vonnöten, sollen zwecks Ausfallsicherheit zwei unabhängige Anbindungen an andere Teilnetze geschaffen werden. Der Äußernde kann seinen Internet-Host aber auch ohne Zwischenschaltung eines eigenen Routers und in diesem Sinne unmittelbar – über Modem etc. – mit dem ersten Router des Anschlußproviders verbinden. In beiden Fällen nimmt der Router des Anschlußproviders nun IP-Pakete an, die ihm der Host oder der zwischengeschaltete Router des Äußernden übergibt, liest die IP-Zieladressen und sendet sie weiter. Ebenso nehmen die Router des Vermittlungsnetzes des Anschlußproviders die ihnen von den Routern anderer Netze oder von anderen unmittelbar angeschlossenen Hosts übergebenen IP-Pakete an, lesen deren Zieladresse und vermitteln sie in Richtung auf den Router bzw. den Internet-Host des Äußernden weiter, bis der letzte Router vor dem Netz (bzw. Host) des Äußernden die IP-Pakete dessen Router (bzw. Host) weitervermittelt.[192] Das Vermittlungsnetz leistet diese IP-Paketvermittlung in beide Richtungen mit allen IP-Paketen, ganz unabhängig und ohne Kenntnis davon, ob die Nutzlast der Pakete letztlich von einer WWW-Anwendung, einer e-mail Anwendung oder anderen Anwendungen des Hosts des Äußernden oder des Hostbetreibers am anderen Ende der Internet-Verbindung stammt. Die Frage lautet also, ob das

---

190 Symmetric Digital Subscriber Line im Unterschied zu Asymmetric Digital Subscriber Line, das allein die Empfangsbandbreite deutlich, die Sendebandbreite hingegen nur geringfügig erweitert.

191 Online-Dienste verschaffen Anschlüsse nur an ihren proprietären Dienst, erlauben aber mittelbar über ihr Netz auch den Datenaustausch mit Hosts des Internet. Ohne dass dadurch der Kundenrechner zum vollwertigen Internet-Host wird, *können* sich dabei die Online-Dienste auf eine bloße Weiterleitung der Daten von und zum Kundenrechner beschränken und dürften dann jedenfalls in dieser Funktion auch für Fragen der Inhaltszurechnung praktisch wie bloße Internet-Anschlußanbieter zu behandeln sein. Insoweit gilt der Text auch für Online-Dienste.

192 Vgl. oben, S. 37 ff. (IV. 1.).

Essentielle des Vermittlungsnetzbetriebs, die Vermittlung fremder Pakete durch das eigene Netz, das Routing der Pakete von und zu den Übergabepunkten mit angeschlossenen Hosts und Netzen generell oder unter bestimmten zusätzlichen Voraussetzungen Inhaltszurechnung erlaubt.

aa) Zurechnungsgründe aus typischen Nebenleistungen zur Datenvermittlung

Eine Zerlegung des Geschehens „Betrieb von Internet-Vermittlungsnetzen" kann etwaige über die Weitervermittlung von Datenstücken *hinausgehende* Tätigkeitsmerkmale erfassen.

(1) Lesen und Verwenden der IP-Adresse für die Paketvermittlung

Die Vermittlungsknoten lesen die IP-Adressen der sie erreichenden Datenpakete, um anhand ihrer Routing-Tabellen zu entscheiden, über welche Ausgangsleitung sie das Paket weiterleiten. Diese *Verwendung* der IP-Adresse des Hosts bzw. des Netzes des Äußernden ist jedoch nur notwendiger Teil der Paketvermittlung und kein *zusätzlicher* Anknüpfungspunkt für Zurechnungsüberlegungen.

(2) Internet-Protocol-Adressvergabe

Ist die *Verwendung* der IP-Adresse des Hosts oder Netzes des Äußernden in der IP-Paketvermittlung enthalten, könnte doch die IP-Adress*vergabe* einen von dem IP-Paket-Transport zu sondernden Inhaltshaftungsgrund ergeben. Die IP-Nummern werden nicht – wie derzeit z. B. in Deutschland die Telefonnummern – blockweise von einer staatlichen Regulierungsbehörde den Netzbetreibern zugeteilt, die sie dann ihren Kunden zur Verfügung stellen. Vielmehr vergibt IANA (Internet Assigned Numbers Authority) IP-Adressraum an derzeit drei Regional Internet Registries (RIR), von denen RIPE NCC (Réseaux IP Européens – Network Coordination Centre) Europa, den mittleren Osten, Zentral-Asien und Teile Afrikas betreut. Es handelt sich um eine nichtstaatliche Organisation, die IP-Adressen an die sog. Local Internet Registries (LIR) vergibt, bei denen die übrigen Internet-Teilnehmer, vermittlungs- und anwendungsorientierte Weiterverkäufer ebenso wie Endkunden, den nötigen IP-Adressraum erhalten.[193] Die LIR's ihrerseits, jedenfalls die Internet-Service-Provider unter ihnen, geben Adressblöcke zum einen in der Form provider*abhängiger*, also mit dem Provider zu wechselnder, zum anderen in der Form provider*unabhängiger* IP-Adressen weiter[194]. In jedem Fall läßt sich die

193 Im Jahre 1995 hatte RIPE NCC 6 Mitarbeiter und 141 LIRs, im Jahr 2000 ca. 60 Mitarbeiter und ca. 1600 LIRs (http://www.ripe.net/ripencc/about/history/history.html [2.4.2001]).

194 „Provider Independant Address Space" verbindet den namensspendenden Vorteil für den Fall des Providerwechsels mit dem Nachteil, dass die IP-Adresse in den Routing-Listen vieler Internet-Vermittlungsnetzbetreiber (und nicht nur des Anschlußproviders) gesondert annonciert werden muß, was nicht immer sichergestellt ist. Hingegen bedarf „Provider Aggregatable Address Space" als Unterblock aus dem Adressblock des IP-Adressraums des Providers nur innerhalb des Netzes des Providers gesonderter Annoncierung in den Routing-Listen. In gewisser Hinsicht ist der providerunabhängige Adressraum mit einer nutzereigenen Postleitzahl vergleichbar, die auf einer höheren Ebene eine gesonderte Berücksichtigung bei der Steuerung der Brief- und Paketströme verlangt und sich in

IP-Nummern-Vergabe recht kategorisch aus der Verantwortung für Inhalte von Äußerungen der IP-Adressen-Inhaber herausnehmen. Wie die Vergabe von Telefonnummern oder von Straßennamen und Hausnummern keine Verantwortlichkeit für Inhalte von Äußerungen begründet, die der Adresseninhaber unter der Adresse versendet, so kann auch die Vergabe von IP-Adressen nicht mit Verantwortung für den Datenverkehr belegt werden, den der Inhaber der Adresse unter ihr abwickeln wird. Und wie bei den schon lange verbreiteten geographischen Adressen und Telefonnummern kommt es auch bei der IP-Adresse in sehr weitem Umfang nicht darauf an, ob, wann, wie und mit welchem Bewußtseinsgrad der Adressenvergeber davon erfährt, dass der Adresseninhaber unter Nutzung der Adresse Recht verletzt.

Anders gewendet: Adressen, die Menschen für öffentliche Verkehrs- und Kommunikationsnetze erst existent werden lassen, gehören unabhängig von der Rechtmäßigkeit des Verhaltens zur personalen Grundausstattung selbst noch des Straftäters. Die Grenze hin zum immer möglichen Unrechtspakt muß hier noch schwerer zu überschreiten sein als bei der Überlassung sächlicher Ressourcen. Der Vermieter von Räumen oder Gebäuden macht sich nicht strafbar, wenn er nicht kündigt, sondern die Gebrauchsüberlassung fortsetzt, obwohl private oder gewerbliche Mieter, etwa ein Verlag oder ein Rundfunksender, wiederholt Beleidigungen oder wettbewerbswidrige Anzeigen unter Nutzung der gemieteten Räume veröffentlicht haben[195]. Er kann sich aber schon diesseits eigener Mitgliedschaft in einer kriminellen Organisation im Zeitpunkt der Vermietung in Unrecht verstricken, wenn die Räume mit hinreichendem Wissen und Wollen gerade zum Zweck der Ermöglichung der Straftat überlassen werden. Dafür genügt es sicherlich nicht, dass wohl kaum eine der in Deutschland verbreiteten Publikumszeitungen und -zeitschriften auch nur längere Zeiträume frei von Inhaltsschrankenübertretungen bleibt. Geht es hingegen um die für sich genommen korrekte, insbesondere nicht täuschende *Vergabe einer Adresse*, ist fraglich, ob dies *für sich genommen* überhaupt rechtliche Verantwortlichkeit für den Inhalt von Kommunikation begründen kann, die der Adresseninhaber unter der Adresse versendet. Selbst wenn sich also der Äußernde keinen providerunabhängigen IP-Nummernblock verschafft, sondern im Falle des Providerwechsels die bisherigen IP-Adressen abzugeben hat, führt diese Wahl nicht zu einem Mehr an Inhaltsverantwortung des Providers. Man kann auch sagen, dass die bloße Teilnahme des Providers als LIR am Verfahren der IP-Nummern-Vergabe inhaltsneutral oder -irrelevant ist, also dem Routing von IP-Paketen von und zum angeschlossenen Netz oder Rechner der Äußernden nichts an Inhaltszurechnungsgrund hinzufügt.

(3) Internet-Adressauskunft (Domain-Name-System)

Der IP-Paket-Transport findet unabhängig von der mit den Nutzdaten verfolgten Anwendung nur zwischen IP-Adressen statt. Und auch der WWW-Browser des Rezipienten-Hosts benötigt nur die IP-Nummer des Server-Hosts, um dessen WWW-Startseite abzufragen. Dennoch benutzen Informationssuchende selten die (ihnen i. d. R. unbe-

---

diesem Punkt von der üblichen Adresse unterscheidet, die ihre Postleitzahl mit anderen teilt und nur über Straße und Hausnummer individualisiert wird.

195 Vgl. auch *Bullinger*, JZ 1996, 385 (390).

kannten) IP-Adressen, sondern verwenden Domain-Namen der Art „www.beispiel.de“. So ist es für den Betreiber eines öffentlichen WWW-Servers zwar nicht technisch notwendig, schon aus dem genannten Grund aber sinnvoll, am Domain-Name-System in der Gestalt eines Domain-Eintrags der Form „beispiel.de“, „beispiel.com“ teilzunehmen. Es handelt sich um eine computerisierte, hierarchisch strukturierte und über die Internet-Teilnetze in der Gestalt sog. DNS-Server verteilte Adressenauskunft, die für jeden der weltweit eindeutigen Domain-Namen („beispiel.de“ etc.) ermittelt, ob und ggf. welche entsprechenden IP-Adressen („103.240.56.98“) existieren. Gibt etwa der Nutzer eines Internet-Hosts „www.beispiel.de“ in die Adresszeile des WWW-Browsers ein, wird eine Adressanfrage an den nächsten DNS-Server gestartet, die dieser entweder beantwortet oder, verfügt er über keinen Datensatz für „beispiel.de“, an den hierarchisch nächsthöheren DNS-Server weitergibt. Als höchste Instanz für die Top-Level-Domain „de“ weiß der DNS-Server der DENIC, *ob* ein Domain-Name vergeben und „konnektiert“ ist und darüber hinaus wenigstens, unter welcher IP-Nummer ein DNS-Server mit der autoritativen Auskunft für die Domain zu erreichen ist. So wird dem anfragenden Host letztlich mitgeteilt, welche IP-Adresse ein tatsächlich unter der Domain „beispiel.de“ mit dem Namen „www.beispiel.de“ verzeichneter WWW-Server hat, so daß der anfragende Host nun Kontakt mit dem Host der B-KG aufnehmen kann. Praktisch läßt sich der Äußernde im Falle der Top-Level-Domain „.de“ bei der DENIC (e. G.) gegen Entgelt als Inhaber eines Domain-Namens im Primary Rout Server eintragen[196]. Für die technische Abwicklung der Auskunft kann der Domain-Inhaber zum einen die Variante wählen, dass DENIC selbst die autoritative Adressauskunft übernimmt, indem ein DENIC-DNS-Server auf die Anfrage „beispiel.de“ den entsprechenden Adressensatz mitteilt. In diesem Fall ist der Anschlußprovider des Äußernden nicht damit betraut, die Adressinformation für den Domain-Namen des Äußernden auf seinen DNS-Servern bereit zu halten. Wählt der Äußernde hingegen die Variante, nach der der DENIC-Server nicht selbst die Auskunft erteilt, sondern nur die Information vorhält, *welche* DNS-Server die autoritative Auskunft über die Domain erteilen, mag er dem Anschlußprovider diese Auskunftserteilung übertragen. Der Äußernde kann aber auch einen anderen Internetteilnetzbetreiber mit der Auskunft betrauen oder, hinreichende eigene Internet-Teilnetz-Ressourcen vorausgesetzt, selbst die – zwecks Ausfallsicherheit nötigen – zwei DNS-Server betreiben. Die DNS-Server mit der Auskunft über die zur Domain des Äußernden gehörenden IP-Nummern können also entweder bei DENIC, in Netzen Dritter oder beim Äußernden selbst stehen. Insbesondere ein mit den Netzressourcen des Äußernden unmittelbar verbundener Vermittlungsnetzbetreiber (Zugangsprovider) kann, muß aber nicht einen solchen Auskunftsrechner betreiben. Selbst wenn dem so ist, folgt daraus ebensowenig eine Haftung für Äußerungsinhalte, die auf Internet-Seiten unter der jeweiligen Domain verbreitet werden, wie Hersteller und Anbieter von anderen Fernsprech- oder Adressauskunftsverzeichnissen bzw. Betreiber von

196 Ob er das selbst macht oder seinen Provider einschaltet, ist gleichgültig, solange er sich selbst als Inhaber des Domain-Namens eintragen läßt. Anders als bei den IP-Nummern, unter denen niemand bekannt ist, sollte der Domain-Namen providerunabhängig sein. Geänderte IP-Adressen werden durch Änderung der Eintragung im DNS-System mit dem unveränderten Domain-Namen verbunden.

Adressauskunftsdiensten für Inhalte von Kommunikation haften, die unter der mitgeteilten Adresse erreichbar ist. Adressauskünfte im Rahmen des Domain-Name-System sind somit ebenfalls nicht in der Lage, Inhaltshaftung zu begründen.[197]

bb) Tun und Unterlassen der inhaltsgleichgültigen Datenvermittlung

Es bleibt als möglicher Zurechnungstatbestand, was den Betrieb eines jeden Internet-Vermittlungsknotens und -netzes ausmacht: die Weiterleitung der von fremden Rechnern an einen eigenen Vermittlungsrechner übergebenen IP-Pakete in Richtung auf die IP-Empfängeradresse bis zur Übergabe an einen weiteren fremden Rechner. Dabei werden positives Tun des Netzbetreibers, der Betrieb seines Netzes sowie dessen Zusammenschluss mit anderen, aber auch Unterlassen, das Nichtblockieren der jeweiligen IP-Pakete, ursächlich für Kommunikationsunrecht. Die Kausalität ist unzweifelhaft, sofern Sender- und Empfängerhost nur über den Netzbetreiber Verbindung aufnehmen können. Besteht ein alternativer Weg für den Paketversand, bleibt das Kausalitätsurteil dennoch erhalten, wenn der Einwand des Tatbeteiligten nicht zählt, ohne ihn hätte ein anderer den Beitrag geleistet. Doch darf die Wahl der Anknüpfung im Falle des Betriebs einer vom Haupttäter genutzten Infrastruktur nicht überschätzt werden, und zwar selbst dort nicht, wo positives Recht die Unterscheidung verlangt. Führt die Maßgeblichkeit des Unterlassens tendenziell eher zu einer Begrenzung der Betreiberpflichten, wird bereits an dieser Stelle ein Teil der Entscheidung über die normative Zurechnung getroffen. Damit ist man allerdings noch nicht davon befreit, das Ob und das Ausmaß einer Garantenpflicht aus Ingerenz anhand der Bewertung des positiven Tuns „Netzbetrieb" bestimmen zu müssen. Demgegenüber betont die Anknüpfung an positives Tun eher eine umfassende Folgenverantwortung, doch muß auch bei dieser Entscheidung die Frage gestellt und beantwortet werden, in welcher Variante das positive Tun „Netzbetrieb" rechtmäßig stattfinden kann. Über Ob und Ausmaß inhaltlicher Kontrolle wird dann unter Etiketten wie „sozialadäquat", „Regreßverbot" etc. entschieden.

Mehr Erkenntnisgewinn verspricht der Versuch, Zurechnungsüberlegungen und korrespondierende Verantwortlichkeiten konkret zu benennen. Zunächst ist die *IP-Datengrammvermittlung als solche* Grundlage und notwendige Bedingung der Zurechnung. Womöglich könnte sie aber auch schon für sich genommen Verantwortung für den geistigen Inhalt der Texte etc. bedeuten, die der Senderhost verpackt und der Empfängerhost aus den Nutzdaten der Pakete erstellt. Dann wären jedem Vermittlungsknotenbetreiber alle mit Hilfe seiner Vermittlungsrechner transportierten geistigen Inhalte zurechenbar. Insbesondere auf Herkunft und Ziel der Datenpakete käme es nicht an (1). Alle weiteren Zurechnungstatbestände sind enger, indem sie nur die in bestimmter Weise qualifizierte Datenvermittlung genügen lassen. So mag nur die *IP-Paketvermittlung von und zu bestimmten Teilen des Internet*, etwa im Verhältnis zu unmittelbar angeschlossenen Hosts oder Netzen eine Inhaltsverantwortung des Vermittlungsnetzbetreibers be-

197 Ohne Erörterung der einschlägigen Probleme nimmt hingegen OLG Hamburg, 4.11.1999 – 3 U 274/98, MMR 2000, 92 (95 f.), Anm. *Spindler*, MMR 2000, 279, an, der Betreiber eines Domain-Servers sei für Inhalte auf Hosts, über deren IP-Nummer sein Domain-Server Auskunft gibt, wettbewerbsrechtlich jedenfalls dann inhaltlich verantwortlich, wenn sich der Host im Ausland befindet.

gründen (2). Drittens ist denkbar, dass Paketvermittlung für sich genommen keine Haftung begründet, dass sich aber der Vermittler auch nicht auf diese Telekommunikationsleistung zurückziehen darf, sondern sich unter bestimmten Voraussetzungen mit dem Inhalt fremder Äußerungen auseinandersetzen muß und bspw. ab *konkreter Inhaltskenntnis oder Rechtswidrigkeitsüberzeugung* von Äußerungen auf fremden Hosts den Transport entsprechender IP-Pakete zu verantworten hat (3).

(1) IP-Paketvermittlung schlechthin als Zurechnungsgrundlage

Zwischen den Internet-Hosts des Senders und Empfängers liegen die Internet-Vermittlungsknoten, die nichts tun als ihnen übergebene IP-Pakete in Richtung auf das Ziel an andere Vermittlungsknoten und schließlich an den Zielhost weiterzuschicken.

Dabei handelt es sich um eine Telekommunikationsleistung, die, wie gesehen, in ihrer Primitivität hinter Telefonverbindungen in klassischen Telefonnetzen zurückbleibt. Das Telefonnetz baut für jeden Anruf eine *Verbindung* zwischen den Endgeräten von Anrufer und Angerufenem auf, einen reservierten Pfad durch das Netz und ggf. durch die Netze verschiedener Gesellschaften hindurch, der bis zur Beendigung der Verbindung allein dem fraglichen Datenaustausch dient und „besetzt" ist. Die Vermittlungsnetze im Internet schalten hingegen keine Verbindung zwischen den Endgeräten (Hosts); *verbindungslos* marschieren die Datenstückchen vom Senderhost zum ersten Vermittlungsknoten usf. bis sie schließlich, wenn sie nicht verloren gehen, den Empfängerhost erreichen. Vor allem aber haben die Vermittlungsknoten nichts mit den möglichen Verwendungszwecken (Anwendungen) der Nutzdaten der transportierten Datenstücke in den Endgeräten zu tun, sondern leiten ohne Vorgabe über ihre Verarbeitung in den Endgeräten jede Nutzlast weiter. So verwenden Rechner, die als Endgerät (Host) am Datenaustausch mittels Internet teilnehmen, ganz unabhängig vom unverändert bleibenden Internet neue Datenverarbeitungen wie etwa neu entwickelte Bild- und Audiodateiformate oder auch Dateitauschprogramme und verschicken die nötigen Daten ganz selbstverständlich über die vorhandenen Vermittlungsnetze zu anderen Endgeräten, ohne dass auch nur ein Vermittlungsknoten etwas von der Existenz der neuen Anwendung in den Endknoten bemerken würde, geschweige denn Vorbehalte dagegen anmelden könnte. Demgegenüber bestimmt und limitiert das klassische Telefonnetz die möglichen Datenverarbeitungen der Endgeräte (Sprache, Fax etc.), nimmt also vergleichsweise massiven Einfluß auf die realisierbaren Anwendungen und damit mittelbar auf die transportierbaren Inhalte.

(a) Auch Anschlußprovider betreiben nur Vermittlungsknoten

Die Weiterleitung der von den Hosts mit beliebigen Inhalten bepackten IP-Pakete ist unabhängig von der Zahl, der relativen Lage und der organisatorischen Zuordnung der Vermittlungsknoten zu verschiedenen Rechtssubjekten immer dieselbe. Ob der Betreiber nur über einen einzigen Vermittlungsknoten oder über ein weiträumiges Netz mit zig Routern verfügt, ob sein Vermittlungsnetz unmittelbare Verbindungen nur zu fremden Vermittlungsknoten unterhält oder auch eigene oder fremde Einzelhosts unmittelbar anschließt, ob seine unmittelbaren Netznachbarn bloß Vermittlungsknoten oder doch wenigstens auch eigene Hosts betreiben: all das ist für die Beschränkung der Leistung und Funktion der Vermittlungsknoten auf die Datenweiterleitung ebenso irrelevant wie die Frage, welchen Teil einer konkreten IP-Paketreise zwischen zwei fremden Internet-Hosts die Vermittlungsknoten des jeweiligen Betreibers abwickeln. Es mag sich um den ersten Hop auf Empfänger- oder Senderseite, um irgendwelche Reiseabschnitte zwischen beiden Hosts oder, weil beide Internet-Hosts unmittelbar mit Vermittlungsknoten des Netzes des fraglichen Betreibers verbunden sind, um die ganze Strecke handeln. Auch Größe, Durchsatzstärke und Zahl der Verbindungen eines Routers zu anderen Internet-Knoten ändern nichts an der immer gleichen und bloßen Aufgabe und Funktion der IP-Paketweiterverschickung: der schachtelgroße Router in den Räumen des Heimanwenders steht insoweit auf einer Stufe mit dem Router am POP des lokalen Zugangsproviders und den Hochleistungsroutern der Betreiber großer Internet-Backbone-Netze.

Dabei ist *jede* Verbindung zu einem fremden Vermittlungsknoten eines (relativ größeren oder kleineren) Nachbarnetzes *netztechnisch* ein *Zusammenschluß*, bei dem beide Seiten die Aufgabe übernehmen, die jeweils vom anderen übergebenen IP-Pakete bestimmungsgemäß weiterzuleiten. Das gilt ohne Rücksicht darauf, ob einer und ggf. welcher der beiden jeweils an einer Verbindung Beteiligten dafür zahlt. Es ist ebenso unabhängig davon, ob einer von beiden *nur* über diese Verbindung das übrige Internet erreicht etc. Selbst noch die *unmittelbare* Anbindung eines fremden Endknotens – mit oder ohne WWW-Server oder WWW-Browser – ist ein *Zusammenschluß* zwischen zwei Internet-Rechnern zum Austausch von IP-Paketen mit dem einzigen Unterschied, dass der Host IP-Pakete nur über diese eine Leitung schicken und empfangen kann.

So zeigt sich, daß insbesondere die *Gegenüberstellung von Routerbetreibern und Zugangsprovidern*, die im juristischen Kontext zumeist die größere Inhaltsnähe und Verantwortlichkeit letzterer implizieren soll[198], auf der Ebene der Datenvermittlung in die Irre führt: Jeder Internet-Host ist mit genau einem Internet-Router verbunden. Betreibt der Äußernde diesen ersten Router als Teil seines Netzes in den eigenen Räumen, ist der erste Router des Anschlußproviders an dessen Point of Presence (POP) aus der Sicht des Hosts des Äußernden der zweite Router. Installiert der Äußernde keinen eigenen Router, ist ein Router des Anschlußproviders in dessen Räumen sein erster Router. *Der Zugangsprovider ist nichts weiter als ein Routerbetreiber, der seine Router auch mit Routern oder mit Einzelhosts seiner Kunden zusammenschließt.* Welche Technik dabei verwendet wird, um die Daten von der Internet-Schicht des Hosts oder des Routers des Kunden zur Internet-Schicht des ersten Routers des Anschlußproviders und vice versa zu transportieren, ist ebenso gleichgültig wie die Frage, welche Technik der Anschlußprovider oder andere Internet-Vermittlungsnetzbetreiber verwenden, um die Daten von einem Router zum anderen zu transportieren. Die Verbindung des Hosts mit einem Router noch im Netz des Äußernden mag durch Teilnahme beider Rechner am lokalen FastEthernet, Token-Ring usw. geschehen; in diesen Fällen ist der Router des Äußernden mittels ISDN, DSL etc. via Telefonleitung oder auch über Richtfunk etc. mit dem

198 Statt vieler *Koch*, CR 1997, 193 (199); *Koenig/Loetz*, CR 1999, 438 ff.; *Spindler*, in: Roßnagel, § 5 TDG Rn. 56, 126, 144 f.; *ders.*, in: Hoeren/Sieber, Teil 29 Rn. 352 ff., 354.

Router des Zugangsproviders verbunden. Ebenso wird die temporäre oder permanente Anbindung des Hosts des Äußernden unmittelbar an einen Router des Anschlußproviders beispielsweise mit Hilfe von ISDN, DSL über die Telefonleitung realisiert. Immer geht es um die aus der Sicht des Internet frei gestaltbare sog. Datenübertragungs- und Sicherungsschicht, die für den Austausch der Bits zwischen je zwei Knoten des Internet den Einsatz beliebiger Datenübertragungs- und Netzwerktechniken erlaubt. So kann die Strecke zwischen zwei Routern etwa durch eine allein für diesen Zweck eingerichtete Richtfunkverbindung überbrückt werden. Genausogut lassen sich aber auch beliebige Strecken aus fremden Telekommunikationsnetzen verwenden, die im übrigen internetfremden Zwecken dienen. So *kann* auch die Datenleitung zwischen Kunden-Host oder Kunden-Router und dem ersten Provider-Router über die letzte Meile des alten Telefonnetzes laufen: Der erste bzw. zweite Hop wird in diesen Fällen auf der Sicherungs- und Bitübertragungsschicht eben per Modem, ISDN, ADSL, SDSL etc. über das Telefonkupferkabel realisiert, könnte aber genausogut auch über andere Techniken wie Richtfunk etc. laufen. Ebenso uninteressant ist für die immer gleiche und bloße IP-Paketweiterleitungsfunktion der Internet-Vermittlungsknoten, mit welcher Datenübertragungstechnik die weiteren Verbindungen zwischen den Routern des ersten und ggf. weiteren Vermittlungsnetzbetreibern realisiert werden, ob sich also Verbindungen zwischen zwei Internet-Routern als Strecken eines ATM-, Frame-Relay- oder sonstigen Netzes darstellen. Im Gegenteil wird gerade hier der alltägliche Sinn des *Inter*net anschaulich, der zu einem Großteil darin besteht, über all die ungezählten inkompatiblen Einzelnetze mit ihren verschiedenen Bitübertragungstechniken hinweg den Datenaustausch zu ermöglichen. Technisch gesehen, gibt es nichts, was dem „Anschluß-" oder „Zugangsanbieter" genannten Internet(vermittlungs)netzbetreiber eine größere Verantwortung für Nutzerkommunikationen auferlegen könnte als sonstigen Internet(vermittlungs)netzbetreibern.

(b) Vermittlung des Zugangs zu „dem" Internet?

Man sieht so auch, dass die aus der Sicht des Feierabendsurfers plausible Bezeichnung für den nächsten Vermittlungsnetzbetreiber hinter seinem Heim-PC als „Internet"-Zugangs-Provider (Accessprovider) telekommunikationstechnisch mißverstanden werden kann, scheint sie doch das Internet als etwas vorauszusetzen, zu dem als Ganzem Zugang verschafft werden könnte. Netztechnisch ist jedoch jedes lokale Netz mit Internet-Hosts ein kleiner Teil des Internet, zu dem *sein* Router ebenso den Zugang bestimmt wie umgekehrt ein Router eines anderen Netzes nötig ist, um mit dessen Hosts Daten austauschen zu können und so fort. Auch der Zugangsprovider hat Herrschaft nur über *sein* Netz und kann keinen darüber hinausgehenden Zugang verschaffen. Was den Datenaustausch durch den Rest der zigtausenden von Internet-Vermittlungsnetzen hindurch anbelangt, ist ihm nur das Versprechen möglich, an seine Vermittlungsknoten übergebene IP-Pakete nach bestem Bemühen in Richtung auf das Ziel weiterzuleiten. So erscheint letztlich die Bezeichnung „Anschlußanbieter" treffender, sofern zwei Umstände bewußt bleiben. Zum einen ist kein Anschluß an das als anschließbare Einheit nicht existierende Internet gemeint. Und zum zweiten ist der Anschluß wenigstens eines anderen Netzes an das eigene Vermittlungsnetz, der sich netztechnisch als wechselseitiger Vorgang, als Zusammenschluß darstellt, Existenzbedingung jeder Teilnahme eines Netzes am Internet, und zwar ohne Rücksicht darauf, ob einer der Beteiligten und ggf. wer dafür ein Entgelt entrichtet.

(c) Keine Inhaltszugangsvermittlung durch Vermittlungsknoten

Noch schiefer, ja irreführend erscheint die Aussage, Vermittlungsnetzbetreiber *vermittelten Zugang zu* fremden *Inhalten.* Eine auf Inhalte bezogene Zugangsvermittlung sollte voraussetzen, dass der Vermittler bestimmte *Inhalte* (Texte, Filme, Bilder, bestimmte Inhaltssammlungen, Inhaltskategorien etc.) zugänglich macht und andere nicht oder doch jedenfalls irgendeine *Differenzierung nach Inhalten* vornimmt. Bleiben alle Inhalte zugänglich, könnte eine inhaltsbezogene Vermittlungstätigkeit etwa auf bestimmte Inhalte hinweisen, andere hingegen unerwähnt lassen. Das Vermittlungsnetz leitet aber nur Datenpakete weiter und ermöglicht so einen Teil dessen, was für den Datenaustausch zu beliebigen Zwecken mit anderen Internet-Endgeräten nötig ist. *Zugang* vermittelt der Provider dabei allein zu seinem von Inhalten nichts wissenden Datentransportnetz. Nur das kann er gewähren oder verweigern. Auf *Inhalte* bezieht sich seine Vermittlungstätigkeit gerade nicht. Von Inhaltszugangsvermittlung kann im Falle der Internet-Vermittlungsnetze also höchstens in dem ungeschickten Sinn gesprochen werden, in dem ein Brief- und Paketpostnetzbetreiber den Zugang zu allen Texten aller Absender, ein Telefonnetzbetreiber den Zugang zu den Worten aller Ferngesprächspartner und ein Straßennetzbetreiber den Zugang zu den an sein Netz angrenzenden Grundstücken vermittelt. Es kommt mit anderen Worten nichts als die Banalität zum Ausdruck, daß inhaltsneutrale Transportnetze den Transport aller Inhalte erlauben.

In der Tat kommen diverse Arten der Vermittlung des Zugangs zu eigenen wie auch fremden Inhalten in Datennetzen und auch im Datenverbundnetz Internet vor. Nur die Vermittlungsnetze und ihr Betrieb haben damit nichts zu tun, und zwar unabhängig davon, ob sie über unmittelbare Verbindungen zu Internet-Endknoten verfügen oder nicht.[199] So handelt es sich um eine Form der Inhaltszugangsvermittlung, wenn Online-Dienste wie T-Online oder AOL ein gegenüber dem öffentlichen Internet abgegrenztes Netz betreiben, in dem sie allein entscheiden, welche Anbieter und welche Inhalte den Netzteilnehmern zur Verfügung stehen.[200]

Auch im öffentlichen Internet ist Inhaltsvermittlung möglich, besteht dort aber in erster Linie darin, daß jemand auf seinem WWW-Server Dateien mit Zusammenstellungen anderer WWW-Adressen in der Art eines Katalogs anbietet (Portal). Es geht also

199 Ein Vermittlungsnetzbetreiber *kann* zusätzlich auf einem eigenen Host ein WWW-Angebot mit Verweisen auf weitere eigene und fremde Angebote usf. anbieten (Portal); *das* gehört dann aber wie weitere Zusatzdienste auf der Anwendungsebene in die Kategorie der Inhalteanbieter.

200 Traum der Online-Diensteanbieter war es lange Zeit, ihre Abonnenten allein mit dem eigenen exklusiven Angebot zufriedenstellen zu können, doch fanden sich immer weniger Nutzer, die auf eine Verbindung zum Internet verzichten wollten, so daß sich praktisch alle Online-Dienste gezwungen sahen, ihren Kunden auch den Übergang in das öffentliche Internet zu ermöglichen. *Insoweit* sind die Online-Dienste Anschlußanbieter. Das heißt noch nicht, das Nicht-Abonnenten Zugang zum geschlossenen Angebot der Online-Anbieter haben müssen.

um die Anwendungsebene und läuft letztlich wie bei Suchmaschinen darauf hinaus, dass der Inhaltsvermittler dem Empfänger Hinweise auf andere Angebote in der Gestalt der entsprechenden WWW-Dateiadressen (URL's) zuschickt. Eine wieder andere Vermittlung des Zugangs zu Inhalten leisten Dateientauschanwendungen mit einem zentralen Verzeichnis-Server wie etwa Napster: Der Server erhält von allen aktuell an der „Napster"-Anwendung teilnehmenden Internet-Hosts eine Meldung, welche Dateien sie zum Tausch anbieten, und informiert jeden Teilnehmer, der eine bestimmte Datei nachfragt, über die Adresse anderer Teilnehmer, die eine Datei mit dem gesuchten Namen anbieten. Ein solcher Tauschdienst ist also entgegen einer Erklärung von Napster und der Bertelsmann eCommerce Group[201] sehr wohl mehr als „jeder Internet-Provider" i. S. der das Internet ausmachenden Vermittlungsnetz-Provider. Es handelt sich vielmehr um eine weitere Anwendung für die über die Vermittlungsnetze verschickten Daten, die wie alle anderen Anwendungen (WWW, e-mail etc.) auf die ihr gegenüber gleichgültige Vermittlungsknoten- und -netzinfrastruktur aufsetzt. In der Sache liefert der Verzeichnis-Server-Betreiber zwar nicht Kommunikationsprodukte auf Bestellung, betreibt aber auch keinen anwendungs- und inhaltsneutralen Dateitransport, sondern realisiert einen titelbezogenen Vermittlungsdienst für den Tausch von Äußerungsprodukten.

Der hier interessierende bloße Internet-Anschluß hingegen vermittelt gerade keine Inhalte; er ist schon realisiert und in Betrieb, wenn der oder die angeschlossenen Internet-Host(s) bspw. über gar keine WWW-Browser- oder WWW-Server-Anwendungen verfügen. Daß keine Inhalte vermittelt werden, wird auch daran recht deutlich, dass der Bildschirm des Internet-Hosts im Falle der Aktivierung einer WWW-Browser-Anwendung grau oder weiß, jedenfalls aber leer bleibt, fordert nicht der Anwender – manuell oder über eine beliebig zu wählende Voreinstellung *seines* Browsers – irgendeine Seite von einem als WWW-Server eingerichteten Internet-Host an.[202]

Letztlich betreiben alle Vermittlungsknotenbetreiber einen mehr oder weniger großen Ausschnitt aus einem anwendungs- und inhaltsneutralen Datentransportnetz. Dabei gibt es auf dieser Ebene keine Sonderrollen; alle Vermittlungsnetze und einzeln betriebenen Vermittlungsknoten leiten nur Datenpakete an fremde Internet-Rechner weiter, ohne um Sinn und Zweck der Daten an den Endpunkten der Kommunikation zu wissen oder wissen zu können. Ablehnung oder Annahme einer Inhaltsverantwortlichkeit für den Datentransport schlechthin muß dann *alle* Vermittlungsknoten erfassen, gleich ob sie Daten unmittelbar nur mit anderen Vermittlungsknoten austauschen oder auch von und zu Endknoten weiterleiten.

(2) IP-Paketvermittlung von und zu bestimmten Netznachbarn als Zurechnungsgrund

Sollte der Vermittlungsnetzbetrieb für sich genommen nicht zur Inhaltsverantwortung führen, könnte eine besondere räumliche oder funktional-soziale Nähe des Netz-

201 Nach FAZ v. 20.12.2000, S. 51.

202 Sofern ein Anschlußprovider, der außerdem auch ein Web-Angebot betreibt *und* jede erste WWW-Anfrage nach erneuter Einwahl eines Nutzers unabhängig von deren Ziel abfängt und zwangsweise mit der Einstiegsseite seines Web-Angebots „beantwortet", ist der Anschlußprovider *insoweit* (ein besonders penetranter) Inhaltsanbieter bzw. -vermittler.

betreibers zu *bestimmten* Internet-Netzen oder -Hosts bzw. zu *bestimmten* Netznutzern eine Haftung für den Inhalt der dorthin oder von dort weitergeleiteten Daten begründen.

(a) Paketvermittlung unmittelbar von und zu Hosts als Zurechnungsgrund ?

Es könnte der *unmittelbare Anschluß fremder Hosts* an eigene Router hinreichender Grund sein, von diesen Hosts versandte Inhalte, womöglich auch die ihnen zuzustellenden Inhalte, verantworten zu müssen. Wer hingegen sein Netz mit dem *Router* eines anderen zusammenschließt, bräuchte sich um die Inhalte des vom fremden Router kommenden und ihm zuzuleitenden Datenverkehrs nicht kümmern, weil ja erst irgendwo hinter diesem Router die sendenden und empfangenden Hosts liegen, für die derjenige einstehen mag, der ihnen den Internet-Anschluß verschafft.[203] Was aber geschieht, wenn der Betreiber des angeschlossenen Routers an diesen (auch) eigene Hosts anschließt? Alle lokalen Netze mit mehreren Internet-Hosts sind so strukturiert, daß das Vermittlungsnetz des Anschlußproviders Daten nicht unmittelbar von den Hosts erhält oder diesen zustellt, sondern nur mit dem Router des lokalen Netzes verbunden ist. Und auch Einzel-Hosts lassen sich unschwer an einen eigenen Router hängen, der die Verbindung mit dem Netz des Anschlußproviders hält. Es geht also offenbar nicht so sehr um eine gesteigerte Verantwortung des Übergangs vom eigenen Vermittlungsknoten zum fremden Endknoten, der Daten verarbeitet, als vielmehr um die Verantwortung desjenigen, der anderen Internet-Connectivity für Anwendungszwecke verschafft.

(b) Anschluß von Endkunden als Zurechnungsgrund?

So könnte die verantwortungsbegründende Risikoerhöhung gegenüber dem bloßen Betrieb eines Vermittlungsnetzes darin gesehen werden, dass ein Vermittlungsnetzbetreiber anderen den *Anschluß an das Internet* in einem Sinne *„gewährt"*, der die Entscheidungsmöglichkeit über die Verweigerung des gewährten Gutes, hier des Internet-Anschlusses mitumfaßt. Für eine so begründete Verantwortlichkeit ist es gleichgültig, ob der fremde Host unmittelbar mit dem Netz des Providers verbunden ist oder ob der Nutzer einen eigenen Router betreibt, der die Verbindung mit dem Provider unterhält. Unerheblich muß dann auch sein, ob der Nutzer seinerseits Dritten gegen Entgelt, Kostenbeteiligung oder unentgeltlich den Anschluß an sein Netz erlaubt. Allein entscheidend ist, dass der Netzbetreiber den anderen auch „vom Netz" nehmen könnte. Ein Problem dieser Sichtweise besteht in der genannten, implizit tragenden Vorstellung, es gebe über die Möglichkeit des Internet-Zugangs entscheidende Internet-Teilnetzbetreiber, die es, ähnlich vielleicht den früheren Monopoltelefonnetzbetreibern hinsichtlich des Telefonnetzes, in der Hand hätten, anderen den Internet-Anschluß vorzuenthalten oder zu gewähren. Tatsächlich gibt es aber derzeit nicht nur ungezählte voneinander unabhängige Internet-Anschlußanbieter, von denen keiner das Gut Internetzugang vorenthalten kann, weil zu viele Anschlußalternativen bestehen. Angesichts der einfach realisierbaren und vielfach realisierten Mehrfachanschlüsse ist auch noch nicht einmal sicher, dass ein Anschlußanbieter den tatsächlich in einem bestimmten Zeitpunkt an sein

203 Deutlich in diese Richtung *Koch*, CR 1997, 193 (199).

Netz Angeschlossenen den Zugang zum Internet überhaupt „gewährt“. Wenn ein Host-Betreiber Wert auf Ausfallsicherheit legt und deshalb sein lokales Netz permanent mit zwei voneinander unabhängigen Vermittlungsnetzen verschiedener Betreiber verbindet, fällt es schwer davon zu sprechen, der erste oder zweite gewähre ihm Zugang zum weltweiten Verbundnetz Internet. Kaum noch sinnvoll scheint diese Wertung hingegen, wenn der Betreiber eines größeren Vermittlungsnetzes mit zahlreichen Übergängen zu anderen ebenfalls mehrfach angebundenen Netzen eigene Hosts betreibt, was aber die Realität für fast alle Vermittlungsnetzbetreiber ist. Oder wenn umgekehrt ein Betreiber zahlreicher Hosts diese in ein quantitativ beachtliches, mehrfach angebundenes eigenes Vermittlungsnetz integriert. Gewährt ihm jeder seiner vielen Netznachbarn einen Internet-Zugang? Wohl kaum. Dann aber ist nur schwer daran vorbeizukommen, daß schon jede zweite unabhängige Anbindung auch des lokalen Netzes jedem der beiden Anschlußnetzbetreiber die Position nimmt, in dem er dem Betreiber des lokalen Netzes Internet-Zugang gewährt.

(c) Zusammenschluß mit anderen Rechnern oder Netzen – Haftung für Netznachbarn

Wenn jeder der Netznachbarn eines mehrfach angeschlossenen Netzes Anschluß- oder Zugangsvermittler genannt wird und einen haftungsbegründenden gesteigerten Inhaltsbezug zu Hosts des angeschlossenen Netzes aufweist, zeigt sich, daß in Wirklichkeit nicht die in diesen Fällen von keinem der Nachbarn „gewährte“ Internet-Nutzungsmöglichkeit die Inhaltszurechnung begründet: Es soll vielmehr jeder Internet-Teilnehmer für den Inhalt derjenigen weitergeleiteten IP-Pakete verantwortlich sein, die von Anwendungen der Betreiber unmittelbar angrenzender Nachbarnetze versendet werden oder für diese bestimmt sind. So ist zugleich sichergestellt, dass für jede Veröffentlichung mindestens ein Vermittlungsnetzbetreiber außer dem Veröffentlichenden verantwortlich ist.

Ob nun nur der Anschluß von Endkunden oder jeder Anschluß fremder an eigene Internet-Rechner die Zurechnung der von Hosts der Nachbarn versandten oder empfangenen geistigen Inhalte erlauben soll: Entscheidend ist eine Unmittelbarkeit der Datenweiterleitung, die sich aus der relativen Lage des datenvermittelnden Netzes zu den Internet-Hosts als den Endpunkten des fraglichen Datenaustausches ergibt. Netztechnisch handelt es sich immer noch und nur um die jedem Internet-Vermittlungsknoten wie überhaupt jedem Internet-Teilnetz wesenseigene Datenweiterleitung. *So knüpft Inhaltszurechnung, die den Datenverkehr von und zu den Netznachbarn erfassen will, letztlich eher doch nicht an eine Sonderbeziehung an.* Stattdessen scheint es, als ob die Verantwortlichkeit sich aus dem mit jeder Datenvermittlung gesetzten Kommunikationsunrechtsrisiko ergibt, sodann aber – vielleicht aus Subsidiaritätsgründen – eben auf die Netznachbarn bzw. deren Netze beschränkt wird.

(3) Haftung für Datenvermittlung bei konkreter Kenntnis vom Inhalt oder von der Rechtswidrigkeit eines Äußerungsangebots auf fremden Hosts

Schließlich kann Verantwortung des Vermittlungsknotenbetreibers für den Inhalt von Kommunikationen zwischen fremden Hosts einen *äußerungsbezogenen* subjektiven Tatbestand voraussetzen. Die Schwelle von der zurechnungsfreien Datenvermittlung zur Zurechnung wird dann mit einem bestimmten Grad an Kenntnis oder vorwerfbarer Unkenntnis des Vermittlungsnetzbetreibers vom *Inhalt* konkreter Dateien auf fremden Hosts überschritten. Alternativ oder zusätzlich lassen sich das Wissen oder die Überzeugung von der *Rechtswidrigkeit* der Veröffentlichung, womöglich auch nur ein bestimmter Grad der Erkennbarkeit des Rechtsverstoßes verlangen. Gegenständlich ist eine solche Haftung auf die Weiterleitung von Paketen mit solchen Nutzdaten beschränkt, die dem Transport der jeweiligen Datei dienen[204]. Zeitlich beginnt die Rechtswidrigkeit der Weiterleitung der entsprechenden Pakete[205] mit dem Eintritt des verantwortungs*begründenden* hinreichend konkreten Wissens bzw. Wollens der relevanten Person in der Organisation des Vermittlungsnetzbetreibers[206].

Genügt der äußerungsbezogene subjektive Tatbestand für die Inhaltszurechnung, ist dem Vermittlungsnetzbetreiber Datenverkehr mit rechtswidrigen Veröffentlichungen als Nutzlast unabhängig davon zurechenbar, wo im weltweiten Internet die Datei angeboten wird. Die Pakete können von einem seiner Netznachbarn versendet, auf dem Weg dahin oder auch auf der Durchreise von und in fernere Netze sein. Das Zurechnungselement Inhaltskenntnis läßt sich aber auch durch das Element netztechnischer Nachbarschaft von Ziel- oder Empfängeradresse (soeben (2)) ergänzen. Dann wird nur der Transitverkehr zwischen Hosts in weiter entfernten Nachbarnetze von der Verantwortung ausgenommen, doch umfaßt die Haftung im übrigen unverändert Veröffentlichungen in beliebigen Teilen des Internet, sind sie nur von einem Host eines Netznachbarn angefordert und infolgedessen auf dem Weg zu ihm. Ein noch engerer, ja wohl der engste Haftungstatbestand ließe sich als „*Fortsetzung des Internet-Anschlusses trotz Kenntnis rechtswidriger Veröffentlichungen des Anschlussnutzers*" kennzeichnen und würde al-

204 Soll nicht nur die Versendung der Datei, sondern schon ihre Anforderung durch den Rezipienten haftungsbedingt zu unterbinden sein, ist von Interesse, dass die Anfrage des Empfängers in den meisten Fällen selbst dann nicht rechtswidrig ist, wenn die Versendung der angeforderten Datei strafbar ist: Wer den Verlag um die Übersendung des beleidigenden Buches bittet, begeht ebensowenig Unrecht wie derjenige, der das Buch besitzt oder liest (s. oben S. 59 bei und mit Fn. 79). Nur der *Verbreiter* des Buches macht sich strafbar. Damit hat ein Filter, der schon die Anfrage des Surfers nach Dateien mit rechtswidrigen Veröffentlichungen unterbindet (s. oben S. 50 ff.), ein weiteres Rechtmäßigkeitsproblem.

205 Wie gesehen (oben, S. 105 f.), ist es bloß von sekundärem Interesse, ob das Unterlassen der Verhinderung des Dateitransports, sei es durch Filter oder Abschalten des Netzes, oder das positive Tun des undifferenzierten Dateitransports im Wissen um die entsprechende Datei dem Recht widerspricht.

206 Dennoch muß auch schon vor der tatsächlichen Kenntnis eine Pflicht oder Obliegenheit zur Kenntnis*nahme* und Beschäftigung mit den Inhalten postuliert werden. Denn der Hinweis auf wirklich oder vorgeblich rechtswidrige Veröffentlichungen bedeutet vielfach noch keine Inhaltskenntnis des Hinweisempfängers, was es dem Vermittlungsnetzbetreiber sehr häufig erlauben würde, der Haftung ganz einfach dadurch zu entgehen, daß er sich auf seinen Vermittlungsnetzbetrieb beschränkt, Hinweise ignoriert und so frei von Inhaltskenntnis bleibt.

lein diejenigen hinreichend konkret bekannten Veröffentlichungen zum Gegenstand haben, die Netznachbarn ohne zweiten Internet-Anschluß auf ihren Hosts *anbieten.*

cc) Bewertung I: Haftungsfreiheit des Betriebs der Datenstraßennetze des Internet

Daß der bloße Betrieb von Internet-Vermittlungsknoten Verantwortung für die Inhalte der dadurch ermöglichten Kommunikation begründen soll (oben bb, (1)), ist nicht selbstverständlich. Und auch über eine auf die Kommunikation der Internet-Nachbarn beschränkte Inhaltszurechnung (oben bb, (2)) läßt sich streiten. Muß aber der Vermittlungsnetzbetreiber nicht jedenfalls dann wenigstens zur Unterbindung der Datenvermittlung verpflichtet sein, wenn er um rechtswidrige Veröffentlichungen auf fremden Hosts weiß? Oder nicht zuallermindest dann, wenn sich die Kenntnis auf Hosts bezieht, die zu einem Nachbarnetz gehören oder gar unmittelbar an das Vermittlungsnetz grenzen? In dieser dritten Variante einer Inhaltszurechnungsbegründung (soeben bb, (3)) scheint das Argument sehr stark, es könne niemand sehenden Auges und dennoch rechtmäßig an der rechtswidrigen Verbreitung von Äußerungen mitwirken. Und weigere sich der Vermittlungsnetzbetreiber, die ihm etwa von Betroffenen angezeigten Texte, Bilder oder vielleicht sogar vollstreckbare Unterlassungstitel etc. zur Kenntnis zu nehmen, sei das noch weniger tragbar, da sich niemand durch Wegschauen seiner Verantwortung entziehen könne. Die emotionale Griffigkeit der Argumentation verhält sich jedoch hier – wie häufig – eher umgekehrt proportional zu ihrer Berechtigung, verleitet sie doch – wie nicht selten – zu vorschnellem Urteil.

Tatsächlich läßt sich vielfach zwischen kausalen Beiträgen zu fremdem Verhalten unterscheiden, die unabhängig von mehr oder weniger konkretem Wissen des Beitragenden um Merkmale des fremden Verhaltens unter Einschluß der Rechtswidrigkeit keinerlei Verantwortung für ihre Nutzung unterliegen, und solchen Beteiligungen, bei denen konkretes Wissen um Merkmale des primär fremden Verhaltens jede weitere Mitwirkung rechtswidrig werden läßt. Ersteres, Haftungsfreiheit, gilt insbesondere für diverse Beteiligungen am Transport von Menschen, anderen Körpern, Daten und damit auch von verkörperten und in Daten kodierten Äußerungen durch die Bereitstellung und Unterhaltung öffentlicher Transportinfrastrukturen, sei es von Straßen und Wegen, Schienen- oder Telekommunikationsnetzen. Die zweite Variante, Haftung, kann andere Beiträge zu *demselben* Transport erfassen, beispielsweise wenn der Absender Dienstleister einschaltet, die die Verteilung des Gutes unter Nutzung der von anderen betriebenen, haftungsfreien oder ebenfalls haftenden Transportinfrastruktur abwickeln. So mag etwa der Druckschriftengroßhandel das gebundene Papier mit eigenen Leuten oder unter Inanspruchnahme der Transportdienste Dritter, sei es spezieller Kuriere oder auch eines allgemeinen Paketpostdienstes, zum Einzelhandel bringen: Der Großhändler trägt ausgedünnte Inhaltsverantwortung, aber schon auf der darunterliegenden Ebene des Transports ist es möglich, dass zwar den offene Bücher transportierenden Kurier noch weiter verdünnte Haftung, die verschlossene Pakete annehmende Post hingegen keinerlei gesetzliche Inhaltshaftung und Kontrollpflicht mehr trifft. Dessenungeachtet benutzen die Transporteure öffentliche Verkehrswege, vielleicht auch Verkehrsmittel, und weder der – privat gedachte – Betreiber der öffentlichen Straßen mit oder ohne Verkehrsleitsystem noch die Bahngesellschaft, deren Tram der Zeitungsausträger benutzt oder deren Gepäckwagen die Postpakete befördern, kann durch Vorlage rechtswidriger Texte für den möglichen Transport weiterer Exemplare dieser Äußerung verantwortlich gemacht werden. Es ist also keinesfalls so, daß jeder, der kausale Beiträge zum Transport und zur Verteilung fremder Äußerungen leistet, rechtswidrig handelt, wenn er konkrete Kenntnis von Äußerungsinhalten und der Rechtswidrigkeit ihrer Verbreitung erlangt und dann nicht entweder seinen Transportbeitrag generell einstellt oder die fraglichen Inhalte vom Transport ausnimmt, was Inhaltszugriff und Inhaltskontrolle verlangt. Man darf schon die Bedeutung der Erkenntnis nicht unterschätzen, daß auch im Falle des Betriebs von Internet-Vermittlungsnetzen das Duo aus Kausalität für die Verbreitung und (diffuser oder konkreter) Kenntnis von Verbreitungsinhalten und ihrer Rechtswidrigkeit kein selbstverständlicher Inhaltshaftungsgrund ist. Es muß vielmehr *entschieden* werden, ob es sich bei den Internet-Vermittlungsnetzen um eine öffentliche Datentransportinfrastruktur handelt, deren Betreiber – ähnlich einem Betreiber anderer Straßen- und Wegenetze – nie für die über ihre Wege transportierten Inhalte haften. Dabei gilt für diesen wie für die folgenden teils gängigen, teils weniger üblichen Vergleiche mit anderen Beiträgen zum Transport anderer Äußerungsträger, daß gerade das Neue an den öffentlichen Datentransportnetzen solche Abgrenzungen als Teil der Bewertung und Orientierungshilfe verlangt. Andererseits sind aber Parallelen keine Identifikation und erlauben ohne weiteres keine über die jeweiligen Punkte hinausgehenden, beliebigen und ungeprüften Gleichsetzungen.

(1) Nicht einmal technische Verbreiter der Äußerungen

Die Vermittlungsnetzbetreiber lassen sich noch nicht einmal als technische Verbreiter der Web-Veröffentlichungen erfassen, da ihre Tätigkeit *überhaupt nicht* den Transport *von Äußerungen*, sondern von beliebig verwendbaren Daten zum Gegenstand hat. Geistiger Kontakt im Sinne einer wie grob auch immer zu fassenden inhaltsbezogenen Auswahl transportierter Dateien besteht nicht. Kriterien wie Sparte, Thema, Titel oder auch nur Verkaufszahlen, die spezialisierte und inhaltsneutrale Buch-, CD- u. ä. Händler verwenden mögen, spielen keine Rolle. Die Vermittlungsnetzbetreiber weisen nicht einmal den minimalen Inhaltsbezug auf, den man selbst noch bei konkret inhaltskontaktlosen technischen Verbreitern, etwa einem Transportdienst für verpackte Büchersendungen oder periodische Schriften, darin erkennen könnte, dass er *entscheidet*, bestimmte Äußerungstypen, jedenfalls aber *Äußerungen* zum Empfänger bringen. Der Vermittlungsnetzbetreiber beeinflußt in keiner Weise, welchen Zwecken die von ihm allein transportierten IP-Datengramme dienen. Nicht nur die Typen denkbarer Veröffentlichungen hängen allein von den in den Endgeräten verwendeten Datenanwendungen ab. Auch ob die Daten überhaupt der Kommunikation dienen oder z. B. Software oder Meßdaten für die Verarbeitung im Empfängerhost transportieren, ob die Daten ggf. private oder öffentliche Kommunikation realisieren und welche sonstigen denkbaren Anwendungen verfolgt und realisiert werden, ist allein Sache der Hosts, nicht der Vermittlungsknoten. Der Vermittlungsnetzbetreiber hat keinen Bezug dazu, ob unmittelbar oder mittelbar mit seinem Netz verbundene Internet-Rechner überhaupt über WWW-

Anwendungen verfügen oder beispielsweise nur als Mail-Server etc. arbeiten, ob ein Host mit WWW-Server öffentliche Äußerungen versendet oder nur privater bzw. organisationsinterner Kommunikation dient, ob der Rechner für Rechnerfernsteuerungen, für schriftliche (Internet-Relay-Chat) oder gesprochene (Internet-Telefonie) Echtzeitkommunikation, für den Versand von Audio-, Video- oder Textkonserven benutzt wird. Die Tätigkeit hat keinen Ansatzpunkt auf der Ebene, auf der die Informationsträger in Gestalt der Dateien der verschiedenen Anwendungen mit ihren spezifischen Formaten überhaupt als solche vorliegen. Der Vermittlungsknoten des Zugangsproviders übernimmt eben noch nicht einmal „HyperText-Markup-Language-Dateien“ oder „Printable-Document-Dateien“ zum Transport an Empfänger, sondern die immer gleichen, in der Größe in gewissem Rahmen variablen IP-Datenstücke (Datengramme). Vom ersten bis zum letzten Vermittlungsrechner liegt die Äußerung nicht vor; es werden in Dateipakete verpackte Daten transportiert, die allein für die in Sender- und Empfängerrechner arbeitende Anwendungsebene Sinn ergeben. Die wechselseitige Unabhängigkeit des IP-Datengrammtransports, den die Vermittlungsknoten besorgen, und der Datenanwendungen in Absender- und Empfängerrechner, mit denen die Vermittlungsnetze nichts zu tun haben, prägt als ganz wesentliches Funktionselement den Charakter der Vermittlungsnetze mit. Die Internet-Vermittlungsnetze bilden kein anwendungsspezifisches oder gar auf Äußerungen oder Äußerungsarten beschränktes Verteilsystem, sondern ein vollständig zweck- und inhaltsneutrales Datentransportverbundnetz. Im Vergleich mit den verschiedenen Varianten der Beteiligung am Transport *von Körpern* handelt es sich also eher um ein Brief- oder Paketnetz als um einen Zeitungs- oder Buchverteildienst.

(2) Weniger Betreiber von Paketdiensten als vielmehr von Datenstraßennetzen

Die Vermittlungsnetzbetreiber haben aber nicht nur unter dem Gesichtspunkt der Auswahl des Transportierten keinerlei Inhaltskontakt zu dem, was die Hosts über die Netze verschicken, sondern sind auch in der Frage des tatsächlichen Kontakts zu den von ihrer Entscheidung unabhängigen Inhalten fern jeder Nähe. Datengramme sind *insofern* Postpaketen nicht vergleichbar. Für Transportnetze nach der Art der Paket- und Briefpost mag sich noch so etwas wie ein fallbezogener Restinhaltskontakt daraus ergeben, dass bei der Entgegennahme selbst verschlossener Sendungen bestimmte Paketgestaltungen und andere anläßlich des Transports wahrnehmbare Umstände eventuell inhaltliche Vermutungen und somit Verdachtsbildungen erlauben. Vermittlungsnetzbetreiber nehmen jedoch nicht nur tatsächlich bei ihrer Tätigkeit des Routernetzbetriebs keinerlei Kenntnis von den übernommenen IP-Paketen. Die „Verpackung“ der IP-Pakete, das, was die Vermittlungsinstanzen der Router wahrnehmen, besteht aus Sender- und Empfängerrechneradresse und anderen technischen Übertragungsmerkmalen. Weitere äußerliche Merkmale der IP-Pakete, die inhaltliche Rückschlüsse zulassen, existieren nicht. Und selbst die klassischen Brief- und Paketdienste sind für geistige Inhalte jedenfalls verschlossener Sendungen zu Recht nicht verantwortlich. Überhaupt handelt es sich, bleibt man auf der Ebene des Transports verkörperter Ladungen, um keinerlei Paketnetz herkömmlichen Typs. Eher schon bilden die Vermittlungsnetze ein *Paket- oder Datenstückselbstfahrernetz mit einem Verkehrsleitsystem, an dessen Kreuzungen, den*

Routern, jede Transporteinheit den für den nächsten Streckenabschnitt nötigen Impuls erhält. Man mag jedes Vermittlungsnetz auch als Teil eines gigantischen öffentlichen Rohrpostverbundnetzes denken, das Rohre in jede Straße, in jedes Haus und in jeden Raum führt und in dessen ungezählte Teilnetze jeder (Private, Hoheitsträger, Banken, Werbewirtschaft, Pressekonzerne u. a.) seine Rohrbomben mit beliebigen Inhalten (Rechnung, Brief, Zeitung, Video, Butterbrot) hineinlegt.[207] Oder eben wie ein Straßen- oder Schienennetz, in dem unbemannte Normfahrzeuge, einmal zu beliebigen Zielen losgeschickt, den Weg vom Absender weg zur nächsten Kreuzung sausen und dort von vollautomatischen Verkehrsleitsystemen oder Weichenanlagen in Richtung auf ihr Ziel weitergelotst werden. Letztlich sind die Vermittlungsnetze technisch-sozial bewertet Wege und Kreuzungen, auf denen die Endgeräte ihre Datenpakete laufen lassen. Und die Betreiber der Vermittlungsnetze sind keine Transporteure verpackter Äußerungen, sondern bauen und unterhalten das öffentliche Straßennetz, auf dem andere unter anderem Äußerungen transportieren. Das gilt für Datenautobahnknoten und -teilstrecken in Gestalt der Hochleistungsrouter und Gigabit-Leitungen ebenso wie für kleinere Vermittlungsnetze des überregionalen und regionalen Datenverkehrs. Es gilt genauso aber auch für den Betrieb der schmalen bis breiten Sackgassen oder Grundstückszufahrten und -zugänge in der Gestalt dünner oder breitbandiger Datenanbindungen, an deren Ende abseits gelegene oder im Zugangsverkehr erstickende, gewerblich oder privat genutzte Grundstücke in der Gestalt der Internet-Hosts vom Heim-PC bis zum Hochleistungsserver liegen. Die Internet-Vermittlungsnetze sind dann eine öffentliche Datentransportinfrastruktur, deren Betreiber – ähnlich Betreibern anderer Straßennetze – nie und selbst dann nicht für die über ihre Wege transportierten Inhalte haften, wenn Dritte sie überzeugend darauf hinweisen, dass von einem Grundstück mit unmittelbarem Netzanschluß Transporte mit urheberrechtswidrigem, jugendgefährdendem oder sonst rechtswidrigem Inhalt starten und von dem Verkehrsleitsystem des Netzbetreibers durch Staus geführt, den Weg zum Empfänger suchen.

(3) Bloße Telekommunikationsnetze

Nun fließen durch die Vermittlungsnetze keine greif- und sichtbaren Pakete, sondern Daten, was den Vergleich zu herkömmlichen Telekommunikationsnetzen herausfordert. Tatsächlich, und diese Feststellung ist der Hervorhebung wert, *sind die Internet-Vermittlungsnetze schlicht und bloß Telekommunikationsnetze*, die den Austausch beliebiger Daten zwischen den Endgeräten, den Internet-Hosts ermöglichen.[208] Sie bleiben

---

207 Vielleicht in mancher Hinsicht dem Netz ähnlich, dessen Reste bei *Georg Klein*, Libidissi, Alexander Fest Verlag, 1998, vorkommen. Man beachte, dass über die Internet-Vermittlungsnetze keine Explosivbomben transportiert werden können, dass aber selbst diese Möglichkeit klassische Postverteildienste nicht für die kommunikativen Inhalte von Briefen und Paketen verantwortlich werden läßt. Man beachte ferner, dass netzvermittelte Sabotage an Steuerungsnetzen, die unmittelbare sächliche Zerstörungen zur Folge haben kann, ebenfalls nichts mit den kommunikativen Inhalten zu tun hat.

208 In dieser Hinsicht handelt es sich um ein rein technisches Detail, daß die Vermittlungs- oder Netzschicht im Internet (Internet-Schicht) verbindungslos und nicht, wie im klassischen Telefonnetz, verbindungsorientiert konzipiert ist. *Verbindungsorientierte Vermittlungsschichten,* in Computernetzen durch virtuelle Verbindungen realisierbar, sind unter anderem dadurch gekennzeichnet, daß ein Ver-

technisch Telekommunikationsnetze selbst dann noch, wenn „Telekommunikationsgesetz" genannte Normierungen ganz oder teilweise, bewußt oder aus Unkenntnis, freiwillig oder durch höherrangiges Recht gezwungen, das Internet von ihrem Anwendungsbereich ausnehmen sollten. Sie bleiben ebenso Telekommunikationsnetze, wenn andere Gesetze die Internet-Vermittlungsnetze offenbar anders als andere Telekommunikationsnetze behandeln, sie – wie beispielsweise Mediendienstestaatsvertrag, Teledienstegesetz oder ECRiLi – als Mediendienste, Teledienste oder Dienste der Informationsgesellschaft bezeichnen und besonderen (zusätzlichen) Regeln unterwerfen. Und es handelt sich immer noch nur um Telekommunikation, wenn der Vermittlungsnetzbetreiber seine Router nicht nur mit fremden Routern sondern auch unmittelbar mit fremden Hosts verbindet. Auch der „Zugangsvermittler" genannte Netzbetreiber erbringt also nichts weiter als eine Telekommunikationsleistung. Schließlich bleibt der Telekommunikationscharakter des IP-Verkehrs zwischen den Endgeräten (Hosts) davon unberührt, ob die Nutzlast eine für jede abrufbare Web-Datei, eine Rechnung oder einen Privatbrief enthält.

(a) Inhaltsferner als die überkommenen sprachtelefoniezentrierten Telekommunikationsnetze

Die Internet-Teilnetze sind Telekommunikationsnetze, die, wie gesehen, noch sehr viel weiter von den Kommunikationsinhalten abgekoppelt sind als die hergebrachten, auf Sprachtelefonie konzentrierten Netze. Während die überkommenen Telefonnetze die möglichen Netzanwendungen festlegen und damit darüber mitentscheiden, welche Kommunikationstypen ihre Nutzer realisieren, haben die Internet-Vermittlungsnetze keinerlei Einfluß auf die Verwendung der transportierten Daten. So gesehen, trägt die Ermöglichung von Kommunikation durch den Betrieb von Internet-Vermittlungsnetzen eine Inhaltszurechnung noch weniger als der Betrieb der bekannten Telefonnetze.

(b) Veröffentlichungen per Telekommunikation und das Telekommunikationsgeheimnis

Steht das Telekommunikationsgeheimnis einer Inhaltskontrolle entgegen? Insbesondere die verbreitete Verwendung dieses Geheimnisschutzes als Argument gegen eine Inhaltshaftung allein sogenannter „Netzbetreiber", nicht aber der „Anschlußprovider", bedarf der Nachprüfung.

Unklarheiten über das Verhältnis von Fernmeldegeheimnis und Inhaltshaftung der Internet-Vermittlungsnetzbetreiber werden womöglich schon durch eine gewisse Unbedarftheit des Gesetzgebers gefördert. § 8 II 2 TDG erklärt ähnlich wie zuvor § 5 IV TDG (1997), daß – möglicherweise – nach anderen Gesetzen bestehende Verpflichtun-

bindungsaufbau zwischen den Endgeräten vorab nötig ist, daß sodann alle Pakete derselben vorbestimmten Verbindungsroute folgen und nicht die volle Zieladresse benötigen und daß ein Routerausfall (Vermittlungsknotenausfall) alle über ihn laufenden Verbindungen beendet. Demgegenüber benötigen *verbindungslose Vermittlungsschichten wie im Internet* keinen Verbindungsaufbau zwischen den Endgeräten; stattdessen wird jedes Paket mit voller Zieladresse unabhängig von seinen Kolleginnen befördert, und Routerausfälle bleiben wirkungslos, da sie bloß zum Verlust der gerade beim Router befindlichen Pakete führen.

gen der Vermittlungsnetzbetreiber zur Sperrung der Nutzung von Informationen von den Verantwortlichkeitsausschlüssen des datendienstspezifischen Gesetzes unberührt bleiben. Gleichzeitig, so verlangt § 8 II 3 TDG in Anlehnung an § 5 IV TDG (1997), ist das Fernmeldegeheimnisses nach § 85 TKG zu wahren. Dabei ist noch recht eindeutig, dass die Einhaltung des Fernmeldegeheimnisses (nur durch den Vermittlungsnetzbetreiber?) Bedingung für die Ausschaltung der datendienstspezifischen Haftungsausschlüsse ist, dass also Sperrungsverpflichtungen nach anderen Gesetzen, wenn sie dort vorgesehen sein sollten, jedenfalls nicht ohne und nicht vor einer fernmeldegeheimniskonformen Inhaltskenntniserlangung greifen können.[209]

Was aber bedeutet die Wahrung einer Fernmeldegeheimnisbindung als Inhaltshaftungsvoraussetzung, wenn *einerseits* der geschützte Inhalt veröffentlicht und also von jedermann ohne Geheimnisschutzverletzung „erkannt" werden kann, *andererseits* aber jeder IP-Paketversand, enthalte er die fragliche, eine andere oder gar keine Veröffentlichung, gerade gegen Ausspähung dieser Inhalte vom Telekommunikationsgeheimnis geschützt wird? Genau dieser Umstand bleibt unbeachtet, wenn einerseits den „Netzbetreibern" bescheinigt wird, sie seien durch das Telekommunikationsgeheimnis an Inhaltskontrolle gehindert und könnten deshalb auch nicht inhaltsbezogen haften[210], wenn andererseits aber die „Zugangsprovider" genannten Internet-Vermittlungsnetzbetreiber, die ihre Router mit Hosts und Routern von Netzanwendern verbinden, für Inhalte verantwortlich sein sollen, ohne daß das Telekommunikationsgeheimnis als mögliches Hindernis auch nur erwähnt wird[211]. An dieser Stelle ist es erneut hilfreich, sich die Zweistufigkeit jeder verbreitungsunterbindenden Inhaltskontrolle zu vergegenwärtigen: Mit der Identifikation einer gewissen Veröffentlichung als rechtswidrig ist es nicht getan; es müssen im zweiten Schritt noch die einzelnen Exemplare bzw. Verbreitungsvorgänge identifiziert und aufgehalten bzw. unterbunden werden.

Schützt das Telekommunikationsgeheimnis Telekommunikation, kann zunächst eine Befreiung der als Anschlußprovider auftretenden Vermittlungsnetzbetreiber vom Fernmeldegeheimnis nicht überzeugen. Das gilt unabhängig davon, ob die Bezeichnung der angeblich allein geheimnisverpflichteten „Netzbetreiber" nur Internet-Vermittlungsnetzbetreiber ohne unmittelbare Endkundenanschlüsse meint, nur Betreiber von Leitungen zwischen Internet-Knoten oder beide erfassen soll. Denn um Telekommunikation handelt es sich bei der Weiterleitung der IP-Datenpakete durch die Vermittlungsknoten des Zugangsproviders von und zum Endkunden ebenso wie beim Betrieb aller anderen am Internet teilnehmenden Vermittlungsknoten. Gleiches gilt für den Betrieb von Leitungen, die die Betreiber von Internet-Vermittlungsknoten und Endknoten nutzen, um Ver-

---

209 Dabei ist auch unerheblich, ob die Klausel klarstellend auf ein Telekommunikationsgeheimnis verweist, das ungeachtet der normhierarchischen Gleichrangigkeit telekommunikationsgesetzlicher Regelung und datendienstebezogener Norm aus Kompetenz- oder Spezialitätsgründen ohnehin gilt, oder ob das TDG vorbehaltlich verfassungsgesetzlicher oder europarechtlicher Vorgaben auch den Datenversandgeheimnisschutz abweichend regeln *könnte*. Selbst wenn der ausdrückliche Hinweis auf die Wahrung des Telekommunikationsgeheimnisses als Verantwortlichkeitsvoraussetzung fehlen würde, spräche wohl mehr dafür, daß keine Ausnahme von einem nach den einschlägigen Gesetzen eingreifenden Fernmeldegeheimnis gemacht werden soll, daß es also, soweit es greift, so oder so gilt.

210 *Hoeren/Pichler*, in: Loewenheim/Koch, S. 381 (446, 451, 454).

211 *Hoeren/Pichler*, in: Loewenheim/Koch, S. 381 (441 ff., 445, 450 f., 453 f.); richtig *Lohse*, S. 157.

bindungen zwischen Vermittlungs- oder zwischen solchen und Endknoten zu schaffen. Wenn also alle Telekommunikationsnetz- und -leitungsbetreiber, darunter die klassischen Telefonnetzbetreiber und die Internet-Vermittlungsnetzbetreiber unter Einschluß der Internet-Anschlußprovider bloße Telekommunikation betreiben, kann dann dennoch allein letzterer vom Fernmeldegeheimnis ausgenommen sein? Gesetze wie TDG, EGG, MDStV und ECRiLi mögen Sonderregelungen für die Telekommunikationsleistung „Anschluß von Internet-Endgeräten" enthalten, die für die Telekommunikationsleistung „Anschluß von Telefonendgeräten" nicht gelten. Und man mag auch nicht ausschließen, dass dem Gesetzgeber der Charakter der Leistung „Internet-Anschluß" als Telekommunikation entgangen ist. Doch darf dies ungeachtet seiner ausdrücklichen Hinweise auf die Unberührtheit telekommunikationsgesetzesrechtlicher Geheimnisschutzregelungen nicht so verstanden werden, der Datenvermittlung über das Internet solle der Telekommunikationscharakter und den Daten die Schutzwürdigkeit im Sinne der Ratio des Fernmeldegeheimnisses per Fiktion abgesprochen werden. Wenn der Anschlußprovider der B-KG die von dieser seinem Netz übergebenen IP-Pakete auf Telefonverkehr und e-mail hin untersucht, d. h., die Pakete nicht nur weiterleitet, sondern kopiert und auf Filterhosts „öffnet", greift das Telekommunikationsgeheimnis.

Sind aber alle Vermittlungsknotenbetreiber unter Einschluß der Anschlußprovider an das Telekommunikationsgeheimnis gebunden, bleibt mindestens mißverständlich auch die in der besagten Differenzierung offenbar allein und ausschließlich den „Netzbetreibern" zugutekommende Prämisse, das Fernmeldegeheimnis untersage ihnen inhaltliche Kenntnisnahme[212]. Niemand und auch kein Telekommunikationsdienstleister, unterhalte er Internet-Knoten oder nicht, ist fernmeldegeheimnisrechtlich daran gehindert, beliebige Veröffentlichungen auf beliebigen Internet-Hosts mit oder ohne unmittelbare Verbindung zum eigenen Netz zur Kenntnis zu nehmen. Er sieht die Inhalte nur *nicht* anläßlich der Tätigkeit beispielsweise *als Zugangsprovider*: Seine wie alle anderen Router werden allein von verpackten und für die Router undurchsichtigen Datengrammen durchlaufen. Aber natürlich kann er – infolge eines Anstoßes durch Kommunikationsbetroffene oder aus sonstigen Gründen – die entsprechende Seite über einen eigenen Host mit WWW-Browser *als Rezipient* anfordern und begutachten.

Fragwürdig ist dann drittens aber der offenbar zum Nachteil der Zugangsprovider angenommene Satz, mit der – als Surfer oder ohne Eigenprüfung erlangten – Inhaltskenntnis könnten Vermittlungsknotenbetreiber nun ohne Berührung des Telekommunikationsgeheimnisses den Transport der fraglichen Datei durch ihr Netz sperren. Jeder Telekommunikationsnetzbetreiber, durch dessen Netz hindurch IP-Pakete von oder zu dem fraglichen Host transportiert werden, kann dies ohne Eingriff in das Telekommunikationsgeheimnis allein durch das Kappen der Leitungen verhindern. *Dazu* ist sogar nicht nur der Internet-Vermittlungsnetzbetreiber, sondern selbst derjenige in der Lage, der bloß Leitungen für die von anderen betriebenen Vermittlungsnetze bereitstellt.[213] Sobald aber aus den tatsächlich transportierten Datenströmen Datengramme mit be-

212 So etwa *Hoeren/Pichler*, in: Loewenheim/Koch, S. 381 (446, 451).

213 Also etwa die Telekom oder ein anderer Telekommunikationsnetzbetreiber, der Leitungen aus seinem Netz einem anderen für dessen Internet-Vermittlungsnetz zur Verfügung stellt (s. oben, S. 46).

stimmten Inhalten herausgefiltert werden sollen, müssen erst die IP-Pakete mit der fraglichen Ziel- bzw. Senderadresse isoliert werden. Soll sodann nicht der gesamte Verkehr von und zu dem fraglichen Host bzw. Netz mit allen rechtmäßigen Datentransporten (andere WWW-Dateien, e-mail etc.) gesperrt werden, sind die Vermittlungsknoten um Filterhosts aufzurüsten, die die nach Provenienz oder Ziel vorsortierten Pakete „öffnen", um aus der Vielzahl der transportierten Anwendungsdaten die fragliche Anwendung und sodann die fragliche Datei herauszufiltern. Das alles sind massive Eingriffe in das Telekommunikationsgeheimnis wenigstens desjenigen IP-Paketverkehrs, der keine Daten der rechtswidrigen Veröffentlichung enthält. Dieses Ergebnis ließe sich mit der Auffassung vermeiden, eine computerförmige Inhaltsuntersuchung und -bewertung von Texten, Bildern, Internet-Telefongesprächen anhand von Schlüsselwörtern, Symbolen, Titeln und komplexeren Indikatoren berühre das Geheimnis nicht, weil nicht zwingend immer auch Menschen die Inhalte zur Kenntnis nehmen. Folgt man dem nicht[214], könnten noch ausdrückliche gesetzliche Hinweise nach der Art des § 8 II TDG dahingehend zu deuten sein, sie erlaubten die Aufhebung des Telekommunikationsgeheimnisses hinsichtlich des gesamten Datenverkehrs von und zu bestimmten Hosts bzw. Netzen, wenn nur der Vermittlungsnetzbetreiber telekommunikationsgeheimniskonform Kenntnis davon erlangt habe, daß ein bestimmter Inhalt von dieser Stelle rechtswidrig öffentlich angeboten wird. Näher liegt allerdings die Annahme, der Gesetzgeber habe nicht genauer über die Rolle nachgedacht, die der von Anschlußprovidern und anderen Vermittlungsnetzbetreibern geleisteten Telekommunikation bei der Veröffentlichung von Äußerungen mittels IP-Pakettransport durch das Internet zukommt.

Wahrscheinlich rührt der unpräzise Umgang mit dem Telekommunikationsgeheimnis auch daher, daß die Veröffentlichung von Äußerungen mittels Telekommunikation und damit der Schutz *öffentlicher* Kommunikation durch das Telekommunikations*geheimnis* dem einen oder anderen merkwürdig oder gar neu erscheinen mag. Doch ist das Phänomen offline bekannt und bewährt: Die nicht offen, sondern in verschlossener Sendung versandten Flugblätter, Wirtschaftsbriefe und selbst anderswo öffentlich verkauften Druckschriften sind auf ihrem Transportweg als Postsendung – auch durch das Postgeheimnis – gegen inhaltskontrollierende Zugriffe geschützt. Und kaum jemand würde meinen, daß ein Postunternehmen mit dem Wissen um einen äußerungsbezogenen Unterlassungstitel gegen einen Verlag von nun an alle Büchersendungen dieses Verlages zur Vermeidung eigener Inhaltshaftung öffnen müßte oder auch nur dürfte. Wenn die DDR ihre dort öffentlich vertriebenen Pamphlete per Post in die Bundesrepu-

214 Die auf den ersten Blick reizvolle Ausgrenzung des rein technischen Zugriffs auf den Inhalt von Telekommunikation aus einfachgesetzlichen und grundrechtlichen Schutzbestimmungen dürfte sich als nicht haltbar erweisen (vgl. auch BVerfGE 100, 313 [366]): Wird der Inhalt eines Telefonats oder einer e-mail abgefangen oder aufgezeichnet, ist das Geheimnis auch dann erbrochen, wenn nur Spracherkennungsprogramme die Kommunikationsinhalte auswerten; werden Brief- oder Paketsendungen geöffnet und die in ihnen versandten Datenspeicher allein von Computern inhaltlich durchsucht, ist das Telekommunikationsgeheimnis beeinträchtigt. Gleiches gilt, wenn der Zugangsprovider die IP-Datenpakete nicht einfach auf der Vermittlungsschicht zum nächsten Router weiterleitet, sondern „öffnet", d. h., auf die Anwendungsschicht holt und dort mit der passenden Anwendungssoftware versucht, den Sinn der Datengrammnutzdaten daraufhin zu untersuchen, ob sie bspw. eine bestimmte URL anfordern usf.

blik schickte oder wenn heute im Ausland aufgegebene Postsendungen mit pornographischen oder radikalen Schriften deutsche Postunternehmen erreichen, dann mögen Gesetze wie das Gesetz zur Überwachung strafrechtlicher und anderer Verbringungsverbote (GÜV) im Wege staatlicher Indienstnahme den Unternehmen aufgeben[215], im Falle hinreichender Verdachtsmomente die Postsendung an die für staatliche Inhaltskontrolle zuständigen Stellen weiterzuleiten. Doch gibt es keine Pflicht, alle Sendungen von Absendern, deren Unterlassungsschuldnerschaft der Post infolge der Vorlage entsprechender Unterlassungstitel bekannt ist, zu öffnen und inhaltlich zu prüfen. Aber auch die herkömmlichen Telefonnetze werden als Verbreitungsweg für öffentliche Kommunikation genutzt, ohne daß eine Information über vollstreckbare Titel gegen Anschlußinhaber die Telefongesellschaft vor die Alternative inhaltlicher Haftung oder Filterung bzw. Sperrung des Telefonanschlusses stellen würde. Druckt eine Tageszeitung ihre Auflage über das Verbreitungsgebiet verteilt an drei Orten und sendet allabendlich den Inhalt der neuen Ausgabe über die Leitungen des Telefonnetzes zu den Druckereien, kann der Telefonnetzbetreiber auch nicht durch Vorlage von Unterlassungstiteln dazu gezwungen werden, die Unterlassung der wettbewerbswidrigen Anzeige durch Filterung oder Kappung des Anschlusses sicherzustellen. Und sollte ein Verlag das Telefonnetz in gleicher Weise nutzen, um den Datensatz einer Druckschrift an den Einzelhandel zu schicken, der erst den Ausdruck übernimmt, ist die Telefongesellschaft nicht verpflichtet, für die Einhaltung der dem Verlag gegenüber ergangenen Unterlassungstitel zu sorgen oder die Beachtung sonstiger inhaltlicher Verbreitungsbeschränkungen zu überwachen. Im übrigen ist die Nutzung der herkömmlichen Telekommunikationsnetze sogar für den Transport öffentlicher Äußerungen zum Endempfänger bereits üblich, ohne daß deshalb die Telefonnetzbetreiber zu inhaltlicher Verantwortung gezogen werden könnten: Periodische Wirtschaftsdienste, sonstige Informationsblätter und andere Veröffentlichungen sind nicht selten im Wege des Faxabrufs erhältlich, also einer Form des Ausdrucks beim Endempfänger, wie sie auch das Internet ermöglicht.

Letztlich geht es wiederum um den „Fortschritt" des Internet gegenüber den überkommenen Telekommunikationsnetzen, der darin besteht, dass die Internet-Vermittlungsnetze als anwendungs- und inhaltsneutrale Datennetze keinen relevanten Einfluß mehr auf die Möglichkeiten ihrer Nutzung durch die Endgeräte ausüben und dadurch auch Veröffentlichungen per Telekommunikation sehr viel einfacher werden. Dies bestärkt die Wertung, nach der die Internet-Vermittlungsnetzbetreiber einschließlich der Zugangsprovider nur eine von anderen für beliebige Transporte genutzte öffentliche Datennetzinfrastruktur unterhalten, die für Inhalte transportierter Kommunikation ebensowenig verantwortlich sind wie die Betreiber öffentlicher Straßen und Wege. Soweit dennoch gerade der – nur in der Übergangszeit als solcher spürbare – Zuwachs an Freiheit infolge der neuen Datentransportinfrastruktur eine Inhaltshaftung der Netzbetreiber begründen soll, reduziert sich das Argument letztlich darauf, daß eine Freiheit und Verantwortung allein der Straßennutzer für ihre Kommunikation dann nicht mehr sein darf und die Straßenbetreiber trotz natürlicher Verantwortungsfreiheit haften müssen, wenn

215 Präsens, da das GÜV, gleichwohl es im Postgesetz-Kommentar nicht erwähnt wird und derzeit bedeutungslos sein mag, nach wie vor gilt (zuletzt g. d. Art. 2 d. G. v. 14.12.2001, BGBl. I 3714).

das Straßennetz so effektiv wird, dass es vielen viel Freiheit auch zu öffentlichen Äußerungen verschafft (s. noch unten dd, S. 143 ff.).

Tatsächlich ist die Öffentlichkeit der Internet-Vermittlungsnetze für die Frage der Verantwortlichkeit ihrer Betreiber von Relevanz. Wie etwa im Falle sonstiger Telekommunikations- und Straßennetze gibt es Bewegungs- und Aktionsräume, deren Nutzungsfolgen mit zunehmender Öffentlichkeit und auch wegen dieser Öffentlichkeit den Nutzern und nicht mehr den Betreibern des Raumes zuzurechnen sind. Der Betreiber eines öffentlichen Platzes, auf dem neben anderen Nutzungen ein jeder öffentlich sprechen darf, wird schwerlich für Inhalte von Reden Fremder verantwortlich sein; sehr viel eher hingegen derjenige, der die kommunikative Nutzung des im übrigen öffentlichen Platzes auf von ihm ausgesuchte Beiträge zur Förderung seiner eigenen inhaltlichen Interessen beschränkt. Ähnliches gilt für private Telekommunikationsnetze, die beispielsweise allein dem organisationsinternen Datentransport zur Verfügung stehen. Ist aber einmal eine (neue) Kommunikationstransportstruktur hinreichend öffentlich geworden, was – wie im Falle des Internet – zumeist einfache Verfügbarkeit und große Verbreitung voraussetzt, bleibt auch keine Wahl mehr, die Nutzungsfolgen dennoch den Transportstrukturbetreibern mit dem Argument zuzurechnen, *die alten Transportmöglichkeiten seien ja öffentlich und damit eigenverantwortlich zu nutzen, die neue hingegen nur zusätzlicher Luxus.* Natürlich benötigte man in den Anfängen des Telefons kein Telefongeheimnis, war doch allen der Brief als der typische Weg zur vertraulichen Kommunikation unter Abwesenden bekannt und vertraut. Doch kommt es darauf an, welchen technisch-sozialen Weg die jeweilige Kommunikation tatsächlich wählt; tritt neben den Briefwechsel und an seine Stelle zunehmend das Telefonat, sind ab einer bestimmten quantitativen Bedeutung die – heute althergebrachten – Telefonnetze öffentliche und neutrale Transportinfrastrukturen für diese Kommunikation.

(4) Datennetzspezifische Reformulierung und Fazit

Die Zurechnungsfrage läßt sich auch ohne den Vergleich mit bekannten Transportnetzen datennetztechnisch fassen. In den vergangenen Jahrzehnten hat man damit begonnen, die überkommenen intelligenten Telekommunikationsnetze mit ihren dummen, im Wesentlichen auf Sprache beschränkten (Telefon)Endgeräten durch dumme Telekommunikationsnetze (Internet-Vermittlungsnetze) mit intelligenten Endgeräten (Internet-Hosts) zu ergänzen und zu ersetzen, die alles und damit auch Massenveröffentlichungen beherrschen. Kann dann das Mehr an Freiheit für die Nutzer der öffentlichen Netze durch ein Mehr an Haftung und Kontrolle der Netzbetreiber ausgeglichen werden? Jedenfalls für die Betreiber der bloßen Datentransportnetze, die Vermittlungsnetzbetreiber unter Einschluß der sogenannten Anschlußprovider, besteht kein hinreichender Inhaltshaftungsgrund. Insbesondere die Ignoranz der Netze gegenüber dem Sinn und Unsinn der transportierten Daten, die die Zahl und die Art der möglichen Anwendungen der Phantasie der Endgerätebetreiber überläßt, rückt die Internet-Vermittlungsnetze von den zentral beherrschten klassischen Telefonnetzen ab.

Stattdessen handelt es sich um eine Art öffentliches Straßen-, Schienen-, oder eben Datenwegenetz mit automatischem Verkehrsleitsystem, auf dem ein jeder seine Transporteinheiten mit beliebiger Nutzlast versieht, auf ein Ziel programmiert und losschickt. Netzbetreiber können dann die schmalen Sackgassen bis zu den einzeln gelegenen Grundstücken als den Netzendpunkten, die kleineren Wege und Kreuzungen des Gewerbe-, Wohn- oder Mischgebiets, aber auch die für viel Durchgangs- und Anliegerverkehr ausgelegten breiten Straßen und Plätze bauen und unterhalten. Obwohl der Anschluß der Grundstücke an das Netz und der Netzbetrieb kausal für jeglichen Transport jeglichen Inhalts zwischen den Grundstücken sind, ist die damit auch für inhaltlich rechtswidrige Transporte gesetzte Ursache doch kein Grund, dem Netzbetreiber die transportierten Inhalte mit der Folge einer Haftung und dem haftungsbedingten Zwang zur Kontrolle des Inhalts der Transporte der Netzbenutzer zuzurechnen. Der Inhaltskontakt des Netzbetreibers ist gleich Null; der Netzbetreiber wird kausal für *alle* Inhalte. Zuzurechnen ist ihm *keiner*. Seine Verantwortung liegt fern und scheidet aus. Ganz natürlicherweise und schon unabhängig von etwaigen unzumutbaren Beeinträchtigungen der Freiheiten der Netznutzer.

Die natürliche Inhaltshaftungsfreiheit der *Internet-Vermittlungsnetzbetreiber* läßt die Möglichkeit gesetzlicher Inhaltshaftung der *Host-Betreiber* als technischer Verbreiter fremder Äußerungen unberührt. Soweit jedoch Veröffentlichungen auf dem eigenen Internet-Host in eigenen Räumen erfolgen, ist es ein evolutionär-zufälliger Nebeneffekt der Haftungsfreiheit der Vermittlungsnetze, daß diese Äußerungen auch ohne explizite Einflußnahme des Äußerungsinteresses völlige Freiheit von haftungsgesetzlich erzwungener Inhaltskontrolle durch technische Verbreiter genießen.

dd) Bewertung II: Keine künstliche Vergeistigung der Internet-Vermittlungsnetze

Selbst wenn den Datenstraßennetzbetreibern der für jede Inhaltszurechnung und -haftung nötige minimale Inhaltsbezug fehlt, könnten doch Besonderheiten des Internet ihre natürliche Haftungsfreiheit überspielen und die inhaltskontaktlose und an sich haftungsfreie Infrastruktur nichtsdestotrotz für die Inhalte der Nutzerkommunikationen verantwortlich machen. Eine solche Argumentation wird ungeachtet erheblicher Variationsmöglichkeiten und unabhängig davon, ob sie die Problematik des fehlenden Inhaltsbezugs überhaupt erwähnt, im Kern letztlich immer auf dieselbe Aussage hinauslaufen: Die Internet-Vermittlungsnetze erleichtern Veröffentlichungen und erhöhen damit Kommunikationsrisiken, die nicht den technikbedingt über mehr Freiheit verfügenden Nutzern, sondern den Technikern in der Gestalt einer Haftung zuzuordnen und zuzurechnen sind. Unabhängig von der (Mehrfach-)Zugehörigkeit der jeweils fokussierten Kommunikationsinhaltsschranken und Zurechnungsnormen zu Straf-, Urheber, Marken-, Jugendschutzrecht und weiteren Rechtsgebieten läßt sich die Setzung eines erhöhten Risikos fremden Kommunikationsunrechts als Begründung für eine Haftung der Vermittlungsnetzbetreiber vor allem in zwei Varianten darstellen.

(1) Wer mehr Kommunikationsfreiheit für andere und damit erhöhte Kommunikationsgefahren schafft, unterliegt deshalb noch lange keiner Inhaltsgefährdungshaftung

Ein allgemeiner Ansatz dürfte darauf abheben, neue gefährliche Technik müsse Gefährdungshaftung oder doch wenigstens strenge Verkehrssicherungspflichten, keinesfalls aber Haftungsfreizeichnung nach sich ziehen. So habe auch, wer durch Beteiligung an der computergestützten Datentransporttechnik „Internet" sehr viel mehr Menschen als zuvor sehr viel einfacher zu handhabende Verbreitungswege bereitstelle, für die damit vermehrte Gefahr von Kommunikationsunrecht einzustehen.

Nun trifft der Satz, daß, wer anderen mehr Freiheit verschaffe, für die daraus resultierenden erhöhten Risiken einzustehen habe, häufig zu, vielfach aber auch nicht. Dabei dürfte unentschieden sein, was für menschliche Gesellschaften von größerer Bedeutung ist: daß gewisse Ermöglichungen abstrakt riskanten und konkret vielfach schädlichen Verhaltens haftbar sind oder daß die Schaffung und Unterhaltung anderer Voraussetzungen zu solchem Verhalten haftungsfrei bleiben. Die zweite Variante fällt nur dem Haftungsrecht nicht immer als gleichermaßen relevant auf, neigt es doch zuweilen in einer keinesfalls schlechthin negativ zu bewertenden Konzentration auf Haftungs*begründungen* dazu, Abwesenheit von Haftung mit Haftungslücken gleichzusetzen, und übersieht so ihre vielfach wahre Natur als wesentliches Element richtiger rechtlicher Zuweisung von Freiheitsrisiken. Wer recht konkret umrissene Tätigkeiten für andere übernimmt, haftet häufig aufgrund der Nähe zu den von anderen bestimmten Projektinhalten. Wer hingegen mit allgemeineren Leistungen generelle Freiheitsvoraussetzungen schafft und auf diese Weise anderen sehr viel mehr Freiheit zu riskanten Verhaltensweisen ermöglicht als der an konkreteren Projekten Mitwirkende, haftet ungeachtet des quantitativ und qualitativ höheren und sich häufiger realisierenden Gesamtschadensrisikos nicht. Das gilt verstärkt für die Leistung von Bedingungen der Möglichkeit, Freiheit und Sicherheit außerhalb des eigenen Grund und Bodens und über ihn hinaus zu entfalten, sozusagen für die Bereitstellung der Medien[216] des gesellschaftlichen Lebens. *In* diesen Medien entfalten sich Menschen und werden dabei von anderen Privaten und staatlichen Amtswaltern beschränkt. *Das Medium selbst* oder sein „Betreiber" hingegen *beschränken die Entfaltung nicht* nach inhaltlichen Bewertungen der Mediennutzung: Zu nennen sind öffentliche Straßen und Wege als Raum für körperliche und insbesondere menschliche Fortbewegung. Ein Beispiel sind auch Transportnetze wie Brief- und Paketpost für die Versendung und den Empfang körperlicher Gegenstände unter Einschluß verkörperter Kommunikationsträger. Transportnetze wie die überkommenen Telefonnetze sind in diesem Sinne Medium für die mündliche Kommunikation unter Abwesenden, aber, wie gesehen, auch schon für die Verbreitung veröffentlichter Äußerungen. Schließlich zählen auch Transportnetze wie das Internet hierzu, die, was neu ist, jedermann technisch nachhaltige öffentliche Kommunikation im Wege der Versendung einfach nachzufragender Äußerungen erlauben.

Auch wenn die Art und Weise der Risikoverursachung, sc. durch Maschinen, in den Blick genommen wird, erweist sich die Gefährdungshaftung für den Betrieb von Eisen-

216 In dem Sinne, in dem das Wasser für Fische und die Luft für Vögel Medien sind.

bahnen, Kraftfahrzeugen, Kernkraftwerken etc. als wenig ergiebig. Zum einen sind es primär die Gefahren physikalisch vermittelter Einwirkungen auf Leib, Leben und fremde Sachen, nicht aber die Gefahren effektiverer Kommunikationsmöglichkeiten, deren Abwehr bzw. Kompensation solche Gefährdungshaftungen dienen. Die beispielsweise durch Eisenbahnen und Autos als wesentliche Voraussetzungen effektiver Verteilung insbesondere überörtlicher Tageszeitungen ebenfalls potenzierten Risiken gravierender Inhaltsschrankenverletzungen gelten nicht als von der Auto- oder Eisenbahntechnik gesetzt. Zum anderen bleibt zu beachten, dass zwar auch rechtmäßige und rechtswidrige Kommunikation schlimme, ja tragische unkörperliche Verletzungen verursacht und mittelbar körperliche Schäden herbeiführt, dass aber nicht ohne Grund eine der gefährlichsten technischen Neuerungen auf diesem Gebiet ohne Gefährdungshaftung blieb. Die Druckerpresse hat vermutlich eher mehr Schaden an immateriellen und materiellen Gütern bewirkt als Kernkraftwerke, Kraftfahrzeuge oder Eisenbahnen; eine Gefährdungshaftung der Hersteller, Verkäufer, Vermieter etc. für die mit ihr verbreiteten Inhalte ist dennoch in den westlichen Demokratien derzeit und hoffentlich auch künftig allerhöchstens der Wunsch nicht hinreichend durchsetzungsstarker Minderheiten. Selbst Setzer und Drucker, die in klassischen Ausprägungen des Papierdrucks konkreten Inhaltskontakt zu jeder vervielfältigten Äußerung hatten und haben, unterliegen nur stark ausgedünnter Haftung, obwohl niemand sonst deutlicher und unmittelbarer die für Inhaltsschranken verheerende Technik „betreibt". Mit beiden ist aber im Internet höchstens noch derjenige eher selten vorkommende Internet-Host-Betreiber vergleichbar, der nicht nur seine Hosts anderen für Veröffentlichungen überläßt, sondern darüber hinaus auch noch die Äußerungen der anderen selbst mit einem vergleichbaren Inhaltskontakt für die Veröffentlichung aufbereitet.

(2) Die Notwendigkeit professioneller Verbreiter als vergangene Veröffentlichungshürde und ebensolcher Glücksfall

Bei einer genaueren Benennung der erhöhten Risiken dürfte die Begründung von Inhaltshaftung trotz fehlender Inhaltsnähe darauf abstellen, dass die Internet-Vermittlungsnetze erstmalig fast jeder und jedem eine Datentransportinfrastruktur zur Verfügung stellen, die auf einfache Art und Weise für wenig Geld technisch nachhaltige öffentliche Äußerungen erlaubt, ohne dafür den Qualitäts- und Rechtmäßigkeitsfilter inhaltsverantwortlicher geistiger oder auch nur beschränkt verantwortlicher technischer Verbreiter einschalten zu müssen[217].

Sicher ist, dass nun auch im Äußerungsrecht Unkundige, schlechte Schuldner, ja Dilettanten, Spinner und Ganoven über eine quantitativ und zeitlich nachhaltige Veröffentlichungstechnik verfügen, während der sich eines Anspruchs Berühmende eher solvente, einfach greifbare Schuldner vorzieht und gerne den Nächsten mit diesem Profil,

---

217 Die Internet-Vermittlungsnetze sind für sich genommen noch gar nicht das gefährliche Veröffentlichungsinstrument. Massenwirksam wurde „das Netz" erst durch die Ergänzung um die allein in den Endgeräten, nicht aber in den Vermittlungsknoten laufende Anwendung des Austauschs von Dateien im html-Format nach den Regeln des http-Protokolls (WWW). Die Erfinder und Verwender *dieser Anwendung* müßten also als die maßgeblichen unmittelbaren Risikoerhöher erscheinen.

im Internet eben den Vermittlungsnetzbetreiber, ganz unabhängig von seiner Verantwortung „verhaften“ möchte. Aber kann das genügen, um die Infrastrukturleistung Vermittlungsnetzbetrieb trotz fehlenden Inhaltsbezugs für Inhalte von Äußerungen auf Hosts Dritter verantwortlich zu machen und so zur Inhaltskontrolle und Filterung des Zugangs von Äußerungen zum Transportsystem zu zwingen? Wem ist das mit der neuen Technik kausal verknüpfte Risiko vermehrter öffentlicher Kommunikation mit der Folge rechtlicher Verantwortung anzulasten? Bei allen Neuerungen, die die Möglichkeiten der Menschen tatsächlich verändern und dem einen zum Vorteil, dem anderen zum Nachteil gereichen, muß unterschieden werden zwischen dem, was trotz des mit ihm verbundenen Übels rechtlich erlaubter Fortschritt ist und was als des Fortschritts Übel normativ bekämpft werden kann. War das Erfordernis inhaltsfilternder professioneller Verbreiter der rechtlich richtige Naturzustand, der durch das Internet aus dem Gleichgewicht gebracht wurde und dann auch durch künstliche Vergeistigung von Infrastrukturbetreibern gerichtet werden kann? Oder folgt das Recht insoweit den Tatsachen, als dass es hinnimmt, wenn eine Kombination neuer Techniken fast gleichzeitig die Schwelle für Veröffentlichungen senkt und dabei auch noch über haftungsbegründenden Inhaltskontakt verfügende Verbreiter überflüssig macht? Uns scheint die zweite Sicht der Dinge überzeugender und letztlich zwangsläufig: Hoher Aufwand für technisch nachhaltige öffentliche Äußerungen ist mit der Notwendigkeit, geistige Verbreiter vom Sinn der Veröffentlichung zu überzeugen, für Äußerungswillige eine vielfach unüberwindbare faktische Kommunikations-, Freiheits- und Grundrechtsausübungshürde. Auf ihre Beseitigung bestand und besteht kein Anspruch. Ebensowenig haben aber Betroffene, für die das tatsächliche Erfordernis geistiger Verbreiter den Glücksfall kompetenter Inhaltsfilter und solventer Schuldner bedeutet, ein Recht auf Aufrechterhaltung dieser tatsächlichen Ausübungshürden oder können gar verlangen, dass dort, wo sie entfallen, dann eben die für Inhalte nicht verantwortliche Transportinfrastruktur künstlich vergeistigt wird. Es gibt keinen Bestandsschutz dahingehend, dass die Technik auf einem Stand verharrt, der für potenziell massenwirksame Kommunikation die Einschaltung kompetenter und finanzstarker geistiger Verbreiter oder doch wenigstens solcher technischer Verbreiter verlangt, die über einen für Inhaltszurechnung und -haftung ausreichenden Inhaltsbezug verfügen. Im Bewußtsein vielfältiger Unvergleichbarkeiten mag man sich hier an die kommunikative Revolution der Einführung beweglicher Lettern in die Praxis des Bedruckens von Papier erinnern: In den Zeiten der Buchvervielfältigung durch Schreibstuben und primitiven Druck war Zensur unnötig; erst die bis dahin ungeahnten Kommunikationsgefahren des neuen Buchdrucks schufen das Recht der Druckerpresse, das über Jahrhunderte ganz wesentlich durch Verbote inhaltlich ungeprüfter Veröffentlichungen unter Einsatz dieser Technik geprägt war. Wenn nun im Falle öffentlicher Computernetze nach Art des Internet wiederum neue Technik nachhaltige Veröffentlichungen noch weiter vereinfacht und insbesondere inhaltsverantwortliche Verbreiter ersatzlos unnötig macht, können nicht die Netzinfrastrukturbetreiber unter Hinweis auf das Mehr an Kommunikationsmöglichkeiten für jedermann künstlich vergeistigt und so für die ihnen nicht zurechenbaren Inhalte und damit die Etablierung von Inhaltskontrolle verantwortlich gemacht werden.

Die Unterschiede der Menschen im Wissen um die Rechtmäßigkeit von Veröffentlichungen, in der Verfügbarkeit juristischen Rates usf. sind immens. Ein zentraler Aspekt rechtlicher Behandlung von Kommunikation besteht in freien Gesellschaften aber gerade darin, dass all diese Unterschiede über Vorsicht, Schweigen bei Zweifeln etc. und die Verantwortung desjenigen aufgefangen werden, der sich trotzdem äußert. Nur eben gerade nicht über eine normativ angeordnete Bevormundung der Dummen und Dreisten, und zwar auch nicht in der modernen Variante künstlicher Vergeistigung der Betreiber der Straßen, auf denen jedermann seine langweilige Hauspostille der gelangweilten Welt anbieten kann. Geistige Verbreiter sind ebenso wie eingeschränkt inhaltsverantwortliche und damit inhaltsfilternde technische Verbreiter im Internet ersatzlos unnötig und nur noch Option. In freiheitlichen Gesellschaften bleibt es dabei.

ee) Fazit

Die Internet-Vermittlungsnetze sind als öffentliche Datenstraßennetze zu begreifen. Für kommunikative Inhalte der Daten, die Internet-Nutzer von ihren Internet-Hosts über die Vermittlungsnetze zu anderen Internet-Hosts versenden, sind die Betreiber der Vermittlungsnetze ebensowenig verantwortlich wie die Betreiber der öffentlichen Straßen für die Kommunikationsinhalte, die Straßennutzer auf Papier oder andere Träger fixiert über die öffentlichen Straßen zu den Grundstücken, Häusern, Briefkästen und Wohnungen sonstiger Empfänger bringen. Das gilt unabhängig davon, dass der Kommunikationstransport über die Internet-Vermittlungsnetze mehr Menschen einfachere Veröffentlichungsmöglichkeiten und damit mehr Möglichkeiten zur Verletzung von Kommunikationsinhaltsschranken verschafft.

c) Jede Inhaltshaftung der Vermittlungsnetzbetreiber setzt untragbare Gefahren für die Äußerungsfreiheit der Hostnutzer

Läßt sich eine Inhaltshaftung der Vermittlungsnetzbetreiber nicht rechtfertigen, folgt bereits daraus die Freiheit der Netznutzer von entsprechender haftungsbedingter Inhaltskontrolle. Gesetzliche Inhaltshaftung der Vermittlungsnetzbetreiber ist aber auch und vor allem wegen der Unzumutbarkeit ihrer Folgen für die Kommunikationsinteressen der Netznutzer in Gestalt haftungsbedingter Inhaltskontrolle ausgeschlossen.

aa) Haftungsgesetzlich bedingte Inhaltskontrolle an den Vermittlungsknoten und Äußerungsfreiheit

Wie gesehen, können von einer gesetzlichen Haftungsanordnung betroffene Drittinteressen Einfluß auf die Bestimmung der Reichweite der entsprechenden Haftungsnorm nehmen; beliebige Auslegungen gesetzlicher Haftungsgeneralklauseln zu Lasten Dritter scheiden aus.[218] Im hier interessierenden Bereich der Verteilung von Kommunikation wird die Inhaltshaftung diverser Äußerungs- und Verbreitungsbeteiligter nicht per se zum Äußerungsfreiheitsproblem. Sie tangiert aber die Äußerungsfreiheit und beein-

218 Oben, VII. 1. b), S. 94 ff.

trächtigt sie um so massiver, je inhaltsferner die mit Inhaltshaftung belegten Herstellungs- und Verbreitungsbeiträge sind. Dabei ist die Einsicht in die Wirkung funktionsinadäquater Inhaltshaftung als freiheitsbeeinträchtigende Fremdkontrolle und die daraus folgende Notwendigkeit einer mit abnehmendem Inhaltsbezug zunehmenden Haftungsausdünnung ein vielleicht heute nicht allgemein klar formuliertes, durchaus aber kein unbekanntes Phänomen.[219] Weniger bewußt ist bislang freilich die gleichwohl effektiv gehandhabte Regel, dass mannigfache Verhaltensweisen beispielsweise und insbesondere im Kontext öffentlich zugänglicher Transportinfrastrukturen[220] auch Beiträge zur Verbreitung von Kommunikation darstellen, ihnen gleichwohl aber aus allgemeinen und Kommunikationsfreiheitsinteressen heraus keinerlei Kommunikationsinhalt zugerechnet und keine Inhaltshaftung auferlegt wird und werden kann. Inhaltshaftung setzt eben hinreichende Inhaltszurechnungsgründe in der Tätigkeit des Verbreitungsbeteiligten nicht nur deshalb voraus, weil derjenige, der anderen Freiheiten verschafft, nicht nach Belieben für fremdes Verhalten verantwortlich gemacht werden kann. Gleichrangig und jedenfalls im Falle von Kommunikation an erster Stelle gilt, dass nur die dem eigenen Inhaltsbezug gemäße Inhaltshaftung als Korrelat eigener Freiheitsausübung in der Lage ist, die mit einer Inhaltshaftung angeordnete Inhaltskontrolle und die darin liegende Beeinträchtigung der Freiheit der Äußernden zu rechtfertigen.

Wie die Geltung derselben Inhaltsschranke für unterschiedliche Beiträge zu Kommunikation zwischen Freiheitskorrelat, rechtfertigungsbedürftiger Verkürzung der Freiheit Dritter und unzumutbarer Drittfreiheitsbeschneidung changieren kann, läßt sich erkennen, wenn die bereits oben behandelten[221], von der Gebietszuordnung der Haftungsgesetze unabhängigen Strukturen rechtlichen Äußerungsinteresses bewußt bleiben.

Die von einer Haftung des Redakteurs kaum irritierte, durch eine Haftung der Betreiber öffentlicher Straßennetze hingegen im Kern getroffene Komponente des Äußerungsinteresses besteht darin, das, was man äußert, selbst zu bestimmen und sodann das Geäußerte verantworten zu müssen. Dieses als Teil der Persönlichkeitsentfaltung begreifbare Interesse findet eine natürliche Grenze dort, wo andere bestimmte Inhalte nicht äußern oder verbreiten *wollen*. Dazu zählt nicht nur die selbstverständliche Freiheit, als Autor nur an bestimmten Äußerungen mitzuwirken oder als Verleger nur bestimmte Inhalte oder Autoren anzunehmen etc. Eine solche Grenze findet sich auch in der Freiheit funktions*typisch* inhaltsferner Verbreiter, ihre Tätigkeit auf geistige Aspekte auszudehnen und so den Transport oder Vertrieb anhand inhaltlicher Aspekte zu steuern. Missionsbuchhändler, christlich orientierte Server-Provider oder Zeitungsvertriebe sind – jedenfalls soweit noch andere Verbreiter existieren – kein Freiheitsproblem, sondern Freiheitsbetätigung. Etwas anderes ist es jedoch, wenn ihrer natürlichen und frei gewählten Funktion nach inhaltsferne Verbreiter sich nicht rechtmäßig auf diese Funktion bspw. des täglichen Verteilens von Zeitungen etc. beschränken können, sondern ihnen befohlen wird, zuvor Inhalte zur Kenntnis zu nehmen, zu prüfen und ggf. den Transport

219 Oben, VII. 1. c), S. 97 ff.

220 Ähnliches gilt für viele Beiträge zur *Herstellung* von Äußerungen, aber auch für Beiträge zur Produktion und Verteilung vielfältiger anderer Güter.

221 V., S. 62 ff.

zu verweigern. Die Norm, die dem Post-, Daten- oder Straßennetzbetreiber im Wege einer Inhaltshaftung aufgibt, vor dem Transport bzw. dem Heben der Schranke am elektronischen Mauthäuschen die jeweiligen Transporteinheiten auf eventuell transportierte Texte und Bilder zu untersuchen, sie ggf. einem geistig Beteiligten oder Inhaltskontrolleur ähnlich zur Kenntnis zu nehmen und auf Rechtsverstöße hin zu untersuchen, zwingt ihn in die Rolle eines Kontrolleurs (oder eines weiteren Inhaltsbeteiligten). Ein solches Gesetz verbietet in gewissem Sinne die Tätigkeit des bloßen Netzbetriebs. Dem sich Äußernden seinerseits werden inhaltlich völlig unbeteiligte Fremde als weitere Inhaltsbeteiligte und somit Inhaltskontrolleure aufgezwungen. Sind die Wahl des Kommunikationsinhalts, die damit verbundene Verantwortung und das entsprechende Risiko wesentliche Elemente des Äußerungsfreiheitsinteresses, wird es geschmälert, wenn nicht der Äußernde, sondern Dritte zur Inhaltskontrolle gezwungen werden. Das ist zunächst eine Frage der Natur des Freiheitsinteresses in dem Sinne, in dem das Betreten einer Wohnung gegen den selbstbestimmt erklärten Willen ihres Inhabers dessen Privatsphäre selbst dann beeinträchtigt, wenn das Eindringen seinem Interesse dienen soll und womöglich aus der Sicht verständiger Dritter auch dient. Hinzu kommt, daß sich der rechtliche Schutz von Äußerungsinteressen nie im Recht zur Veröffentlichung inhaltlicher Belanglosigkeiten und Schmeicheleien erweist, sondern an den – wechselnden – konfliktträchtigen Inhaltsgrenzen. Äußerungsfreiheit ist so wesentlich mit der Notwendigkeit einer Entscheidung über die Inkaufnahme des Risikos der späteren abweichenden gerichtlichen Entscheidung im Rechtsstreit um die Verantwortlichkeit verbunden, die aber ganz naturgemäß keine Sache des inhaltskontaktlosen technischen Verbreiters ist. Desweiteren ist selbst auf relativ gesichertem Grund über den Inhalt der Freiheit die rechtliche Verteidigung des Äußerungsrechts häufig nur dem Äußernden sinnvoll möglich. Kein Internet-Vermittlungsnetzbetreiber vermag sich beispielsweise über die Grundeigentumsverhältnisse und weiteren Wahrheitsgehalte der Geschichte des B aus dem Beispiel (1) und all die anderen für das Recht zur Äußerung oder ihr Verbot relevanten Umstände auszulassen. Nicht weniger bedeutsam als die fehlende Eignung der inhaltskontaktlosen Verbreiter und Infrastrukturbetreiber erscheint ihr kommunikatives Desinteresse. Es ist Sache des Äußernden, sein Äußerungsrecht in Anspruch zu nehmen und zu verteidigen. Das Freiheitsinteresse wird bereits dann *beeinträchtigt*, wenn ein Gesetz die Kontrolle durch den an der Äußerung nicht Interessierten verlangt, der nach seiner normalen technisch-sozialen Verbreitungsbeteiligung die Zeichen, ihren Inhalt aber höchstens ausnahmsweise zur Kenntnis nimmt (Drucker, Setzer) oder aber nicht einmal die Zeichen wahrnimmt (Transporteur). Beiden Verbreitertypen kann es angesichts fremder Äußerungen typischer- und sinnvollerweise höchstens um Haftungssicherheit gehen. Die arbeitsteilige Übernahme des Transports spezifischer *Äußerungsprodukte* (Zeitungsaustrager, Druckschriftenverteiler etc.) läßt zumindest noch einen ausgedünnten Inhaltsbezug erkennen, da Transporteur und Äußernder sich noch gegenseitig auswählen, quasi gemeinsam in Freiheit arbeitsteilig eine Äußerung unter Nutzung öffentlicher Infrastruktur (Straßen-, Schienen- und andere Netze) verbreiten. Dies läßt wenigstens eine grobe Inhaltshaftung des Transporteurs und die mit dieser Haftung verbundene Inhaltskontrolle zumutbar erscheinen. Dagegen bleibt von der Äußerungsfreiheit nichts mehr, wenn mit einer Äußerungsinhaltshaftung der Straßen- und Internet-vermittlungsnetzbetreiber die öffentlichen Infrastrukturen und Räume nur noch nach inhaltlicher Kontrolle zugänglich sind. Inhaltshaftung ist nicht nur eine unzumutbare Belastung der Infrastrukturnetzbetreiber mit Risiken, die nicht ihnen zuzurechnen sind. Kommunikative Inhalte gehen den Datenstraßennetzbetreiber auch im Interesse der Freiheit der Nutzer nichts an.

Die bislang genannten Freiheitsbeeinträchtigungen haftungsvermittelter Äußerungskontrolle durch Transportinfrastrukturbetreiber sind der Art nach denjenigen einer staatlichen Zensur verwandt. In mancher Hinsicht birgt der haftungsgesetzlich geschaffene private Zensor allerdings noch größere Freiheitsgefahren als der staatliche Zensor. So liegt es nahe, dass im Falle einer Haftung der Straßenbetreiber für die Kommunikation der Straßennutzer diesen nicht einmal mehr das Recht bleibt, alle rechtmäßigen Äußerungen über die öffentlichen Datennetze zu transportieren. Denn wenn Gesetze den Datenvermittlern mit der Verantwortlichkeit das Risiko der Rechtmäßigkeit von Kommunikationsinhalten überbürden, heißt das nicht, dass diese Gesetze die inhaltskontaktlose Infrastruktur auch dazu zwingen, dieses Risiko zu übernehmen. Wenn es also zulässig wäre, die Vermittlungsnetzbetreiber für inhaltlich rechtswidrige Datensendungen der Netznutzer verantwortlich zu machen, spricht zunächst wenig dagegen, dass sie auch schon bei objektiven Rechtmäßigkeitszweifeln oder im Falle nicht völlig abwegig scheinender Vorhalte Dritter die entsprechenden Veröffentlichungen unterbinden *dürfen*, und zwar selbst dann, wenn sich letztlich die Rechtmäßigkeit der Äußerung herausstellen sollte. Gerade in den Fällen nicht belangloser und umstrittener Kommunikation, deren Einordnung diesseits oder jenseits der gesetzlichen Schranken schwierig, häufig nur schwer prognostizierbar und für die inhaltliche Äußerungsfreiheit maßgeblich ist, wirkt der „chilling effect" eigener Haftung für fremde Äußerungen. So wird ein haftungsbedrohter privater Straßenbetreiber schnell dazu bewegt, nicht nur gesetzeswidrige, sondern alle nicht auf den ersten Blick und ohne Aufwand als harmlos und rechtmäßig erkennbaren und damit viele rechtmäßige Äußerungen im Zweifel, also etwa nach Beschwerden, zu unterbinden. Denn die Gesetzeshaftung, die ihm das Recht läßt, allen letztendlich rechtmäßigen Kommunikationsinhalten die Nutzung seiner Transportstrukturen zu überlassen, wenn und soweit er die Mühe der Verteidigung der Äußerung übernimmt, räumt ihm auch das Recht zu restriktiveren Transportbedingungen ein. Wollte man hingegen die einerseits für die inhaltliche Gesetzmäßigkeit transportierter Daten haftenden Vermittlungsnetzbetreiber andererseits zum Transport aller gesetzeskonformen Veröffentlichungen verpflichten[222], würde die Transportinfrastruktur durch die Kombination aus Inhaltshaftung und Inhaltsverbreitungspflicht vollauf zum Ersatzzensor. Sie hätte zumindest organisatorisch und in der Frage der Vorfinanzierung das natürlicherweise den Äußerungsinhaltsbeteiligten zufallende Risiko des Streits um die rechtlichen Kommunikationsinhaltsschranken zu übernehmen; entweder indem sie die Äußerung vorläufig unterbindet und sich mit dem Verbreitungsanspruch des Äußernden auseinandersetzt oder indem sie keine Daten filtert und sich gegen den Unterlassungsanspruch des Kommunikationsbetroffenen verteidigt.

---

222 Etwa auf die AGB-Kontrolle, die allgemeine Vertragsinhaltskontrolle oder noch zu schaffende Regelungen gestützt.

Letztlich müssen drei Kategorien kausaler Beiträge zur Herstellung und Verbreitung von Äußerungen unterschieden werden:

Mitautor, Redakteur, Verleger, Herausgeber wählen mit ihrer Funktion *Inhaltsfreiheit*, die Inhaltsbestimmungs- und -kontrollrechte mit noch sehr viel engeren Maßstäben als dem gesetzlich Zulässigen einschließt, beispielsweise der politischen Ausrichtung der Zeitung, persönlichen Antipathien, Stilfragen. *Inhaltshaftung* ist in diesen Fällen die ganz unproblematische Kehrseite der Inhaltsfreiheit und nur auch schon hier nach ihrem Ausmaß der jeweiligen Funktion angemessen umgrenzt.

Informationsträger-Händler und -Verteiler (Buch-, Zeitschriftenhändler und Zeitungsausträger usf.) oder derjenige, der Veröffentlichungsentwürfe technisch aufbereitet und vervielfältigt (Setzer, Drucker usf.), können ihrem ausgedünnten Inhaltsbezug gemäß eingeschränkt verantwortlich gemacht werden. In dieser Gruppe steht die funktionsadäquate *Inhaltshaftung* eher im Vordergrund, während das Interesse an der *Inhaltsfreiheit* in der Form inhaltlicher Auswahl der verbreiteten Kommunikation in der Regel eher zurücktritt. Gleichwohl bleibt die inhaltliche Orientierung als Option. Wer z. B. WWW-Server für andere betreibt oder weitergehend auch die von anderen zur Veröffentlichung vorgesehenen Dateien aufarbeitet und für diese abspeichert[223], genießt Schutz für seinen Willen, nur christliche, islamische, jüdische, keine religiösen oder sonstige Veröffentlichungen bei der Verbreitung zu unterstützen.

Bei einer dritten Gruppe, die insbesondere diverse Straßen-, Post-, Datennetzbetreiber usf. einschließt, erscheint *Inhaltshaftung* nicht mehr als Korrelat einer Freiheitsbetätigung des ja völlig inhaltskontaktlosen Infrastrukturbetreibers, sondern primär als gesetzlicher Zwang zur Kontrolle fremder Äußerungen. Obwohl Kausalitäten wie für vieles andere so auch für Kommunikationsunrecht gesetzt werden und obwohl diese Kausalitäten sichtbar sind, wäre jegliche Haftung unangemessen und gesetzeswidrig. Der Buchhändler kann wegen des unvermeidbaren oberflächlichen Inhaltskontakts selbst für ihm tatsächlich unbekannte Texte einer ausgedünnten Haftung unterliegen; der Vermieter des Ladenlokals der Buchhandlung unterliegt dieser Haftung selbst dann nicht, wenn der Buchhändler mehrfach wegen der Verbreitung rechtswidriger Äußerungen verurteilt worden ist. Auch das Postunternehmen, das verschlossene Pakete weiterleitet, haftet nicht. Ebensowenig ist ein Telekommunikationsunternehmen inhaltlich verantwortlich, wenn es einem Verlag Standleitungen zu seinen Druckereien vermietet, über die die zu druckenden Schriften als Datensätze verschickt werden. Der Zeitungsausträger mag vielleicht noch für den strafbaren Mordaufruf in der fettgedruckten Überschrift des Aufmachers einzutreten haben; der private Straßenbetreiber nicht für das, was der Zeitungsausträger über seine Straßen trägt usf. Ebenso wird die Grenze zwischen bloßer Ausdünnung der Haftungsmaßstäbe und Unzumutbarkeit jeder Inhaltshaftung jedenfalls dann überschritten, wenn die Betreiber der öffentlichen Internet-Vermittlungsnetze zur Inhaltskontrolle gezwungen werden sollen. Wo in der Kette zwischen geistigem Urheber und Empfänger die Inhaltsverantwortlichkeit weiterer, für die Verbreitung kausaler Beiträge von einer natürlichen Ergänzung der Inhaltsfreiheit des Mitwirkenden in die gesetzliche Anordnung freiheitsbeschränkender und -zerstörender Fremdkontrolle um-

223 Was nicht zur Tätigkeit des typischen Web-Hosters zählt, dazu noch unten, S. 175 ff.

schlägt, mag zuweilen zweifelhaft sein. Bei einer Verantwortlichkeit der Straßennetz- oder Datenstraßennetzbetreiber ist die unzumutbare Kommunikationsfreiheitsbeschneidung klar. Und das gilt unabhängig davon, ob und „selbst dann, wenn [Äußerungsbetroffene] bei der Durchsetzung ihrer Ansprüche gegenüber den [Netznutzern] auf unüberwindliche Schwierigkeiten stoßen sollten"[224].

Im Unterschied zu den beiden anderen Gruppen wird in der dritten Gruppe die Frage nach den rechtlichen Implikationen einer *freiwilligen* Inanspruchnahme von Inhaltsfreiheit und also -kontrolle zum Indiz für die Unmöglichkeit eines haftungsvermittelten Inhaltskontroll*zwangs*. Anders als beim Buchhändler erscheint selbst die *freiwillige* Inhaltsauswahl von vornherein sehr viel stärker als Inhaltskontrolle und Ausgrenzung von Inhalten – und sehr viel weniger oder nur marginal als für Transportnetzbetreiber typische inhaltsbezogene eigene Freiheitsbetätigung. Was allerdings auch hier kein Problem bereitet, solange so viele freiwillig inhaltsneutrale Vermittlungsnetzbetreiber verbleiben, daß jeder das eigene Netz oder den eigenen Host mit einem anderen Internet-Vermittlungsnetz zusammenschließen kann, würde im Falle zunehmender Üblichkeit oder gar konzertierter Aktionen an Grundelemente jeder freiheitlichen Gesellschaft rühren: Sobald vermehrt bestimmte inhaltliche Orientierungen politischer, religiöser und anderer Art von Menschen oder Veröffentlichungen zur Vertragsabschlußverweigerung oder -kündigung führen würden, hieße das nichts anderes, als daß die Straßenbetreiber nicht nur jeden vor dem Betreten der Straßen auf bestimmte kommunikative Inhalte festlegen und ggf. zuvor kontrollieren, sondern daß sie außerdem auch noch die erlaubten und nicht erlaubten Kommunikationsinhalte unabhängig oder nur in loser Anlehnung an die gesetzlichen Schranken festlegen. Anders als bei Händlern scheint hier also bereits die freiwillige Einschaltung in die verbreiteten Kommunikationsinhalte problematisch[225].

bb) Gleichgültigkeit der Herkunft, der Konkretisierung und der Anknüpfung des Filtermaßstabs für die Unzumutbarkeit haftungsgesetzlich bedingter Inhaltsfilterung an den Vermittlungsknoten

Das Gesagte gilt ohne Rücksicht auf die Weite oder Enge der Voraussetzungen einer Haftung der Anschluß- und anderen Vermittlungsnetzbetreiber[226] und ebenso unabhängig von der Qualität des Inhaltserkennungs- und Paketunterbindungsverfahrens.[227] Es ist mit anderen Worten schlechthin unzumutbar, die öffentlichen Datenstraßennetze erst nach inhaltsbezogenen Kontrollen betreten zu können.

Auf die näheren *Voraussetzungen des Einsetzens der Inhaltsverantwortlichkeit* kommt es nicht an. Die kategorische Unzulässigkeit der haftungsbedingten Inhaltskontrolle bleibt also unberührt davon, ob Anschlußprovider ohne weiteres zur Unterbindung

224 BGHZ 42, 118 (132), bezogen auf die Versagung von Ansprüchen der Urheberrechtsverwerter gegen Tonbandgerätehersteller angesichts drohender Unmöglichkeit eines erfolgreichen Vorgehens gegen diejenigen Endgerätebesitzer, die Urheberrechte verletzen (vgl. oben, S. 96 f.).

225 Dazu noch unten, IX., S. 180 ff.

226 Zu möglichen Varianten oben, 4. b) bb), S. 124 ff.

227 Siehe oben, IV. 4. a) aa), S. 54 f.

bestimmter Inhaltskategorien („offensichtlich jugendgefährdend“ etc.) verpflichtet werden sollen oder ob erst weitere Umstände wie konkrete Kenntnis, Hinweise Dritter oder die Vorlage eines gerichtlichen Titels Prüf- und Unterbindungspflichten auslösen. Ebenso kommt es nicht darauf an, inwieweit der zur Vermeidung der Eigenhaftung durchzusetzende *Filtermaßstab* vom Netzbetreiber noch selbst konkretisiert werden muß oder bereits in sekundäre Inhaltsmerkmale wie Dateititel, Dateiadresse etc. übersetzt ist. Die Verpflichtung, alle Datensendungen beispielsweise auf das Auftauchen bestimmter Dateiadressen (URL) hin zu scannen und anhand der von Dritten, etwa den Urheberrechtsverwertern annoncierten Adressen zu verwerfen, ist ebenso unzumutbar wie eine Haftung, die auch die vorgelagerte Stufe der Bestimmung der rechtswidrigen Dateinangebote den Netzbetreibern auferlegt. Schließlich ist auch die *Ausgestaltung und Leistungsfähigkeit des Verfahrens* irrelevant. Die Kontrolle mag fallbezogene echte Inhaltskontrolle mit der Unterbindung auch schon der ersten kontrollierten Datensendung verbinden, erst die zweite Sendung auch verhindern oder nur sekundäre Inhaltsmerkmale wie URL oder IP-Adresse mit einer Negativliste abgleichen und die diesbezüglichen Transportvorgänge abbrechen.[228]

cc) Gesonderte Thematisierung der Opferinteressen

Eine nochmalige besondere Erwähnung der Opferinteressen in ihrer Rolle als einfachgesetzlicher Gegenpart zu den ebenfalls einfachgesetzlich eingefangenen Äußerungsinteressen führt hier nicht weiter. Es handelt sich um das Gläubiger- bzw. Strafbarkeitsinteresse, das anders als das Interesse des durch die Haftung des Vermittlers betroffenen Netznutzers schon ganz selbstverständlich in der Anspruchsberühmung und -bestimmung enthalten ist. Auch in der Sache kann eine weitere Formulierung desselben Interesses sein Gewicht nicht erhöhen, es insbesondere nicht verdoppeln. Aber selbst wenn man meinte, mit der Erwähnung von Schutzpflichten einen großen Bruder des Gläubigerinteresses herbeirufen zu können, würde – ebenso wie im genuin grundrechtlichen Kontext[229] – als große Schwester der Äußerungsinteressen die staatliche Pflicht zum Schutz der Bürger vor öffentlichen Datentransportnetzen mit privaten Inhaltszugangskontrollen auftauchen, in Zeiten der selbstverständlichen Gleichberechtigung der Geschlechter eine wenigstens ebenbürtige, wenn nicht überlegene juristische Hilfstruppe.

dd) Keine haftungsvermittelte Sonderinhaltskontrolle der Vermittlungsnetze zugunsten einzelner Inhaltsschrankengüter wie Jugend-, Ehr-, Staats- oder Urheberschutz

Teilbereiche des Rechts leugnen ihre Abhängigkeit von den Gesetzesform erlangenden Launen der Politik selten explizit, sind zuweilen aber gekränkt oder neigen doch wenigstens zu Abwehrreaktionen, wenn neues Recht sie anders als durch textliche Eingriffe in „ihr“ Gesetz und damit quasi persönlich anspricht. Insbesondere Querschnitts-

228 Vgl. oben, S. 49 ff.

229 Zu grundrechtlichen Schutzpflichten und ihrem Verhältnis zum Grundrechtsschutz der Äußerungsinteressen vgl. unten 5. b) cc) (2) und dd), S. 170 f.

regelungen wie die inhaltsschrankenunabhängigen Haftungsbeschränkungen von TDG, MDStV, ECRiLi müssen sich schnell den Vorwurf gefallen lassen, der Dogmatik dieses oder den begrifflichen Vorlieben jenes Rechtsgebiets nicht zu genügen. Vielfach handelt es sich um schlichte Kritik des Regelungsgehalts, die mit ihrer bereichsspezifisch begrenzten Argumentation quasi implizit erklären zu können hofft, wieso sie an keiner Stelle über den eigenen Vorgarten hinausschaut. Jedenfalls im Bereich inhaltlicher Haftung von Datentransportinfrastrukturen ist jedoch der vom Gesetzgeber gewählte Ansatz, Haftung schlechthin und ohne Rücksicht auf die Wehwechen der einzelnen Haftungsrechte auszuschließen, nicht nur sachlich angemessen, sondern der einzige Weg, den haftungsvermittelt durch Inhaltskontrolle bedrohten Freiheitsinteressen gerecht zu werden. Weder die Betonung besonderer Wertigkeit noch besonderer Freiheitsirrelevanz des jeweils „eigenen" Kommunikationsinhaltsschrankengutes sind in der Lage zu erfassen, dass Inhaltshaftung der Vermittlungsnetzbetreiber die Kommunikationsfreiheitsinteressen nicht nach Maßgabe der beschränkteren oder umfassenderen inhaltlichen Haftungsmaßstäbe, sondern als solche, schlechthin und mit jedem Maßstab unzumutbar beeinträchtigt. Denn die nicht hinnehmbare Kommunikationsbeeinträchtigung wird dadurch bewirkt, *dass* die öffentlichen Datenvermittlungsnetze *überhaupt* mit inhaltsbezogenen Filtermechanismen aufgerüstet werden müssen. Sie besteht darin, dass der Zugang zu den Datenstraßen für potenziell jede Äußerung und jede sonstige Datensendung von dem erfolgreichen Passieren einer – wie weit auch immer inhaltlich begrenzten oder nach Absenderorten etc. vorsortierenden – inhaltsbezogenen Kontrolle abhängt, die dem Straßenbetreiber aus eigener Inhaltsverantwortung für die fremden Äußerungen obliegen soll. Inhaltsfilter an Vermittlungsknoten existieren oder existieren nicht; sie müssen alle Datensendungen erfassen können und ggf. daraufhin untersuchen, ob sie die einschlägigen Kriterien erfüllen; mit welchen Maßstäben und zu welchen Zwecken dies geschieht, sei es nur zum Schutz der Jugend, der Ehre oder der Eigentümer im Geiste etc., ist eine demgegenüber zweitrangige Frage. Immer steht auf der anderen Seite das vorrangige Grundkommunikationsinteresse an inhaltsfilterlosen öffentlichen Datenstraßen.

Ungeachtet der Irrelevanz einer Rangliste der Inhaltsschrankengüter für die kategorische Unzumutbarkeit inhaltshaftender Datenvermittlungsnetze erscheinen Hinweise auf die besondere Vorrangigkeit einzelner Inhaltsschranken schon in sich kaum überzeugend. Das gilt insbesondere für den Rekurs auf eine besondere Wertigkeit des Urheberrechts oder gar die Würde[230] des Urhebers. So läßt sich schlichtweg nicht erkennen, wieso gerade dieser mögliche Eigentumssplitter wertvoller sein soll als andere Inhalts-

230 Wer die schutzwürdigen Interessen an dem Ausschluß anderer von kostenloser Vervielfältigung und Verbreitung eigener Geistesprodukte vorschnell mit der Würde des mehr oder weniger geistig tätigen Menschen auflädt (Erwägungsgrund Nr. 11 der UrhRiLi,), verheizt die Menschenwürde für Cents und befördert ihre Auflösung in der Gleichsetzung mit allem, was der Sprecher für wichtig hält und mit möglichst verfassungskräftigem Schutz versehen will, ohne sich die Mühe rechtlicher Analyse und Präzisierung machen zu müssen. Gewisse Stellungnahmen zu Urheberrechtsfragen, als Anwalts- wie Lobbyistenschriftsatz womöglich „besonders wertvoll", verdienten im freiwillig gewählten rechtswissenschaftlichen Kontext, würde man zu solch plakativer Sprache neigen, das Prädikat „Scharlatanerie". Läßt sich hingegen ein Gesetzgeber, und sei es der Normgeber auf EU-Ebene, zu solchen Fehltritten hinreißen, muß wohl eher von maßloser Ignoranz die Rede sein.

schrankenschutzgüter wie Ehre, andere Persönlichkeitsrechtselemente, Jugend- oder Staatsschutz usf. In Anbetracht seiner weitgehenden Veräußerlichkeit liegt sogar eher die – freilich so pauschal ebenfalls nicht überzeugende – These nahe, unveräußerliche Interessen wie Jugendschutz usf. würden Urheberinteressen regelmäßig überwiegen.

Sodann wird angeführt, besonders urheberrechtliche Verbreitungsschranken würden die Kommunikationsfreiheit kaum, ja vielleicht sogar überhaupt nicht berühren. Die Relevanz der mit Hilfe der Haftung der Datennetzbetreiber geschützten Inhaltsschranken ist hier freilich ohne Belang, geht es doch eben darum, dass Inhaltskontrolle durch die öffentliche Datentransportinfrastruktur mit beliebigen Maßstäben die Äußerungsfreiheit zerstört. Jede inhaltsbezogene Unterbindungspflicht der Vermittlungsknoten bedeutet die zwangsweise inhaltsbezogene Filterung nicht nur der urheberrechtsrelevanten, aber -konformen, sondern auch der urheberrechtsirrelevanten Kommunikation und jeder sonstigen Datensendungen; Inhaltskontrolle und Unterbindungspflicht der Netzinfrastruktur sind schlechthin nicht hinnehmbar. Fast eher noch leuchtet das umgekehrte Argument ein, eine nicht einmal zugunsten der qualitativ gewichtigen Inhaltsschranken zulässige Kontrolle ist sicherlich erst Recht nicht im Interesse einer vergleichsweise marginalen Schranke erlaubt. Alle rechtlichen Inhaltsschrankengüter zusammengenommen, insbesondere die derzeitigen Favoriten Jugend-, Ehr- und Menschenwürdeschutz, wiegen sicherlich schwerer als das in seiner Hauptsache zumeist pekuniäre Urheberinteresse. Wenn aber so wichtigen Zwecken dienende Inhaltsschranken keine haftungsbedingten Inhaltsfilter erlauben, also offenbar einem formalen Interesse weichen müssen, dürfte erst Recht nicht bloß *eines* von vielen Schrankenschutzgütern den haftungsbedingten Inhaltsfilter rechtfertigen.

Alldessen ungeachtet erlangt hier das vom Bundesgerichtshof bereits in der Tonbandgerätehersteller-Entscheidung angezogene Argument Bedeutung, schon wegen ihrer negativen Vorbildwirkung für andere Ansprüche und Bereiche sei eine gesetzliche Verpflichtung zur Beeinträchtigung der rechtlichen Interessen Dritter unzulässig[231]: Wie und wieso sollte eine Inhaltshaftung der Datenstraßennetzbetreiber auf den Schutz der Urheber beschränkt werden?

Aber auch schon die Prämisse, bei den urheberrechtlichen handele es sich um einerseits besondere und andererseits äußerungsfreiheitsirrelevante Schranken, bedarf der Nachfrage. Zunächst *sind* die urheberrechtlichen Verbreitungsverbote Kommunikationsinhaltsschranken. Dass die Verbreitung bestimmter Inhalte nicht schlechthin rechtswidrig oder rechtmäßig ist, sondern durch außerhalb der unmittelbaren Erklärungszeichen liegende Umstände mitbestimmt wird, ist nichts besonderes, sondern nur im Falle der Urheberrechtsschranken häufig besonders deutlich. So wie etwa das „Recht zum Gegenschlag" nur dem vom Erstschlag Betroffenen ein Recht zu ansonsten rechtswidrigen Äußerungen verschafft, so wie mannigfache weitere Details des Verhältnisses zwischen Äußerndem und Inhaltsbetroffenen, aber auch Umstände wie Eigentumsverhältnisse an Grundstücken etc. über die inhaltsbezogenen Verbreitungsrechte entscheiden, so ist eben auch die Frage der urheberrechtlichen Verbreitungsberechtigung Kriterium der Inhaltsschranke. Damit zeigt sich zugleich, dass die häufig beschworene Einfachheit

231 BGHZ 42, 118 (133).

der Entscheidung über das urheberrechtliche im Vergleich zu sonstigen inhaltsbezogenen Verbreitungsrechten nur wie auch sonst mal gegeben und mal nicht gegeben ist: Bei der Beschlagnahme einer Lkw-Ladung mit zigtausend CD-Roms mag die Urheberrechtsverletzung noch offensichtlich sein. Durchgeleitete IP-Pakete hingegen sind Einzelsendungen, und selbst wenn es sich um eine urheberrechtlich geschützte Äußerung handelt, ist keinesfalls immer klar, ob es sich um einen rechtmäßigen oder unberechtigten Verbreitungsvorgang handelt. Zudem gilt für den gesamten Bereich der auch ohne Erlaubnis zulässigen Verbreitung urheberrechtlich geschützter Kommunikation, dass es sich um völlig übliche Probleme der Inhaltsinterpretation und -bewertung handelt.

ee) Fazit

Wer eine Inhaltshaftung der Datentransportnetzprovider befürwortet, will keine Inhaltshaftung und Inhaltskontrolle der Verleger, Herausgeber oder sonstiger geistiger Verbreiter „in“ den Datennetzen. Er tritt auch nicht für eine beschränkte Haftung von Transportunternehmen ein, die die Verteilung von Äußerungsprodukten übernehmen, und auch nicht für eine Inhaltshaftung und -kontrolle der Einkaufszonenbetreiber, der Betreiber schwarzer Bretter oder der Anbieter von Informationen darüber, wo und wie bestimmte Kommunikation zu finden ist. Er will die Inhaltshaftung und Inhaltskontrolle der Betreiber des dem Datentransport dienenden öffentlichen Straßennetzes. Niemand soll aus seinen Räumen heraus Kommunikation tragen, ohne beim Betreten der öffentlichen Straße durch deren um ihre eigene Haftung fürchtende Betreiber daraufhin kontrolliert zu werden, ob er Kommunikation bestimmten Inhaltes dabei hat, ggf. durchsucht und an der Nutzung der Straße gehindert werden. Kein noch so gut gemeintes und, was schwerer wiegt, kein noch so gutes Motiv sollte gut genug sein, um eine solche Rechtslage durchzusetzen. Weder der Schutz geistigen Eigentums noch der des Staates, der Ehre Einzelner, Vieler, von Minderheiten oder der Jugend etc. sollte dies rechtfertigen.

d) Ausland

Jede Schaltung einer Auslandsleitung verursacht ein erhöhtes Risiko folgenlos rechtswidriger Kommunikation, indem der (EU-)Inlandsrouter Daten von einem (EU-)Auslandsrechner übernimmt und weitervermittelt, auf diesem Wege transportierte Auslandsäußerungen aber aus rechtlichen und tatsächlichen Gründen im (EU-)Inland häufig nur geringerer Inhaltsverantwortung unterliegen. Auch mit der Aufnahme einer Auslandsverbindung gewinnt der Netzbetreiber allerdings nichts an Inhaltskontakt hinzu, wird weder zum Zeitungsimporteur noch zu einem vom Importeur beauftragten Transportunternehmen. Er baut und unterhält nur die bis zum Grenzübergang führenden und von anderen für Ex- wie Import genutzten Datenschienen oder -wege, ohne dass *ihm* das mit solchen Grenzstraßen verbundene Risiko rechtswidriger Dateneinfuhr zugerechnet werden sollte.

Aber selbst wenn man hier bessere Zurechnungsgründe erkennen will, bleiben doch die mit einer haftungsbedingten Kontrolle durch derart inhaltskontaktlose Infrastrukturbetreiber verbundenen Beeinträchtigungen für die Kommunikationsfreiheiten unzumutbar. Bei der Frage der Kommunikationsimportkontrolle ist es auch zum ersten Mal wirklich nötig, nicht allein die Äußerung und den Äußernden, sondern den Empfänger und sein Interesse, die Informationsfreiheit und damit eines der wenigen faßbaren Elemente einer „Informationsgesellschaft" an exponierter Stelle ins Spiel zu bringen. Denn während es keinesfalls als gesichert gelten kann, dass alle Auslandsäußerungen über ein den Inlandsäußerungen gleichwertiges Schutzniveau verfügen, ist das Informationsinteresse des inländischen Empfängers am Erhalt jedenfalls der – und sei es durch die Anforderung einer html-Datei – *bestellten* Auslandsäußerung mindestens von gleichem, wenn nicht sogar von besonderem Rang. Auch ohne dies en detail auflösen zu müssen, scheint es doch recht einleuchtend, dass ein haftungsvermittelter Zwang der Datenstraßennetzbetreiber zur inhaltlichen Filterung der über Auslandsleitungen ankommenden Daten die Informationsfreiheit der Inlandsbürger völlig unangemessen beeinträchtigt.

Schließlich ist es ganz allgemein und also in gewisser Weise von dem „bloß" kommunikativen Anliegen abgelöst von Relevanz, dass über die Inhaltshaftung inhaltsferner Betreiber grenzüberschreitender öffentlicher Transportinfrastruktur bewirkte Grenzinhaltskontrollen weithin bedeuten, dass das, was importiert werden darf, nicht mehr den Schranken der Gesetze unterliegt, sondern den Schranken, die der inhaltsdesinteressierte Betreiber für opportun hält oder halten darf, um selbst nicht für fremde Inhalte haften zu müssen. Deutlich wird die Problematik, stellt man sich vor, dass die überkommenen grenzüberschreitenden Transportnetze (Telefon, Briefe, Pakete, Straßen, Schienen) nur zufälligerweise weithin staatlich organisiert waren: Selbst wenn es schon immer anders gewesen wäre, könnte die Organisation der Durchsetzung von Einfuhrverboten durch Grenzkontrolle kaum anders als in staatlich gebundener Form rechtmäßig sein: Die Post öffnet Sendungen nicht aus eigener Machtvollkommenheit, sondern wird im Verdachtsfall zur Information und Weiterleitung an die zuständigen Stellen verpflichtet, die ihrerseits Inhalte prüfen und ggf. Sendungen aufhalten. So ist auch die Besonderheit des Betriebs von Internet-Vermittlungsknoten mit Auslandsleitungen darauf beschränkt, dass evtl. bei der Einfuhr von Kommunikation intensiviert zulässige staatliche Kontrolle mit ihren Freiheitsrechtsbindungen hier ansetzen könnte. Das sagt noch nichts darüber aus, inwieweit Gesetze die Vermittlungsnetzbetreiber unentgeltlich oder nur gegen Kostenerstattung zur Bereitstellung der nötigen Technik heranziehen könnten. Jedenfalls aber muß jede Grenzinhaltskontrolle und Datensperrung an den Vermittlungsknoten nach Maßstab und Verfahren als staatliche veranstaltet und verantwortet werden. Ebenso oder noch weniger als die Telefon- oder Briefkontrolle darf die weit darüber hinausgehende, alle Anwendungen einschließende Dateninhalts- und Unterbindungskontrolle auf den öffentlichen Datenstraßen im Grenzverkehr per Haftungsgesetz befohlene Privatsache sein.

5. Freiheit des Internet-Datenversands von haftungsgesetzlich motivierter Inhaltskontrolle der Vermittlungsknoten als grundrechtliche Garantie

Die offenen Zurechnungs- und Rechtswidrigkeitsklauseln der hier relevanten zivil- und strafrechtlichen Haftungsgesetze verlangen von sich aus eine konkretisierende

Auslegung, die Auswirkungen einer Haftung auf die Interessen Dritter und der Allgemeinheit berücksichtigt. Soweit der Raum der Auslegung reicht, ist es für jede Gewichtung widerstreitender Interessen bis hinauf zur Revisionsinstanz letztlich gleichgültig, ob sie sich als ausschließlich einfachgesetzlich fundiert versteht, ob sie einen quasi „nachrichtlichen" Hinweis auf abweichende, parallele oder ähnliche Wertungen einer grundrechtlichen Ebene aufnimmt oder ob sie grundrechtliche und dann mit dem Vorrang der Verfassung bzw. dem Gewicht der sonstigen Grundrechtsnormierung verbindliche Einflußnahmen verwendet, ob sie mit anderen Worten also nicht nur das einfache Gesetz, sondern auch Grundrechte auslegt[232]. Dementsprechend war es für die bisherigen Ausführungen ein Geheimnis ohne Belang, ob und inwieweit der den Kommunikationsinteressen *durch* die Haftungsgesetze eingeräumte Schutz grundrechtliche Parallelen aufweisen und sich dann auch *gegen* anderslautende Haftungsgesetze wenden mag.

Doch es ist nicht nur die Grundrechts- bzw. Konventionsrüge als Voraussetzung des Zugangs zu Bundesverfassungsgericht bzw. Europäischem Gerichtshof für Menschenrechte, die der Frage nach grundgesetzlicher bzw. konventionsbefohlener Haftungsfreiheit der Vermittlungsknoten und entsprechender Internet-Äußerungsfreiheit Bedeutung verleiht.[233] So mögen Gesetze mißdeutet werden. Das Verständnis der ECRiLi dahingehend, sie lasse die inhaltsbezogenen bloßen Unterlassungspflichten der Vermittlungsnetzbetreiber nicht ungeregelt, sondern schreibe den Staaten die Einführung solcher Pflichten vor, wäre ein solcher Fall. Auch Art. 8 III UrhRiLi oder Art. 44 TRIPS mögen von einigen nicht als prozessuale, der materiell-rechtlichen Verletzerfrage akzessorische Regelung, sondern in einem Sinne verstanden werden, nach dem überall dort, wo die Urheberrechtsverletzer tatsächlich nicht oder nur mit Aufwand in Anspruch genommen werden können, dann eben Nicht-Verletzer über eine als Störerhaftung ausgegebene Nichtstörerhaftung zur Inhaltskontrolle der Transportwege und sei es der öffentlichen Datenstraßen gezwungen werden müssen.

Letztlich stellt sich die Frage nach dem Verhältnis von Äußerungsgrundrechten und per Haftungsgesetz befohlener Kontrolle der Nutzung öffentlicher Datenstraßen ganz grundsätzlich und mit womöglich zunehmender Bedeutung. Sollte sich, was zur Zeit weder sicher noch ausgeschlossen erscheint, ein immer größerer Anteil der öffentlichen und nicht-öffentlichen Kommunikation in die immer verzweigteren, dichteren und datendurchsatzstärkeren Internet- und Internet-Nachfolgenetze verlagern, wird nicht nur

232 Ähnliches gilt auch für völkerrechtliche Verpflichtungen, etwa Art. 44 TRIPS, sofern sie unter Verfassungsrang im nationalen Recht „ankommen". Wenn man meint, eine solche Regel sei aufgrund des Art. 23 GG i. V. m. den Zustimmungsgesetzen zu EG-Verträgen als Europarecht mit Verfassungsvorrang ausgestattet, gilt wiederum nichts anderes, nur sind dann eben die „einfachgesetzlichen" Freiheitsinteressen auf der gleichen Ebene wie das jeweilige Europarecht anzusiedeln. Der im Folgenden behandelte Grundrechtsschutz spielt dann auf europarechtlicher Ebene, erforderlichenfalls in der EMRK. Im Falle der Beseitigung von Kommunikationsfreiheiten mittels haftungsgesetzlicher Erzwingung inhaltsfilternder öffentlicher Datentransportnetze durch Europarecht mögen sogar letztlich wieder die Grundrechte des Art. 5 GG ins Spiel kommen, da das Grundgesetz in Deutschland Europarecht nur insoweit gelten läßt, als es grundrechtliche Kerngehalte beachtet.

233 Zum Europäischen Gerichtshof der EU gibt es keinen grundrechtsspezifischen Weg. Soweit Individuen oder Organisationen Klage erheben können, bleibt ihnen die Rüge möglicher Grundrechte des Primärrechts natürlich unbenommen.

der Netzanschluß (die Verfügbarkeit eines Endknotens), sondern auch die hier behandelte Frage einer Inhaltskontrolle der Datensendungen durch haftungsbedingt dazu gezwungene Datenstraßennetzbetreiber ganz andere Qualitäten erlangen. Was aus gesamtgesellschaftlicher wie aus individueller Sicht trotz anderslautenden Medienrummels noch heute vielfach entbehrliche Spielerei ist oder doch nur moderne Ergänzung der offline Welt, würde mit zunehmender Verbreitung „unersetzbar" und dann Grundfragen gesellschaftlicher Existenz berühren. Wohl nur wenige würden eine Gesellschaft goutieren, in der ein jeder, verläßt er sein Haus oder Grundstück, von Mitarbeitern oder Zugangscomputern der Betreiber der öffentlichen Straßen nach welchen Kriterien auch immer auf das Beisichführen bestimmter Informationsträger oder sonstiger Güter untersucht würde, da Gesetze den Straßenbetreiber für die Verbreitung der fraglichen Güter haftbar machen. Und doch müßte sich eine Gesellschaft in solchen Bildern wiedererkennen, die zu einem erheblichen Anteil in Netzkommunikationen „lebt", gleichwohl aber die Datenstraßennetzbetreiber unter Haftungsandrohung dazu zwingt, den von den Bürgern versandten Datenpaketen nur nach inhaltlicher Kontrolle anhand welchen Maßstabs auch immer den Zugang zum öffentlichen Netz zu gestatten.

a) Aufriß der grundrechtlichen Verhältnisse

Die von den Vermittlungsnetzbetreibern *per Haftungsgesetz geforderte Prüfung und Unterbindung von Äußerungen Dritter* steht, wie bereits ansatzweise gesehen[234], aus der Sicht der Freiheitsrechte zwischen abwehrrechtlich gebundener *staatlicher Kontrolle* und *Maßnahmen* der Netzbetreiber, die diese *freiwillig* und damit im Schutz ihrer Freiheitsrechte ergreifen. Staatliche und haftungsgesetzlich verlangte Inhaltskontrolle haben den staatlichen Imperativ zur Unterbindung der Äußerung gemeinsam. Im Falle staatlicher Kontrolle, zu der auch Varianten einer Indienstnahme der Vermittlungsnetzbetreiber zählen würden, ist noch die auf einzelne Äußerungen konkretisierte Filterung und Datenpaketverwerfung ein dem Staat zuzurechnender, abwehrrechtlich gebundener Akt. Betreibt hingegen der Vermittlungsnetzbetreiber Inhaltsfilter nicht im Staatsauftrag, sondern zur Vermeidung gesetzlicher Eigenhaftung, befehlen zwar wiederum staatliche Gesetze diese Kontrolle, doch sind konkrete Filterung und Datentransportverweigerung im Verhältnis zum Äußernden private Veranstaltungen.

Die Grundrechtsfragen sind für den haftungsgesetzlich zur Kontrolle verpflichteten Vermittler andere als für den kontrollierten Kommunikationsbeteiligten; zusammengenommen deuten sie eine Konstellation an, in der der eine Grundrechtsschutz ohne das maßgebliche Freiheitsinteresse, der andere das Freiheitsinteresse, aber keinen Grundrechtsschutz zu haben scheint: Der Inhaltskontrollbefehl der grundrechtsgebundenen Strafgesetze verkürzt grundrechtlich geschützte Freiheit seiner Adressaten, der Vermittlungsnetzbetreiber[235]. Allein das sachlich einschlägige Freiheitsrecht, vielleicht aus Art. 5 I, II GG, jedenfalls aber aus Art. 12 GG oder Art. 2 I GG bleibt zu erörtern. Ord-

234 Oben, S. 62 f.

235 Für den Grundrechtseingriff ist es irrelevant, ob man die Strafbarkeit des Netzbetriebs ohne Inhaltsfilter als strafbewehrtes Verbot des Betriebs ungefilterter Internet-Vermittlungsnetze auffaßt oder als strafbewehrtes Gebot einer Filterung weitergeleiteter Datenströme versteht.

nen bürgerlich-rechtliche Haftungsgesetze die Kontrolle an, darf es zudem nach wie vor als nicht ganz unumstritten gelten, inwieweit und mit welcher dogmatischen „Konstruktion“ der Vermittlungsnetzbetreiber den Befehlen derart qualifizierter Gesetze überhaupt Grundrechte entgegenhalten kann. So verfügt der Vermittlungsnetzbetreiber zwar Grundrechte, die das Haftungsgesetz irgendwie erreichen, es fehlt ihm aber zumindest auf den ersten Blick das kommunikative Freiheitsinteresse, das seinen Grundrechten Gewicht verleihen könnte. Hingegen haben Äußernder und Empfänger die grundrechtlich geschützten Kommunikationsinteressen, um derentwillen die Datennetze überhaupt bestehen, können aber vielleicht mit ihren Grundrechten die Haftungsgesetze deshalb nicht erreichen, weil der Gesetzesbefehl sie nur mittelbar über den gehorsamen Vermittlungsnetzbetreiber erreicht. Eine Lösung würde genau das für zutreffend erachten und also meinen, der Erlaß entsprechender Haftungsregeln eröffne dem Gesetzgeber die Option, über die Verpflichtung der selbst kommunikativ desinteressierten Datenstraßennetzbetreiber die öffentliche Kommunikation Dritter einer weitgehend beliebig intensiven Inhaltskontrolle zu unterwerfen, ohne an irgendeiner Stelle den Anforderungen der dem Sachanliegen nach hauptsächlich betroffenen Kommunikationsgrundrechte zu begegnen. Alternativen dazu werden den grundrechtlichen Schutz kommunikativer Freiheitsinteressen auch gegen den haftungsvermittelten Zwang auf die Vermittlungsnetzbetreiber zur Kontrolle der Nutzer in Anschlag bringen. Dabei bieten sich vor allem zwei Konstruktionswege mit möglicherweise unterschiedlichen Folgen an: Zum einen kann der gesetzliche Zwang auf die Vermittlungsnetzbetreiber zur Kontrolle der kommunizierenden Hostbetreiber mittelbar auch in die grundrechtlich umhegten Äußerungsfreiheiten der letzteren eingreifen. Zusätzlich oder stattdessen und also selbst dann, wenn die Freiheitsrechte der Äußernden unberührt bleiben, mag der Grundrechtsschutz der selbst ohne eigenes Kommunikationsinteresse handelnden Netzbetreiber um das kommunikative Interesse an der Kontrollfreiheit der Datenwege aufgeladen sein. Den zweiten Weg läßt das Bundesverfassungsgericht anklingen, wenn es Zeitschriften- und Zeitungsgroßhändler in ihrer Eigenschaft als „pressenotwendigen“ Hilfsbetrieben die Pressefreiheit zur Abwehr strafrechtlicher Inhaltskontrollpflichten an die Seite stellt.[236]

b) Grundrechtsschutz der sich äußernden Hostnutzer gegenüber haftungsbedingter Inhaltskontrolle der Vermittlungsnetzbetreiber

aa) Schutzbereich

Reisen die IP-Datengramme durch die Rechner der Vermittlungsnetzbetreiber im Schutzbereich der Äußerungsgrundrechte ihrer Versender? Der Äußernde überträgt Textdateien etc. auf einen als WWW-Server arbeitenden Internet-Host. Dieser Rechner verpackt nach Anforderung durch den Empfänger ohne weiteres menschliches Zutun eine Dateikopie in IP-Datengramme und verschickt sie über Vermittlungsknoten zum Empfänger-Host. An diesem Transport sind je nach konkreter Gestaltung der Äußerungsorganisation sowie dem Standort des Empfängers außer dem Äußernden mehr

236 Zivilrechtliche Überlegungen mögen an Situationen des Auseinanderfallens von Schadensersatzanspruch und Schaden denken („Drittschadensliquidation“).

oder weniger viele gewerbliche oder nicht gewerbliche Betreiber von Vermittlungsrechnern und -netzen sowie Übertragungsleitungen beteiligt. In Fragen des grundrechtlichen Schutzes gegen Inhaltskontrolle kümmert sich das einschlägige Äußerungsgrundrecht aus Art. 5 I GG um den Äußernden und seine Äußerung. Unabhängig davon, ob es sich um die allgemeine Meinungsäußerungsfreiheit des Art. 5 I 1 Var. 1 GG handelt, ob für elektronisch Gedrucktes die Pressefreiheit aus Art. 5 I 2 GG gilt oder ob ohne Not ein neues Medien- oder Internet-Äußerungsgrundrecht aus der Taufe gehoben wird: Immer reicht der Schutz *des Äußernden* örtlich und zeitlich von der Herstellung und Entäußerung, dem Abspeichern und Bereithalten auf dem Quellcomputer über das Absenden und den gesamten Verbreitungsweg bis hin zur Möglichkeit der Entgegennahme und Rezeption durch den Empfänger[237]. Das Äußerungsgrundrecht wirkt dann auch während des Aufenthalts der Bits in technischen Apparaturen der Vermittlungsnetzbetreiber, zunächst aber nur und jedenfalls gegen Inhaltskontrolle unmittelbar grundrechtsgebundener Provenienz.

bb) Greifen haftungsgesetzliche Pflichten der Vermittlungsnetzbetreiber zur Äußerungsinhaltskontrolle mittelbar in Äußerungsgrundrechte der Netznutzer ein?

Die Auslegung unbestimmter Begriffe der einfachen Gesetze berücksichtigt bei der Entscheidung über eine Äußerungsinhaltshaftung inhaltsferner Transporteure auch die durch den Zwang auf den Adressaten vermittelten Wirkungen für die Äußerungsinteressen der Nichtadressaten. So hat sich die Zumutbarkeit der Dritthaftungsfolgen als rechtstechnisch unproblematische Grenze der Gesetzesauslegung zu Lasten der hier sachlich primär betroffenen Kommunikationsinteressen erwiesen. Im Vergleich dazu könnte die Frage nach einem *grund*rechtlichen Schutz der unter dem Schutz des Art. 5 I GG marschierenden Datenpakete gegen den Routerbetreibern per Haftungsgesetz abverlangte Inhaltskontrolle größeren Aufwand verlangen. Zum einen ist die Grundrechtsbindung wenigstens des Privatrechtsgesetzgebers nach wie vor nicht in jeder Hinsicht geklärt. Zudem sind die Gesetze an die Vermittlungsnetzbetreiber gerichtet; Grundrechte der Äußernden und Empfänger werden nicht unmittelbar betroffen. Daß sich der Staat mittelbare Folgen seines Handelns als grundrechtsrelevante Freiheitsverkürzungen zurechnen lassen muß, kommt vor. Grundrechtslehre und Grundrechtspraxis kennen diverse Konstellationen, in denen an den einen gerichtete staatliche Maßnahmen über dort erzielte Erfolge mittelbar – und mehr oder weniger bezweckt, gewollt oder in Kauf genommen – zu Beeinträchtigungen grundrechtlicher Schutzgüter eines anderen führen und (auch oder nur) dort als Freiheitseingriffe gewertet werden. Dabei entschei-

237 Der Schutzbereich des Empfängergrundrechts, der Informationsfreiheit des Art. 5 I 1 Var. 2 GG setzt zumindest im Regelfall der vom Empfänger angeforderten und an ihn adressierten Äußerung etwas später, wenigstens aber nach oder mit der Entäußerung ein, umfaßt jedenfalls den Weg zum Empfänger und reicht dort über den Empfang i. S. d. ersten Kenntnisnahmemöglichkeit und damit über das Ende der Äußerungsfreiheit hinaus. Diese gegenseitige, einen Großteil der Transportstrecke erfassende Überlappung von Äußerungsgrundrechten auf der einen und Informationsgrundrecht auf der anderen Seite dürfte unstreitig sein, vgl. BVerfGE 27, 71; E 27, 88; E 27, 104; E 30, 336 (347): Schriftenvertriebsverbote „schränken das Recht auf freie Äußerung und Verbreitung der Meinung der Autoren und das Recht auf freie Information der Bezieher ein".

det zwar die grundrechtliche Qualifikation der Maßnahme gegenüber ihrem Adressaten in keiner Richtung *abschließend* über die Eingriffsqualität weiterer Wirkungen bei Dritten. Viele Freiheitseingriffe, etwa Verhaftung oder Gewerbeuntersagung, sind trotz erheblicher Folgebelastungen für Nichtadressaten wie Kinder, Ehepartner, Arbeitgeber oder Arbeitnehmer nicht an Grundrechten der mittelbar Betroffenen zu messen. Andererseits können mittelbare Wirkungen einer Maßnahme Freiheitsrechte Dritter sogar dann verkürzen, wenn kein Eingriff in Grundrechte der Adressaten vorliegt. Das zeigen staatliche Warnungen vor diethylenglykolhaltigem Wein oder Heilslehren, aber auch verlorene Zuschüsse an private Sektenwarnvereine, die allesamt Grundrechte der mittelbar betroffenen Händler bzw. Sekten verkürzen, gleichwohl aber gegenüber Abwehrrechten ihrer Adressaten, der Gewarnten und der Subventionsempfänger, neutral bleiben. Ist jedoch – wie im Falle der für Drittäußerungen haftenden Vermittlungsnetzbetreiber – schon der Adressat des Gesetzesbefehls in seiner Freiheit erheblich beeinträchtigt, würde es womöglich *gegen* einen Grundrechtseingriff bei mittelbar Betroffenen sprechen, wenn nicht einmal der Erstbetroffene dem ihm geltenden Befehl seine Freiheitsrechte entgegenhalten könnte. Schon aus diesem Grunde soll vorab der Frage nachgegangen werden, inwieweit Haftungsgesetze Freiheitsrechte der Vermittlungsnetzbetreiber berühren.

(1) Unmittelbarer Eingriff bei den Vermittlungsnetzbetreibern

Strafrechtliche Ver- wie Gebote greifen unabhängig von der jeweils aktualisierten Beteiligungsform (Beihilfe, Anstiftung, Täterschaft) in die abwehrrechtlich geschützte allgemeine Handlungsfreiheit oder Berufsfreiheit der Vermittlungsnetzbetreiber ein. So ist ein an Pressegroßhändler gerichtetes strafbewehrtes Verbot der Weitergabe von Druckschriften offensichtlich jugendgefährdenden Inhalts an den Einzelhandel mit der Notwendigkeit einer entsprechenden Kontrolle und Unterbindung aller den Betrieb durchlaufenden Schriften an den sachlich einschlägigen Freiheitsrechten des Pressegrossisten zu messen.[238] Und nichts anderes würde gelten, wenn solche Verbote an die offline den Vermittlungsnetzbetreibern eher vergleichbaren Betreiber von Post- und Paketdiensten oder öffentlichen Straßen gerichtet würden. Für die Frage, inwieweit die mit Schadensersatz- und Unterlassungspflichten zugleich angeordneten *zivilgesetzlichen* Datentransportverbote Grundrechte ihrer Adressaten beachten müssen, ist zwischen dem Ob, der Intensität und der dogmatischen Konstruktion einer solchen Privatrechtswirkung der Freiheitsrechte zu differenzieren.[239] Den ersten Punkt klärt Art. 1 III GG im Sinne einer Grundrechtsbindung auch bürgerlich-rechtlicher Gesetze. Im übrigen spricht einiges für die Einsicht, daß der Grenze zwischen Privatrecht und öffentlichem Recht weniger Bedeutung zukommt als der quer durch das bürgerliche Recht verlaufenden Grenze zwischen privatautonom eingegangenen Vertragspflichten einerseits und den außervertraglichen gesetzlichen Verhaltensgeboten andererseits, seien sie bürgerlich-, verwaltungs- oder strafrechtlich eingebettet. *Wenn* Grundrechte *überhaupt gegen Geset-*

238 Vgl. BVerfGE 77, 346 (Pressegrossist).

239 Zum folgenden näher und m. w. N. *C. Fiedler*, in: Menzel (Hrsg.), Verfassungsrechtsprechung, S. 99 f. (II. 1.), 104 f. (III.).

ze wirken und dann straf- oder verwaltungsgesetzliche Verbote etwa bestimmter Kommunikationsinhalte verfassungswidrig sind, ist kaum noch zu begründen, wie das gesetzliche Verbot derselben Äußerung dem Verdikt der Grundrechtswidrigkeit entkommen soll, wenn es Zivilrechtsgesetzen wie §§ 1 ff. UWG, §§ 823 ff. BGB etc. entnommen wird. Auch in der Frage der dogmatischen Konstruktion der Grundrechtswirkung ist nicht zu sehen, wieso ein vom Willen des Verpflichteten und insbesondere seiner vertraglichen Selbstbindung unabhängig geltendes, staatlich normiertes Verhaltensverbot seinen Charakter als Freiheitseingriff davon abhängig machen sollte, ob es mit Bußgeldern, Verwaltungszwang, Schadensersatz oder für den Wiederholungsfall mit der Verhängung von Ordnungsgeldern bis zu 251.000 Euro sanktioniert wird. Auch zivilgesetzliche Verbote sachlich freiheitsrechtlich geschützten Verhaltens sind also schlichte Eingriffe in die jeweilige abwehrrechtlich geschützte Freiheit, und denkbare Besonderheiten der Eingriffsrechtfertigung finden innerhalb des Eingriffsschemas Platz. Folgt man dieser stimmigen Sicht auf das Verhältnis von Freiheitsrechten und zivilgesetzlicher Freiheitsverkürzung nicht, müssen die dann regelmäßig diffusen Konstruktionsbegriffe einer „mittelbaren", in sonstiger Weise „objektiv-rechtlichen" oder gar schutzpflichtgestützten Grundrechtswirkung auf außervertragliche gesetzliche Verhaltensverbote dennoch keinen sachlich geringeren Grundrechtsschutz bedeuten. So hat sich das Bundesverfassungsgericht bei der grundrechtlichen Beurteilung zivilgesetzlicher Äußerungsverbote zwar dogmatisch nie wirklich festgelegt, dennoch aber hat es seit dem Lüth-Urteil den abwehrrechtlichen Schutz des Art. 5 I GG gegen strafrechtliche und denjenigen gegen zivilgesetzliche Äußerungsverbote inhaltlich und bis in Formulierungen hinein parallel entwickelt. Durch vielfältige gegenseitige Bezugnahmen und Anknüpfungen ist inzwischen ein effektiv weithin einheitlicher Schutz entstanden, der der Sache nach dem Eingriffsschema der Abwehrrechte entspricht und so auch zivilgesetzliche Äußerungsverbote wenn vielleicht nicht als Eingriffe, dann doch wie Eingriffe behandelt.

Im Ergebnis beeinträchtigt also eine Verpflichtung, an der Anforderung oder dem Transport bestimmter Dateien beteiligte Datenpakete etwa anhand der URL herauszufiltern und zu verwerfen, die Freiheitsrechte der Zugangsprovider nicht nur, wenn sie jugendschutz- oder strafgesetzlich fundiert ist, sondern auch dann, wenn sie dem Urheberrechtsgesetz, dem Gesetz gegen den unlauteren Wettbewerb oder dem Bürgerlichen Gesetzbuch entnommen wird.

(2) Mittelbarer Eingriff in die Äußerungsfreiheit der Netznutzer

Die über einen adressierten Grundrechtseingriff vermittelten tatsächlichen Freiheitsbeeinträchtigungen bei Nichtadressaten müssen nicht, können aber ihrerseits Grundrechtseingriffe sein. Es ist also – jedenfalls bei den natürlichen, als vorstaatlich denkbaren Verhaltensfreiheiten – zweierlei vonnöten: Eine Verkürzung der tatsächlichen Freiheit und daß diese Freiheitseinbuße dem Staat als Eingriff zuzurechnen ist.

(a) Tatsächliche Beeinträchtigungen der Äußernden

Die *tatsächlichen* mittelbaren Beeinträchtigungen der Äußerungsfreiheit durch inhaltsbezogen filternde Vermittlungsknoten wiegen im Falle haftungsgesetzlicher Anordnung tendenziell sogar schwerer als im Falle des staatlichen Betriebs. Dabei mag zum Vergleich diejenige staatliche Organisationsvariante herangezogen werden, in der die Vermittlungsnetzbetreiber nicht über Haftungsgesetze, sondern im Wege der Indienstnahme verpflichtet werden, ihre Netze erreichende IP-Pakete anhand staatlicherseits abstrakt-generell oder auch konkret vorgegebener inhaltlicher Kriterien zu filtern und bei positivem Ergebnis zu verwerfen.[240] Eine solche Kontrolle wäre – ungeachtet ihrer formalen Grundrechtswidrigkeit aufgrund des zensurnahen bis zensurellen Verfahrens[241] – an die gesetzlichen Kommunikationsinhaltsschranken als Vorgabe und *Grenze* gebunden. Unterstellt, haftungsgesetzlich kontrollverpflichtete Vermittlungsnetzbetreiber würden keinen engeren, auch Erlaubtes filternden Maßstab verwenden, brächte ihre Inhaltsfilterung zumindest alle Gefahren und Lähmungen der staatlichen Kontrolle mit sich; eher weniger Ressourcen für die Auslotung der Gesetzeskonformität dürften im Zweifel die Lähmungsrisiken weiter erhöhen. Tatsächlich aber handelt es sich bei den gesetzlichen Äußerungsinhaltsschranken für den haftungsgesetzlich kontrollverpflichteten Netzbetreiber nur um ein Kontroll*mindestmaß*. Datenstraßenbetreiber haben nach Funktion und Motivation nichts mit den Inhalten zu tun, sind zudem weder technisch noch sozial auf professionelle Kommunikationsinhaltskontrolle ausgelegt. Ohne grundlegende Änderung ihrer Tätigkeit weg vom Datenstraßennetzbetreiber hin zum inhaltsfilternden Datennetzzugangskontrolleur sind die Vermittlungsnetze weder in der Lage noch gewillt, Inhaltskontrollverfahren zu realisieren, die auch nur das Maß an inhaltlicher Freiheit sicherstellen, das staatliche präventive Inhaltskontrolle gewähren müßte. Warum sollten inhaltlich unbeteiligte und zu Recht desinteressierte Datenstraßennetz-

240 Ob es sich bei dem Filtermaßstab um sekundäre Inhaltskriterien wie URL, IP-Nummer etc. oder um primäre Inhaltskriterien wie „offensichtlich rechtswidrig" handelt und ob die danach aktuelle Positivliste der zur Verwerfung führenden Parameter von einer staatlichen Stelle annonciert wird oder nach abstrakt-generellen Maßstäben von den in Dienst genommenen Vermittlungsnetzbetreibern zu erstellen ist, bleibt für die Frage der Staatlichkeit i. S. einer Grundrechtsbindung der Kontrolle unerheblich. Im übrigen ist die Organisationsform einer auf der Umsetzungsebene von privaten Netzbetreibern zu unterhaltenden und dem Staat zur Verfügung zu stellenden Inhaltskontrolltechnik im Bereich der Telekommunikationsüberwachung geläufig.

241 Im Falle sekundärer Inhaltskriterien liegt eine verbreitungswegbezogen lückenlose Vorabkontrolle vor, deren Untersuchungsgegenstand und Kontrollmaßstab allerdings nicht der konkrete Inhalt, sondern eben sekundäre Kriterien wie Titel, URL etc. sind. Erfüllt die Kontrolle damit nicht alle Merkmale einer Zensur im klassischen Sinne, verstößt sie als zensurähnliches Verfahren dennoch sowohl mit einem innerstaatlichen Anwendungsbereich als auch im Falle der Einbeziehung des Kommunikationsexports ganz deutlich gegen die formale Seite der Äußerungsgrundrechte aus Art. 5 I GG. Ein klassisches Zensurverfahren liegt in dem Moment vor, in dem konkrete Inhaltskriterien als Filtermaßstab dienen, wenn also beispielsweise die staatliche Stelle den Vermittlungsnetzbetreibern als Verwerfungskriterium bestimmte Texte vorgibt, wie sie im Tenor von Unterlassungsurteilen enthalten sein mögen, oder wenn die Filterelemente als Interception-Proxies ausgestaltet sind und die sie erreichenden Dateien erst nach einer wie grob auch immer ausgestalteten negativen Inhaltskontrolle (etwa auf bestimmte Symbole, Worte oder Bildelementkombinationen) an den Empfänger weiterleiten (zum Interception-Proxy und zur doppelten Legende von der *technisch-natürlichen* Kontrollunmöglichkeit und der *Sinnlosigkeit lückenhafter Kontrollen* vgl. oben S. 54 ff.).

betreiber zwischen den Ansprüchen der Kommunikationsbetroffenen und Ansprüchen der Netznutzer über die Gesetzeskonformität fremder Äußerungen entscheiden und das Risiko der richtigen Entscheidung übernehmen? Dieses Risiko obliegt entweder Inhaltsbeteiligten als Freiheitskorrelat oder fremden Inhaltskontrolleuren. So liegt es mehr als nahe, dass haftungsbedingt kontrollverpflichtete Vermittlungsrechnerbetreiber Filter- und Verwerfungsrechte schon für Verdachtslagen vereinbaren. Letztlich würde schon der Streit um die Rechtmäßigkeit einer Äußerung zu ihrer Unterbindung wenigstens bis zu einer anderslautenden gerichtlichen Entscheidung führen.

Es sind also zwei tatsächliche Freiheitsbeeinträchtigungselemente zu erkennen: Das Verfahren, das Kommunikation über Datennetze inhaltlich filtert und damit sowohl die formale Kommunikationsfreiheit beseitigt als auch alle weiteren Gefährdungen solcher präventiver Inhaltskontrolle der Äußerungstransportstraßen mit sich bringt. Zweitens darüber hinaus intensivierte Lähmungsrisiken, weil alles dafür spricht, dass eine mit gesetzlicher Haftungsdrohung erzwungene inhaltliche Vorabkontrolle durch inhaltlich unbeteiligte private Datennetzbetreiber die weitergehende Kontrollfreiheit des Privaten aktiviert und so restriktiver und lähmender wirkt als eine staatliche.[242] Der haftungsgesetzlich zur Kommunikationsinhaltsfilterung gezwungene Private ist kein besserer, sondern ein schlechterer Zensor als der staatliche, dessen Abwesenheit zum Existenzminimum jeder Äußerungsfreiheit gezählt wird.

(b) Zurechnung zum Haftungsgesetz

Einer Qualifikation der haftungsgesetzlich vermittelten kontrollbedingten Freiheitseinbuße als Eingriff in Äußerungsgrundrechte steht zunächst die private Rechtsnatur der Inhaltskontrolle im Verhältnis zwischen Netzbetreiber und Äußerndem nicht entgegen. Daß erst privates Verhalten des Maßnahmeadressaten das Schutzgut eines Dritten unmittelbar berührt, ist für mittelbare Eingriffe nicht ungewöhnlich. Die konkrete Konsumabstinenz der Abnehmer von Wein oder Heilslehren wird nicht dadurch zu staatlichem Unterlassen, dass der Staat zuvor vor dem jeweiligen Produkt gewarnt hat. Dennoch wird die Warnung mit und wegen ihrer Folge des privaten Konsumverzichts als mittelbarer Eingriff in die Grundrechte des Wein- bzw. Heilsverkäufers gewertet. Ein zeitlich begrenztes Verkaufsverbot für den Einzelhandel verkürzt auch die Handlungsfreiheit der Kaufwilligen, obwohl der Händler als Privater die Ladentür verschließt und den Kaufabschluß versagt. Und gesetzliche Verbote, inhaltlich ungeprüfte Filme in Anwesenheit von Jugendlichen vorzuführen oder Filme überhaupt im Versand zu vertreiben, werden von den Filmvorführern mit privaten Ausweiskontrollen und Zutrittsverweigerungen bzw. vom Versandhändler mit privatem Unterlassen umgesetzt, greifen aber gleichwohl in die Informationsfreiheit jugendlicher Kinobesucher bzw. der Versandhandelskunden ein.

242 Ähnlich wie staatliche Monopole in vielen Bereichen eine Katastrophe, im Vergleich zu dem entsprechenden privaten Monopol aber immer noch harmlos erscheinen, weil bei letzterem nicht nur die Kontrolle des Wirtschaftsmarktes, sondern *zusätzlich* auch noch die über Politik in verbindliche Regelungen umsetzbare Kontrolle des Marktes der öffentlichen Meinung entfällt.

Positiv verlangt die Entscheidung über den Eingriffscharakter negativer Folgen staatlicher Maßnahmen für die Freiheit von Nichtadressaten über die Kausalität hinaus begrenzende Kriterien. Keine der denkbaren Zurechnungsgrenzen wie Unmittelbarkeit, Absicht etc. gilt ausnahmslos. Eher scheint die Erkenntnis Raum zu gewinnen, dass universelle Formeln wenig mehr als verschiedene Benennungen der Fragestellung leisten und die eigentliche Regelbildung ohnehin tieferliegenden Schichten der Formelumsetzung überlassen. So bilden sich grundrechts- und maßnahmenbezogen spezifische Kriterien und Fallgruppen objektiver Zurechnung heraus, ohne daß es von besonderer Bedeutung wäre, ob die Überlegungen eher vom grundrechtlichen Schutzbereich oder vom Eingriffsbegriff her kommen. Nimmt man die üblichen Zurechnungselemente wie Zwangsläufigkeit, objektive Vorhersehbarkeit oder Bezwecken der Verkürzung der Freiheit des Dritten zur Hand, muß sich der Haftungsgesetzgeber die Freiheitsbeeinträchtigung durch die gesetzlich erzwungenen Inhaltskontrollen als Eingriff zurechnen lassen. Die Inhaltsfilterung an den Vermittlungsknoten ist nicht nur voraussehbar, sondern Programm der Haftungsnorm und in diesem Sinne – je nach Begründung der Erstreckung der Haftung auf die Vermittlungsnetzbetreiber – Neben- oder Hauptsinn und -zweck des Gesetzes. Angesichts des Normbefehls bestehen auch keine Zweifel an einer hinreichenden Zwangsläufigkeit der tatsächlichen Freiheitsverkürzung, wie sie im Falle der durch staatliche Information verursachten Absatzrückgänge denkbar wären. Diese Zurechnung erfaßt mindestens die für die Erfüllung der haftungsgesetzlichen Anforderungen notwendig Inhaltsfilterung und Dateisperrung. Aber auch eine zur Vermeidung eigener Haftung gegenüber den gesetzlichen Maßstäben verschärfte, beispielsweise im Zweifel gegen die Äußerung entscheidende Inhaltskontrolle der Vermittlungsnetzbetreiber[243] muß nach diesen Maßstäben noch dem Haftungsgesetz zugerechnet werden.

Die letztlich entscheidende Frage ist – was nicht verwundert – schon von der einfachen Gesetzesauslegung her bekannt: Kann es in Konstellationen funktional gestufter Beteiligung die Freiheit des einen beeinträchtigen, wenn für einen anderen *gleiche* inhaltliche Schranken gelten?[244] Bei hinreichend abstrakter Formulierung kommt man nur schwerlich auf die Idee, das Verbot der Teilnahme am Transport gefährlicher Güter als Eingriff in Grundrechte des verbotswidrig handelnden Transporteurs zu betrachten. Dennoch kann sich die rechtliche Würdigung der Geltung eines Verbotes mit der Rolle des Adressaten verändern.

Versucht man das Problem genauer zu fassen, geht es um das Verhältnis zwischen rechtlich privatautonomem, psychologisch freiwilligem Bürgerverhalten (niemand muß Vermittlungsrechner betreiben, für andere Zeitungen austragen oder sich als Redakteur verdingen), seiner haftungsgesetzlichen Regulierung und deren Folgen für privatautonomes Verhalten Dritter. Gesetzliche Haftung eines Bürgers für sein Verhalten heißt im Falle arbeitsteiligen Zusammenwirkens mehrerer immer auch Verantwortung für das Verhalten anderer dergestalt, daß insoweit bestehende Anforderungen des Haftungsgesetzes eingehalten oder der Haftende seine Teilnahme zu verweigern bzw. seinen Bei-

243 Zur Abgrenzung von haftungsgesetzlich erzwungener und freiwilliger Inhaltskontrolle der Vermittlungsnetzbetreiber vgl. noch unten S. 180 ff.

244 Vgl. oben S. 147 ff.

trag rückgängig zu machen hat. Dabei steht die Freiheitsbetätigung dort, wo sie genügenden inhaltlichen Bezug zu den haftungsrelevanten Elementen des Geschehens aufweist, praktisch allein sichtbar im Vordergrund. Hinter ihr tritt die Haftung mit ihrer kaum wahrgenommenen Kehrseite der Pflicht zur Kontrolle Dritter als selbstverständliches Freiheitskorrelat zurück. Insbesondere die Kontrollseite der Haftung wird unsichtbar, wenigstens aber rechtlich irrelevant. Die dadurch gesetzlich erzwungene Alternative zwischen Nichtteilnahme oder Kontrolle des Inhalts des eigenen und des Drittverhaltens ist ganz unproblematisch für alle Beteiligten zumutbar, sowohl für die Haftenden (Redakteur, Mitautor, Herausgeber etc.) als auch für die jeweils anderen (Journalist, Mitautor, Autor etc.). Je weniger inhaltlichen Bezug ein privatautonomes Verhalten zu dadurch (mit)ermöglichten Verhaltensweisen anderer aufweist, desto weniger selbstverständlich löst sich die mit inhaltlicher Haftung des ersten Verhaltens angeordnete zwangsweise Kontrolle des zweiten Verhaltens in der Freiwilligkeit des Verhaltens des ersten auf. Privatautonomer Charakter des Erstverhaltens und seine Kausalität für die Freiheitsbetätigung des zweiten Verhaltens genügen nicht mehr, ihm die Freiheitsbetätigung des zweiten Verhaltens zuzurechnen. Vielmehr tritt mit der dünner werdenden Deckung durch sachliche Beteiligung des haftenden Ersten der gesetzliche Zwang zur Kontrolle des Zweiten in den Vordergrund und wird auch für die Freiheitsrechte des Zweiten erkennbar. So sind die unterschiedlichen Wirkungen der Anwendung derselben Kommunikationsinhaltsschranke auf den Verfasser eines Zeitschriftenartikels, den zuständigen Redakteur, den Zeitungsausträger und den Betreiber der vom Austräger genutzten Straßen von rechtlicher und auch grundrechtlicher Relevanz. Wer mag, kann hier auch grundrechtsspezifische Kriterien erkennen: Ein zentraler formaler Gehalt der Äußerungsfreiheit besteht darin, daß der Äußernde die geäußerten (und dann als geäußerte zu verantwortenden) Inhalte selbst bestimmt. So berührt Inhaltskontrolle durch andere als durch die sich Äußernden die Freiheit in besonderem Maße und dementsprechend bedarf die gesetzlich über Inhaltshaftung angeordnete Inhaltskontrolle der Rechtfertigung durch hinreichende Inhaltsnähe des gleichzeitig Haftenden und Kontrolleurs. Im Falle der Datenstraßennetzbetreiber kommt zur Inhaltsferne der Tätigkeit ihr Charakter als Elementarvoraussetzung jeglichen Datenversands, als Infrastrukturgrundbedingung von Gesellschaft in Datennetzen hinzu. Im offline-Vergleich: Die Haftung eines Einkaufspassagenbetreibers für die Rechtmäßigkeit der über die Gänge und Plätze der Passage an Gebäudenutzer verteilten Äußerungsprodukte mag mit ihrem gesetzlichen Kontrollzwang vielleicht auch von Relevanz für die Äußerungsgrundrechte sein; eine entsprechende gesetzliche Pflicht aller Betreiber öffentlicher Straßen wäre es ebenso wie es solche Pflichten für die Vermittlungsnetzbetreiber des Internet sind.

(c) Irrelevanz der Existenz eines eigenen Kommunikationsfreiheitsschutzes der Vermittlungsnetzbetreiber

Nun könnte die eine oder der andere versucht sein, Äußerungen des Bundesverfassungsgerichts zum Grundrechtsschutz der Presse-Großhändler (Presse-Grosso) gegenüber strafbewehrten Drittkontrollpflichten dahingehend deuten zu wollen, sie verhielten sich (implizit ablehnend) zum Grundrechtsschutz des Dritten gegenüber haftungsbedingten Kontrollen inhaltsferner Verbreiter. Das Gericht meinte zu der – erfolgreichen – Verfassungsbeschwerde eines Presse-Grossisten gegen die Bestrafung wegen der Weitergabe jugendgefährdender Zeitschriften an Einzelhändler, der Großhändler könne sich als selbständiger Unternehmer und damit als organisatorisch presseexterner Hilfsbetrieb im Unterschied zu presseinternen Helfern nicht ohne weiteres auf die Pressefreiheit berufen. Grundsätzlich werde der Grundrechtsschutz der Pressefreiheit „nur durch einen ausreichenden Inhaltsbezug ausgelöst", der zwar bei presse*internen* Hilfstätigkeiten mit dem organisatorischen Zusammenhalt regelmäßig gegeben sei[245], dem *externen* Pressegroßhändler, der Publikationen als Ware vertreibe, aber fehle[246]. Allein der „organisatorische und funktionale Pressebezug" des Pressegrossisten sowie die „Auswirkung der an ihn gerichteten Gesetzespflicht auf die Meinungsverbreitung" erlaube es in der „vorliegenden Konstellation", den Großhändler in den Schutzbereich des Grundrechts aus Art. 5 I 2 GG einzubeziehen. Wird, was Teile der Entscheidung nahelegen, das Erfordernis eines ausreichenden Inhaltsbezugs dahingehend verstanden, dieser Bezug müsse der *externen* Tätigkeit auch schon ohne Berücksichtigung des fraglichen staatlichen Eingriffs natürlicherweise anhaften und könne sich jedenfalls nicht allein aus dem Presseinhaltsbezug der staatlichen Maßnahme ergeben, ist es dem selbständigen Zeitungsausträger, dem Postdienst-, jedenfalls aber dem Straßennetzbetreiber verwehrt, sich gegen haftungsbedingte Presseinhaltskontrollpflichten auf die Pressefreiheit zu berufen. Die Richtigkeit dieses Satzes unterstellt, ließe er doch keinen Schluß dahingehend zu, die gesetzliche Inhaltshaftung und -kontrollpflicht inhaltsferner Verbreiter sei irrelevant auch für die Pressefreiheit der inhaltsbezogenen Zentralfiguren der Schriften, Autoren, Herausgeber und Verleger. Wiederum ist es sogar eher üblich, daß Maßnahmen ihre Adressaten und mittelbar Betroffene in unterschiedlichen Grundrechten beeinträchtigen. Gewarnte Konsumenten und mittelbar in ihrer Berufsfreiheit betroffene Verkäufer, vom Ladenschluß in ihrer Berufsfreiheit beeinträchtigte Händler und bloß in der Handlungsfreiheit berührte Kaufwillige oder von Vorführungsbeschränkungen in der Film- bzw. Berufsfreiheit betroffene Kinobesitzer und in ihrer Informationsfreiheit beeinträchtigte Jugendliche verdeutlichen das. Dem Beschluß des Bundesverfassungsgericht anderes zu entnehmen, würde ihn überstrapazieren. Da die Einschlägigkeit der Pressefreiheit schon in der Person des Pressegrossisten im Ergebnis bejaht wurde, bestand ungeachtet der prozessualen Problematik der Relevanz von Grundrechten Dritter im Verfassungsbeschwerdeverfahren nur wenig Anlaß, die Pressefreiheit der Zeitschriftenherausgeber zu untersuchen. Nicht allzu fern liegt auch die Annahme, die Frage sei dem Gericht schlicht nicht präsent gewesen. Jedenfalls wäre eine Auffassung, nach der nicht nur dem zur Inhaltskontrolle gezwungenen inhaltsfernen Verbreiter die Berufung auf die Pressefreiheit versagt wäre, sondern bei gesetzlicher Verpflichtung inhaltsferner Beteiligter zur Pressekontrolle auch die Pressefreiheit der Autoren und Verleger nicht betroffen wäre, so daß letztlich niemand die Pressefreiheit aktivieren könnte, abzulehnen. Denn natürlich kann sich ein für erforderlich gehaltener Kommunikations*inhalts*bezug nicht nur aus der Tätigkeit des staatlicherseits in Anspruch genommenen Beteiligten, sondern

245 Incl. Zitat BVerfGE 77, 346 (354).
246 BVerfGE 77, 346 (355).

auch und gerade daraus ergeben, dass in der Ferne Stehende zur Presse*inhalts*kontrolle herangezogen werden. Gerade der Zwang zur Inhaltskontrolle ist nicht weniger pressefreiheitsbeeinträchtigend, sondern jedenfalls im Falle von Verbreitungsbeiträgen häufig um so lähmender, je weiter der Verpflichtete organisatorisch, vertraglich usf. von dem Presseunternehmen und dem Druckschriftengewerbe entfernt ist. Das gilt besonders anschaulich für den flexiblen Ansatzpunkt hoheitlicher oder durch staatliche Gesetze vorgegebener Inhaltskontrolle: Ist die Inhaltskontrolle nicht Bedingung des Drucks, sondern des Vertriebs im Einzelhandel, der lokalen Zeitungsverteilung, der Zulassung von Zeitungsverteilern zu öffentlichen Straßen oder des Druckschriftenversands, handelt es sich jeweils um einschneidende Verkürzungen der von der Beschaffung der Information bis zur Möglichkeit der Übergabe der fertigen Druckschrift an den Empfänger reichenden Pressefreiheit[247]. Und das gilt in noch stärkerem Maße, wenn völlig presse- und presseinhaltsferne Infrastrukturbetreiber wie Postnetz- oder Straßennetzbetreiber zur Sicherung der Inhaltskontrolle herangezogen werden.

Selbst wenn man also meint, ein organisatorisch presseexterner Hilfsbetrieb könne einer Verpflichtung zur Presseinhaltskontrolle die Pressefreiheit nur unter der Voraussetzung hinreichenden Inhaltsbezugs entgegenhalten, bleibt davon unberührt, dass jedenfalls die Druckschriftenurheber und -verleger in ihrer Pressefreiheit betroffen sind, wenn inhaltsferne Infrastrukturbetreiber zur Kontrolle der Inhalte ihrer Äußerungsprodukte verpflichtet werden.

cc) Eingriffsrechtfertigung inklusive Eingriffspflicht

(1) Verletzung des Abwehrrechts

Die für die Auslegung auslegungsfähiger einfacher Gesetze maßgebliche Wertung findet sich auf der Ebene der Grundrechte wieder: Zwangsweise Äußerungsinhaltskontrolle durch andere als durch die sich Äußernden verkürzt die Äußerungsfreiheit; auch in ihrer Anordnung über Haftungsgesetze bedarf sie der Rechtfertigung durch hinreichenden Inhaltsbezug des haftungsbegründenden Verhaltens. Die Grenze möglicher Zurechnung ist jedenfalls bei inhaltlicher Verantwortlichkeit der Betreiber öffentlicher Straßen- und Telekommunikationsnetze für die über die Netze von ihren Nutzern transportierten Äußerungen überschritten. Das gilt für alle öffentlichen Telekommunikationsnetze, seien sie wie die alten, vom Zentrum her gesteuerten Telefonnetze intelligent und kaum für eine effiziente und billige Verbreitung öffentlicher Äußerungen geeignet, oder seien sie wie das öffentliche Internet und andere neue Telekommunikationsnetze

247 Der Schutz der Pressefreiheit reicht – (auch) als schlicht abwehrrechtlicher – von der Beschaffung der Information bis zur Verbreitung der Meinung i. S. der Übergabe an den Empfänger (vgl. nur BVerfGE 91, 125 [134], unter Hinweis auf die st. Rspr. seit E 10, 118 [121]; weitere Nw. sowie zu dem in diesem Zusammenhang unnötigen Hinweis auf „Institute“ etc. vgl. *Fiedler*, Die formale Seite der Äußerungsfreiheit, S. 239). Dieser Schutz greift unabhängig davon, ob die Inhaltskontrolle und Verbreitungsunterbindung gegenüber oder bei eigenen Angestellten, Transportsubunternehmern oder sonstigen Dritten stattfindet oder angeordnet wird.

neben vielen Anwendungsmöglichkeiten hervorragende Datenstraßen auch für beliebige Veröffentlichungen.

Noch deutlicher als im einfachgesetzlichen tritt im grundrechtlichen Kontext die Irrelevanz des Argumentes zutage, nun verfüge jedermann unter Einschluß der Unkundigen, Dreisten und Verbrecher über einen technisch effizienten Veröffentlichungsweg, auf dem die zuvor opferschützenden Inhaltsfilter der professionellen Verbreiter wegfielen und es dann billig und erforderlich sei, auch bloße Datentransportinfrastruktur in Gestalt der Straßennetzbetreiber des Internet für Kommunikationsinhalte verantwortlich zu machen. Denn aus der Sicht der Äußerungsgrundrechte, sei es derjenigen des Grundgesetzes oder völkerrechtlicher Verträge (EMRK, EGV etc.), war die in Vor-Internet-Zeiten bestehende Abhängigkeit technisch nachhaltiger Veröffentlichungen von umfassender Organisation eine faktische Grundrechtsausübungshürde[248]. Und die damit ebenso tatsächlich zwingend einhergehende professionelle Inhaltsfilterung ergab sich als akzidentielle Nebenfolge, die nach dem Wegfall des Freiheitsausübungshindernisses infolge technischer Veränderung nicht ohne Grundrechtsverletzung normativ wieder aufgerichtet werden kann.

(2) Schutzpflichten helfen kaum weiter, kosten aber Tinte

Bleibt noch zu überlegen, ob nicht im Gegensatz zu allem bisher Gesagten *grundrechtliche Schutzpflichten* zugunsten der Kommunikationsopfer es nicht nur erlauben, sondern sogar befehlen, die Netzbetreiber auch ohne genügenden Inhaltskontakt für den Inhalt der Kommunikation der Netznutzer haftbar zu machen. Dabei muß hier Fragen nach der Berechtigung und der konkreten Reichweite der verbreiteten Auffassung, der Schutz der Bürger gegen Angriffe von Bürgern sei nicht nur zentrale Aufgabe, sondern zugleich auch den Grundrechten entspringende und in Leistungsansprüchen gespiegelte Pflicht des Staates, nicht weiter nachgegangen werden. Denn zwar ist die Funktion der grundrechtlichen Schutzpflichten als kaum rationalisierbarer deus ex machina[249] einer Untersuchung wert. Und einiges spricht dafür, dass Nebenwirkungen wie die Mitwirkung an der Zersetzung des Fundaments verfassungsrechtlicher Freiheitskonstruktion durch Auflösung rechtlicher Differenzen „in einem Meer von ungerichteten Abwägungslagen“[250] die positiven Seiten grundrechtlich befohlener Schutzpflichten leicht in den Schatten stellen. Doch selbst wenn sowohl ihre „dogmatische“ Existenz als auch ihre praktische Einsatzmöglichkeit unterstellt werden, geht der Ertrag einer Schutzpflichtargumentation hier über das bereits Gesagte nicht hinaus.

Zum einen sind solche Gedanken lege artis überflüssig, ja systemwidrig, wenn, wie hier, der vom Opfer anvisierte Schutzakt ein unverhältnismäßiger Freiheitseingriff ist. Denn entgegen zuweilen verbreiteter Denkschemata hat die Schutzpflicht keinen ersten

248 *Scheuners* Einschätzung, angesichts derartiger tatsächlicher Hürden sei der faktisch „wichtigste individualrechtliche Gehalt des Art. 5 I Satz 2 der freie Zugang zu den Presseberufen“, ist im Internet, was die *technische* Seite der „Verfügung über die Publikationsmittel“ anbelangt, hinfällig (incl. Zit. VVDStRL 22 [1965], 1 [71]). Zur nicht technischen Seite oben, S. 33 f.

249 Auch und gerade im Verhältnis zum ohnehin schon schwierig konkretisierbaren Gehalt grundrechtlicher Abwehrrechte.

250 *di Fabio*, Das Recht offener Staaten, 1998, S. 89.

Zugriff auf Konstellationen der Verkürzung abwehrrechtlich geschützter Freiheiten, sondern ist in solchen Fällen schon ihrem prinzipiellen Beschäftigungsfeld nach auf den Bereich der abwehrrechtlich als zulässig erkannten Eingriffe beschränkt. Zum zweiten gewinnt man nur ein weiteres Wort für dieselbe Sache, die unverändert den Wegfall der Freiheitsausübungshürde „professionelle Verbreiter" beklagt, auch unter dem neuen Logo aber den Zwang inhaltlich nicht verantwortlicher Infrastruktur in die Inhaltsverantwortung nicht zu rechtfertigen vermag. Zum dritten aber würde die Berufung auf eine staatliche Schutzpflicht zugunsten der Opfer mit dem Ziel der Verpflichtung Dritter zur Kontrolle der Kommunikationstäter die staatliche Schutzpflicht zugunsten der Täter auf den Plan rufen: Und die ist hier nicht schwächer als die Pflicht zum Opferschutz. Im Gegenteil: Letztlich müßte die Schutzpflicht zugunsten der kommunizierenden Netznutzer greifen, um einen Zustand zu verhindern, bei dem sie sich – anders als im Falle der Telefonnetze, der Nutzung des öffentlichen Straßennetzes für Kommunikationstransporte, der Äußerung unter Nutzung von Brief- und Paketpostnetzen – über die öffentlichen Datennetze nur noch öffentlich äußern können, wenn und soweit ihre Äußerung den Inhaltsfilter ihres Datennetzanschlußproviders passiert hat.

dd) Für Tüftler: Objektiv-rechtliche Gehalte oder Schutzpflichten zugunsten der Kommunikationsfreiheiten als Konstruktionsalternativen

Erscheint die Sicht auf die gesetzliche Inhaltshaftung inhaltsferner Infrastrukturbetreiber als Eingriff in die Grundrechte der Infrastrukturnutzer als zu klar, zu einfach oder zu gewagt, oder zieht man, wozu Gerichte aus vielen Gründen neigen mögen, generell diffuse und mehrdeutige Aussagen vor, läßt sich die Inhaltsneutralität der öffentlichen Internet-Vermittlungsnetze natürlich auch als Dimension des schutzpflichtbewegten oder sonst objektiv-grundrechtlich motivierten Gewährleistungsstaates begreifen.

ee) Wichtiger: Materiell-rechtliche und prozessuale Konstellationen

Wenn nach dem Gesagten haftungsgesetzliche Verpflichtungen der Vermittlungsnetzbetreiber zur inhaltlichen Prüfung vermittelter Äußerungen die Grundrechte der Autoren, Verleger usf. unabhängig davon beeinträchtigen und verletzen, ob die Netzbetreiber selbst sich nur auf Art. 12 GG oder auch auf Kommunikationsgrundrechte berufen können, stellt sich die Frage nach der prozessualen Relevanz dieser mittelbaren Äußerungsgrundrechtsverletzung. Wird allein der Vermittlungsnetzbetreiber vor den Zivilgerichten verklagt, den Strafgerichten angeklagt, oder klagt er selbst gegen verwaltungsrechtliche Anordnungen[251], führt dies zu einer interessanten und selten klar gesehenen Konstellation. Denn nach einigermaßen gefestigtem Prozeßrecht hätten zwar die Fachgerichte die Grundrechte der Äußernden zu beachten, das Bundesverfassungsgericht hingegen würde in einer nach letztinstanzlichem Unterliegen möglichen Verfassungsbeschwerde des Netzbetreibers den Verstoß gegen Grundrechte der Äußernden wohl nur fakultativ berücksichtigen.

251 Die etwa auch dem Zweck dienen könnten, den Netzbetreiber zur Befolgung vermeintlicher haftungsgesetzlicher Prüfungsverpflichtungen anzuhalten.

Gerichte dürfen grundrechtswidrige Gesetze nicht anwenden und haben grundrechtswidrige Gesetzesauslegungen auch dann zu unterlassen, wenn der jeweils fragliche Gesetzesbefehl Grundrechte anderer als der Prozeßparteien verletzt. Das gilt zunächst jedenfalls dann, wenn Eingriffe in Grundrechte einer Prozeßpartei in Frage stehen. Verletzt beispielsweise der (verwaltungs)gesetzliche Befehl an den Zeitungsausträger, vor dem Austragen eine inhaltliche Billigung der örtlichen Polizeibehörde einzuholen, als lokale Zensur eines Verbreitungsweges periodischer Druckschriften „nur" das Pressefreiheitsgrundrecht des Verlegers und Verfassers, weil der Zeitungsjunge sich nicht auf die Pressefreiheit berufen kann, so ist das Gesetz doch nichtig. Damit fehlt es zugleich an der gesetzlichen Grundlage für den durch den Kontrollzwang bedingten Eingriff in die Berufsfreiheit bzw. die allgemeine Handlungsfreiheit des Zeitungsausträgers und erweist sich die Kontrolle auch ihm gegenüber als gesetzlose Freiheitsverkürzung und damit als grundrechtswidriger Eingriff. Diese materiell-rechtliche Folge mit der prozessualen Beachtungspflicht für die Fachgerichte ist auf dem Boden der Elfes-Rechtsprechung vergleichsweise unausweichlich. Beide dürfen aber nicht mit einer verfassungsprozessualen Praxis verwechselt werden, in deren Tradition sich das Bundesverfassungsgericht selbst wohl nicht für *verpflichtet* halten würde, auf die Verfassungsbeschwerde eines Vermittlungsnetzbetreibers hin die Vereinbarkeit des an ihn gerichteten haftungsgesetzlichen Befehls auch mit Grundrechten der Verleger zu überprüfen. Bislang jedenfalls mißt das Gericht ohne Angabe von Kriterien – und also entweder nach Geschmack oder anhand eines geheimen Maßstabs – die gesetzliche Grundlage für den Eingriff in Grundrechte des Beschwerdeführers einer Verfassungsbeschwerde zuweilen auch an (naheliegenden) Grundrechten Dritter, zuweilen nicht. Den Fachgerichten bleibt im übrigen selbst dort, wo sie nicht über Eingriffe in Grundrechte von Prozeßparteien entscheiden, die Sachentscheidung auf der Grundlage verfassungs- und damit auch grundrechtswidriger Gesetze bzw. Gesetzesauslegungen versagt; im ersten Fall sind sie zur Vorlage nach Art. 100 I GG verpflichtet, im zweiten zu verfassungskonformer Gesetzesauslegung. Daß dessenungeachtet die offenen Texte der einschlägigen Haftungsnormen auch ohne die Bemühung von Grundrechten grundrechtskonforme Auslegungen erlauben, wurde schon oben erörtert[252].

c) Grundrechte der Zugangsprovider und anderer Betreiber von Internet-Vermittlungsnetzen oder einzelnen Vermittlungsknoten

Zugangsprovider und andere Vermittlungsnetzbetreiber können sich als Adressaten gesetzlicher Inhaltshaftung auf ihre Freiheitsrechte aus Art. 12 I GG, im Falle nichtberuflicher Tätigkeit mindestens auf die allgemeine Handlungsfreiheit aus Art. 2 I GG berufen. Da solche Haftungsgesetze mittelbar Grundrechte der Äußernden verletzen und deshalb nichtig sind (oben b, S. 160 ff.), fehlt es, wie gesehen, auch für den unmittelbaren Eingriff in die kommunikationsneutralen Freiheitsrechte der Vermittlungsnetzbetreiber an der erforderlichen verfassungsmäßigen Ermächtigungsgrundlage. Ob die Verbreiter selbst sich auch auf Kommunikationsgrundrechte berufen können, ist insoweit

252 Oben, 3. und 4., S. 101 ff.

bloße Zusatzfrage, die allerdings die prozessuale Stellung im Verfassungsbeschwerdeverfahren verbessern würde (soeben im Text vor Fn. 252).

Darüber hinausgehende Bedeutung kommt der Problematik einer Kommunikationsgrundrechtsberechtigung der Infrastrukturbetreiber allein dann zu, wenn fälschlich angenommen wird, die Inhaltshaftung der Vermittlungsnetzbetreiber berühre die Äußerungsfreiheit der Versender kontrollierter IP-Pakete nicht. Dem vom Bundesverfassungsgericht im Falle des Pressegrossisten postulierten Junktim zwischen dem Inhaltsbezug einer externen Pressehilfstätigkeit und der Möglichkeit des Pressefreiheitsschutzes käme dann eine ganz andere Bedeutung zu, entschiede es doch nicht mehr nur darüber, ob auch der Verbreiter Art. 5 GG aktivieren kann, sondern darüber, ob eine zu Presseinhaltskontrolle führende Gesetzeshaftung überhaupt von der Pressefreiheit bemerkt wird. Die Fragestellung zeigt schon, daß unter diesen Voraussetzungen der für den Pressefreiheitsschutz nötige Inhaltsbezug der Hilfstätigkeit nicht ohne Rücksicht auf den Inhaltsbezug der fraglichen staatlichen Maßnahme bestimmt werden kann, dass also die presseinhaltsbezogenen Auswirkungen eines staatlichen Eingriffs die ansonsten inhaltsneutrale Tätigkeit des Verbreitungshelfers mit dem für einen Pressefreiheitsschutz ausreichenden Inhaltsbezug aufladen können müssen. Wird der presseexterne Zeitungsausträger, der die Zeitungen inhaltsneutral als Ware verteilt, per Gesetz zur Presse*inhalts*kontrolle verpflichtet, steht ihm also ebenso wie seinen vom Zeitungsverlag angestellten Kolleginnen der Pressefreiheitsschutz zur Seite. Ebenso können sich Vermittlungsnetzbetreiber gegen Äußerungsinhaltskontrollverpflichtungen jedenfalls dann mit Gehalten der Äußerungsgrundrechte verteidigen, wenn den Äußernden selbst der Grundrechtsschutz gegenüber solchen Gesetzen irrtümlich abgesprochen wird.

Richtigerweise geht es allein darum, ob *neben* den Äußernden auch den Verbreitern Äußerungsfreiheitsschutz gegen haftungsbedingte Inhaltskontrollasten zusteht. Grundsätzlich spricht einiges dafür, daß jeder, der an der Verbreitung von Kommunikation mitwirkt, sich gegenüber kommunikationsinhaltsbezogenen Prüfungspflichten auf die einschlägige Kommunikationsfreiheit berufen *kann*. Dies gilt jedenfalls solange die Verbreitungsbeteiligung überhaupt noch spezifischen Kommunikationsbezug aufweist. Wenn also jemand – aus welchem Grund auch immer – Zeitungen usf. auslegt, verteilt oder sonst weitergibt, *verbreitet er Druckschriften* und bewegt sich damit im Schutz der Pressefreiheit. Es findet sich kaum ein Grund für eine unhistorische teleologische Reduktion der Pressefreiheit auf den Schutz der Verbreitung selbst erstellter oder doch solcher Druckschriften, zu denen man einen über die Entscheidung zu ihrer Verbreitung hinausgehenden inhaltlichen Bezug aufweist. Insbesondere die vom Bundesverfassungsgericht begründungslos behauptete Differenzierung zwischen angestellten und selbständigen Verbreitern entbehrt jeder sachlichen Grundlage.[253]

Allerdings handelt es sich bei den Internet-Vermittlungsnetzen um so allgemeine Datentransportinfrastrukturleistungen, daß sie eher den Straßennetzbetreibern vergleichbar nur unter anderem eben auch Äußerungstransporte ermöglichen und über keinen spezifischen Äußerungsbezug mehr verfügen. Während also die Verletzung von Äußerungsgrundrechten durch haftungsgesetzliche Inhaltsverantwortung der Vermittlungs-

---

253 Ablehnend auch *Wendt*, in: v. Münch/Kunig, GG, Bd. 1, 5. Aufl. 2000, Art. 5 Rn. 33.

netzbetreiber als Ergebnis feststeht, bleibt unentschieden, ob auch die Vermittlungsnetzbetreiber insoweit über originären Äußerungsgrundrechtsschutz verfügen.

d) Fazit

Die Durchsetzung kommunikativer Ausgangssperren für Datensendungen mit bestimmten Inhalten, die Überwachung der Zugangsverbote für bestimmte Kommunikationsinhalte zu öffentlichen Datennetzen muß der doppelt freiheitsrechtlich gebundene Leviathan beschließen, durchsetzen und verantworten. Eine solche Kontrolle kann er auch nicht durch straf- oder zivilgesetzliche Anordnung inhaltlicher Haftung zur Sache der privaten Betreiber des öffentlichen Datentransportnetzverbundes „Internet" machen.

Gesetzliche Inhaltshaftung der Internet-Vermittlungsnetzbetreiber ist also nicht nur nach geltendem einfachen Recht, sondern auch von Grundrechts wegen ausgeschlossen.

Das gilt nicht nur für den schwindenden sachlichen Geltungsbereich der grundgesetzlichen Grundrechte, sondern auch für eventuelle Grundrechte des EG-Vertrags, der Grundrechtscharta und für die Garantie aus Art. 10 EMRK. Der naheliegende Einwand, hier sei bislang nur von Art. 5 GG die Rede gewesen, griffe zu kurz. Auch die anderen Freiheitsverbürgungen enthalten weder in ihren Texten noch in einer eventuell entwikkelten Dogmatik eindeutige Aussagen über eine gesetzliche Inhaltshaftung der Internet-Vermittlungsnetzbetreiber. Man mag wie im Falle des Art. 10 EMRK über die „Unentbehrlichkeit in einer demokratischen Gesellschaft" zu einer Verhältnismäßigkeitsprüfung gelangen oder auch ganz ohne Verhältnismäßigkeitsbegriff nach Regeln suchen, um den Vorrang des Freiheitsbeschränkungs- oder des Freiheitsinteresses zu bestimmen: Immer läuft es auf die oben abgehandelten Fragen hinaus, die ebensowenig wie die richtigen Antworten wiederholt werden müssen.

VIII. Gesetzliche Inhaltshaftung von Internet-Host-Providern – Zwischen Freiheitskorrelat und Drittkontrollzwang

Wer seine Text-, Bild- oder Audiodateien nicht auf einem Internet-Host in den eigenen Räumen zum Abruf bereitstellt, muß für die Veröffentlichungstechnik[254] Dritte einschalten. Damit befinden sich zwischen dem inhaltlich verantwortlichen Äußernden und den Empfängern nicht mehr nur die Vermittlungsknoten der inhaltlich nicht verantwortlichen Datenstraßennetzbetreiber, sondern es wird bei der Bereitstellung des Quellrechners ein technischer Verbreiter eingeschaltet, dessen funktionsangemessene Inhaltsverantwortlichkeit naheliegt. Die von solchen Dienstleistern über den Vermittlungsnetzanschluß hinausgehenden Aufgaben lassen sich in die Kategorien Rechnerraum, Internet-Host mit WWW-Server[255] sowie darauf bezogenen Wartungs- und Administrationsservice unterteilen. Alle Leistungselemente sind nach Art und Umfang fast beliebig abstuf- und kombinierbar; insbesondere die Eigentums-, Besitz- und Gewahrsamsverhältnisse am Quellrechner lassen sich wie die tatsächlichen und vertraglichen Administrationsmöglichkeiten sehr unterschiedlich gestalten. Immer gleich bleibt die Tatsache räumlicher Distanz zwischen dem WWW-Server-Internet-Host und dem Internet-Host im Büro oder in der Wohnung des Äußernden, über den dieser „seinen" WWW-Server am Vermittlungsknoten des Internet-Providers nach Bedarf fernsteuert und ihm insbesondere die am eigenen Rechner erstellten Dateien zur Veröffentlichung überträgt. Für eine Auslagerung des Quellrechners sprechen häufig Kostengründe: Die Aufstellung unmittelbar am seinerseits breitbandig angeschlossenen Vermittlungsknoten des Providers spart die – jedenfalls zur Zeit noch – teure breitbandige Leitung zwischen den Räumen des Äußernden und dem ersten Vermittlungsknoten des Internet-Zugangsproviders. Die dann noch allein nötige Verbindung zwischen einem Internet-Host in den eigenen Räumen und dem fernen WWW-Server-Host zur Fernsteuerung des letzteren verlangt keine Bandbreite. Zudem ist zwar die (Fern)Bedienung des WWW-Servers zu Veröffentlichungs- und sonstigen Kommunikationszwecken einfach, doch Aufstellung, Anschluß und der Betrieb von Servern verlangen Technik, Kenntnisse und Fähigkeiten, über die nicht jeder verfügt und die vergleichsweise kostengünstig und flexibel bei Server-Providern eingekauft werden können. Die anschließende Darstellung einiger Varianten folgt dem Prinzip zunehmender Anteile des Providers an der Kontrolle von Server-Hard- und Software.

1. Kundeneigener Server-Host am Vermittlungsknoten („Server-Placement", „Server-Homing", „Co-Location" usf.)

Will der Äußernde den unmittelbaren Anschluß an ein breitbandiges Vermittlungsnetz, gleichwohl aber keinem Dritten Kontrolle über seinen Server-Host zugestehen,

254 Die inhaltliche Beteiligung führt nach den üblichen Grundsätzen zur Inhaltshaftung und bleibt hier unbehandelt.

255 Also ein Rechner, der als Internet-Host eingerichtet und mit einer WWW-Server-Anwendung versehen wird.

kann sich der Beitrag des Providers darauf beschränken, einen Raum für die Aufstellung des kundeneigenen Servers und den Internet-Anschluß zur Verfügung zu stellen. Der Äußernde sorgt dann selbst und allein für die Konfiguration und den Betrieb der Server-Hard- und Software („Server-Housing", „Server-Homing", „Server-Placement", „Co-Location"[256]). Jedenfalls wenn der Äußernde Alleingewahrsam an dem verschlossenen Raum hat, dem Provider hingegen nur vereinbarte bzw. gesetzliche Notzutrittsrechte verbleiben, handelt es sich um eine Gebrauchsüberlassung, die wie die einem Dritten separat mögliche Vermietung von Räumen an Verlage, Content-Provider etc. keine Inhaltsverantwortlichkeit begründet. Der Provider ist lediglich ein Vermittlungsknoten- oder -netzbetreiber[257], der außerdem auch noch Räume in der Nähe seines Zugangsknotens vermietet. Das dürfte sich im Falle der Übernahme zusätzlicher Wartungsaufgaben an der Hardware nicht ändern, wird doch auch der mit der Instandhaltung von Druckmaschinen und sonstiger Verbreitungstechnik Betraute nicht für Äußerungsinhalte haftbar gemacht. § 11 I TDG, § 5 II TDG (1997), § 5 II MDStV und Art. 14 ECRiLi sagen nichts anderes, da die Vermietung von Rechnerräumen noch nicht bedeutet, daß der Vermieter die von den Mietern auf Rechnern im gemieteten Raum angebotenen Inhalte als „fremde Inhalte" zur „Nutzung bereit hält" bzw. für den Mieter „speichert". *Der eigene Server in eigenen Räumen am Vermittlungsknoten des Zugangsproviders* wird also ebenso frei von haftungsbedingter Inhaltskontrolle Dritter betrieben als wäre der Server in größerer räumlicher Distanz zum ersten fremden Vermittlungsnetzbetreiber aufgestellt.

In Varianten des „Server-Housing" wird dem Äußernden für seinen Server-Host kein eigener Raum, sondern nur *Platz in Räumen des Providers,* sei es in einem separaten oder in einem mit anderen zu teilenden Rechnerschrank, überlassen. Solange der Anschlußprovider nur Hardware-Zugriff hat, also etwa auf Geheiß des Kunden defekte Rechner insgesamt oder Teile austauscht etc., allein und ausschließlich der Kunde aber den Rechner konfiguriert und administriert, ist entscheidend, ob die Aufnahme des Quellrechners in eigene Räume auch ohne Funktionszugriffsbefugnis Inhaltsverantwortlichkeit begründet. Obwohl der Provider kaum etwas an technischer Funktion hinzugewinnt, insbesondere immer noch Inhalte nur durch Vollsperrung oder Filterung an seinem Vermittlungsknoten unterbinden kann, dürfte doch die unmittelbare räumliche Zugänglichkeit nicht wenigen als gewichtiges Zurechnungselement erscheinen. Der vermietete und verschlossene Raum mag Zurechnungsgrenzen setzen; jedenfalls der im nicht verschlossenen Schrank und also offen im Raum des Providers stehende Rechner ist dem Provider irgendwie näher. Ob das auch eine Inhaltszurechnung erlaubt, mag bezweifelt werden, soll aber hier letztlich offen bleiben. Lehnt man die Zurechnung ab, entsteht jedenfalls wiederum kein Konflikt mit den genannten datennetzspezifischen Normen. Wer nur fremde Rechner ohne eigene Zugriffsmöglichkeit unterbringt, hält nicht einmal den *Rechner bereit*, da über dessen Funktion allein der Äußernde entscheidet, jedenfalls aber hält allein dieser *Inhalte* zum Abruf *bereit.*

256 Alle Produktbezeichnungen werden in der Praxis wenig einheitlich benutzt.
257 Dazu oben, VII., S. 91 ff.

2. Ungeteilter und geteilter Server-Host (dedizierter, virtueller Server, Web-Hosting)

Möglich ist auch, daß der Kunde keinen eigenen Server einbringt, der Provider ihm aber einen von ihm vorkonfigurierten Server-Host zur alleinigen Verwendung überläßt („dedizierter Server"). Abgesehen von zumeist standardisierter Softwareausstattung ergeben sich für die Veröffentlichungsmöglichkeiten des Äußernden kaum Unterschiede zum eigenen Server. Dennoch wächst die hier interessante Funktionsherrschaft des Providers, da er seinen Rechner selbst konfiguriert, sich regelmäßig ein Funktionsüberwachungsrecht sowie entsprechende Administrationsbefugnisse vorbehält und den WWW-Server nicht nur tatsächlich steuern kann, sondern – von Bedienungsfehlern des Kunden abgesehen – die Funktionsfähigkeit des Servers als Einheit aus Hardware und Server-Software schuldet. Für ihn endet mit anderen Worten und anders als im Falle der Unterbringung kundeneigener Server der tatsächliche und geschuldete Zugriff auf den Quellrechner der Veröffentlichung nicht am Übergabepunkt zum ersten Vermittlungsknoten. Er ist also nicht mehr nur ein Vermittlungsnetzbetreiber, der außerdem Aufstellungsraum für Endknotenrechner stellt, sondern Mit- oder Hauptbetreiber der Endknoten.

Eine kostenreduzierende Variante macht sich zunutze, daß *ein* Rechner (Hardware) *mehrere* selbständige WWW-Server (Software) mit je eigener Internet-Adresse gleichzeitig ausführen kann. Ein Internet-Host, der reale „shared" Server, wird so eingerichtet, daß er zig getrennt voneinander laufende und je einem Kunden zur exklusiven Nutzung überlassene „virtuelle WWW-Server" parallel agieren läßt. Die Veröffentlichungsmöglichkeiten einer solchen, häufig auch Web-Hosting genannten Organisationsvariante genügen immer noch vielen Ansprüchen. Doch wird der Provider schon dadurch zum vorrangigen Administrator, daß er den reibungslosen Ablauf der verschiedenen Server-Programme inklusive Zuteilung des Speicherplatzes etc. sicherstellen und sich entsprechende Steuerungszugriffe vorbehalten muß.

Schließlich gibt es unterhalb des virtuellen Servers, der jedem Kunden die Verwendung einer eigenen IP-Adresse und eines eigenen Domain-Namens erlaubt, verschiedene Möglichkeiten, Speicherplatz für eigene Seiten auf einem *fremden* (realen oder virtuellen) *Server* zu erhalten (Web-Hosting). Sogar dabei ist es je nach Ausgestaltung noch möglich, einen eigenen Domain-Namen zu verwenden und also gegenüber Rezipienten insoweit als selbständig zu erscheinen (Web-Hosting mit eigener Domain).

„Web-Hosting", „Server-Providing" oder wie immer Varianten einer Organisation genannt werden, bei der der Provider – neben dem Äußernden – eine mehr oder weniger weitreichende Funktionskontrolle über den WWW-Server inne hat, der die Äußerungsdateien speichert und versendet, gelten als typische Anwendungsfelder der §§ 11 TDG, § 11 TDG (1997), § 11 MDStV, Art. 14 ECRiLi. Freilich ist die Selbstverständlichkeit, mit der Überlegungen im Normumfeld davon ausgehen, der Server-Provider dürfe von Inhalten Kenntnis nehmen bzw. nehme auch nur tatsächlich Kenntnis, bemerkenswert. Fehl geht zunächst die vielleicht sogar von den Gesetzestexten inspirierte Vorstellung, es sei der Provider, der die von seinen Kunden eingereichten Äußerungsdateien für diese – besehen oder unbesehen – abspeichere und so wenigstens den Inhaltskontakt oder die Inhaltsnähe habe, die einem Anzeigenaufnehmer, einem Herausgeber, einem Setzer oder Drucker zukomme. Tatsächlich ist der Provider ungeachtet des genauen Maßes an konkret vorbehaltener und ausgeübter Server-Funktionskontrolle weder geistiger noch technischer Verbreiter mit einem dem Setzer oder Drucker vergleichbaren Inhaltskontakt, da der Kunde immer allein und selbständig die Veröffentlichungsdateien aufspielt, zum Abruf freigibt, verändert, wieder löscht etc. So „hält“ der Provider genau genommen in keinem dieser Fälle „Inhalte“ „bereit“ (§§ 5 II MDStV bzw. TDG [1997]) und „speichert“ auch nicht „fremde Informationen“ „für einen Nutzer“ (§ 11 TDG), sondern stellt Dritten Rechner dergestalt zur Verfügung, *dass der Dritte ohne jede weitere Providerbeteiligung Dateien auf dem Rechner abspeichern und zum Abruf bereit stellen kann.*[258] Der Provider wartet letztlich eine Maschine, die Bücher auf Anforderung von Lesern druckt und versendet, während allein der Maschinenmieter sie mit Buchdatensätzen beschickt und entscheidet, unter welchen Voraussetzungen und an wen ein „book on demand“ gedruckt (eine Datei kopiert) und versendet wird. Der Provider ist aber nicht nur intern ohne den Inhaltskontakt eines Buchherstellers, sondern auch – anders als in den Fällen unter 3. – an den Kundenveröffentlichungen nach außen (kommunikativ) unbeteiligt, als bloßer Techniker für den Empfänger unsichtbar. So tragen die Kunden-Pages keine zur Domain des Providers zählenden Namen (www.*kunde.*beispielprovider.com/*kundenpage1*), sondern laufen unter kundeneigener Domain (www.*kunde.com/kundenpage1*). Das heißt nicht, dass eine Inhaltshaftung des Betreibers von Servern, auf denen Dritte Äußerungen bereitstellen, schlechthin ausscheiden muß. Nur kann sie nicht ohne weiteres mit derjenigen inhaltlicher Verbreiter wie etwa der Zeitungsherausgeber parallelisiert werden.

3. Abgrenzung zur Äußerung unter fremder Domain, zu anderen Formen der „Herausgeberschaft“ sowie zum Link und Hyperlink

In den unter 2. behandelten Konstellationen kontrolliert der Provider mehr oder weniger die Funktion des WWW-Servers, den er zumeist in seinen Räumen für andere als Datenversandtechnik bereitstellt, ist aber weder an der Erstellung noch der konkreten Aufspeicherung und öffentlichen oder nicht öffentlichen Freigabe von Inhalten beteiligt. Alles ändert sich, und eher konventionelle Bahnen werden beschritten, wenn Äußerungen nicht nur auf einem von einem Fremden zur Verfügung gestellten WWW-Server, sondern im Rahmen *des Angebots eines fremden Servers* stattfinden (Web-Hosting unter der Domain des Host-Providers). So können etwa Privatkunden vieler Internet-Zugangsprovider kostenlos einige Pages auf einem Server des Providers ablegen, der diese privaten Homepages unter *seinem* Domain-Namen als Unterseiten seines WWW-

258 Vater der recht gedankenlosen Gesetzesformulierungen, nach denen der Server-Provider derjenige zu sein scheint, der für andere Inhalte speichert, ist letztlich wohl der Wunsch, eine Rechtfertigung für die zugleich angeordnete Inhaltszurechnung wenigstens zu behaupten. Richtig müßte es etwa heißen: „Wer anderen Rechner dergestalt zur Verfügung stellt, daß sie auf den Rechnern Daten speichern und zur Versendung anbieten können, haftet für die inhaltliche Rechtmäßigkeit der Verbreitung solcher Daten.“ Art. 14 I ECRiLi scheint dem etwas näher zu kommen, wenn er unter Hosting zunächst die „Speicherung von durch einen Nutzer eingegebenen Informationen“ versteht, spricht dann aber im unmittelbaren Anschluß von „im Auftrag eines Nutzers gespeicherten Informationen“, was wieder so klingt, als sei der Hosting-Provider irgendwie aktiv mit konkreten Speicherungen befaßt und überlasse nicht nur dem Nutzer die Technik zu beliebigen Aufspeicherungen.

Angebots bereit halt, was sowohl an den Seiten als auch der Adresse[259] erkennbar ist. Ähnliches gilt, wenn jemand auf seinem Server unter seiner Domain thematisch ähnliche Seiten verschiedener Herkunft sammelt (Portal), etwa unter „www.last-minute.com" Reiseveranstaltern die Möglichkeit kurzfristiger Angebote einräumt. Anders als der Server-Provider, der in allen Varianten ohne jeden eigenen Kommunikationsanteil dem Äußernden Hardware und Software für dessen Kommunikation zur Nutzung überläßt, tritt derjenige, der andere innerhalb seines Web-Angebots oder auch nur unter seinem Domain-Namen zu Wort und Bild kommen läßt, im Zusammenhang mit den fraglichen Äußerungen kommunikativ auf und setzt so Anknüpfungspunkte für eine geistige Zurechnung. Hier liegt der Vergleich zum Herausgeber von Anzeigenblättern etc. schon näher und kann je nach Ausgestaltung mehr oder weniger treffen. Hier endlich kann auch ohne weiteren Inhaltskontakt des Providers mit §§ 5 II MDStV bzw. TDG (1997) die Rede davon sein, der Provider halte *fremde Inhalte* – sc. unter seinem Domain-Namen bzw. auf seiner „Portal" genannten Web-Seite – bereit. Und hier läßt sich dann auch im Sinne von § 11 TDG (2001) davon sprechen, dass der Provider „fremde Informationen" „für einen Nutzer speicher[t]".

Solche Aufnahmen fremder Angebote in ein eigenes Angebot haben mit dem Link und dem Hyperlink gemeinsam, dass der Bezug zur Kommunikation des anderen kommunikativer Natur ist. Link und Hyperlink sind Kommunikationen, die auf andere Kommunikation verweisen; der (selten, aber vorkommende) *einfache Link* wäre etwa der auf der Seite des A im Anhang zu einem Text geschriebene, auf eine fremde Seiten verweisende Text: „siehe www.beispiel.de/xxx/yyy/bzk.html". Bloßes Anklicken des Dokumentenverweises führt zu nichts, die Eingabe der URL in die Adresszeile erlaubt aber den Aufruf der Fundstelle. Um einen *Hyperlink* handelt es sich, wenn der Dokumentenverweis in der verweisenden Datei des A mit dem Befehl verbunden ist, das Dokument durch Anklicken automatisch anzufordern. In beiden Fällen handelt es sich um Verweise. Daß dem Verweis durch unmittelbare Anforderung und Einsicht der fremden Seite vom fremden Computer in der Regel einfacher und schneller nachgegangen werden kann als auf Papier gedruckten Fußnoten und anderen Verweisen, ist funktional wertvoll bis lästig, ändert gleichwohl aber an dem Verweischarakter nichts.

259 Der Domain-Name des Provider-Servers, der zugleich die Einstiegsseite aufruft, lautet etwa „www.providerx.net". Auf der Einstiegsseite findet sich unter anderem ein Link zu einer Übersicht mit den Pages der Kunden, die beispielsweise auf die Homepage des Kunden „PeterP" mit dem URL „www.providerx.net/kunden/p/peterp" weiterverweisen mag.

IX. Vereinbarte Inhaltskontrollbefugnisse

Neben oder statt staatlicher[260] und der per Haftung für fremde Inhalte privaten Netzbetreibern auferlegten Inhaltskontrolle[261] könnten *Selbstkontrollmechanismen* in öffentlichen Datennetzen an Bedeutung gewinnen. Regelmäßig rufen sie mit dem Beiwort „*freiwillig*" privatautonome Legitimationszusammenhänge auf und scheinen sich damit kategorisch von der Seite staatlicher Gewalt und rechtfertigungsbedürftiger Freiheits*verkürzung* auf die Seite der prinzipiell beliebigen und ihrerseits nur gesetzlich und nur mit guten Gründen beschränkbaren Freiheits*ausübung* zu schlagen. Dennoch ist die Rechtmäßigkeit solcher Inhaltsregulierung im Wege allgemeiner Geschäftsbedingungen nicht für alle Konstellationen gesichert. Kommunikationsfreiheitsrechtliche Aspekte, aber auch kartellrechtliche Anforderungen an Abreden der Provider untereinander mögen das ein oder andere Kontroll-, Sperrungs- und Filterrecht unwirksam sein lassen. Praktisch könnten die rechtlichen Grenzen der Vereinbarung von Inhaltskontrollverfahren und zulässigen Kommunikationsinhalten zu einer sehr bedeutsamen Frage werden, wenn Bestrebungen Raum greifen sollten, im Internet über die Verbreitung entsprechender Geschäftspolitiken möglichst flächendeckend engere als die jeweiligen gesetzlichen Äußerungsinhaltsschranken zu ziehen und so die Kommunikationsfreiheit privat zu definieren.

Die erste rechtliche Voraussetzung der Anwendbarkeit jeder Klausel ist ihre – hier nur kursorisch behandelte – Wirksamkeit (unten 1.). In jedem Fall sollte der Wunsch nach privater Inhaltsregulierung *des* Internet als Irrweg erkannt werden (unten. 2.). Eine zweite rechtliche Bedingung der Relevanz einer Inhaltskontrollklausel ist, dass sie die konkrete Maßnahme abdeckt. Dabei können sich insbesondere in einer Situation vermeintlicher oder doch ungeklärter haftungsgesetzlicher Kontrollverpflichtungen der Klauselverwender Abgrenzungsprobleme ergeben (unten 3.).

1. Wirksamkeitsprobleme vertraglich vereinbarter Inhaltskontrollbefugnisse insbesondere der Vermittlungsnetzbetreiber

Selbst ein bloß flüchtiger Blick auf die Wirksamkeitsvoraussetzungen von Inhaltskontrollvereinbarungen hat zunächst nach der Eigenart der inhaltlich bedingten Dienstleistung zu unterscheiden: Wer anderen WWW-Server zur Verfügung stellt, kann, wenn er will, sein Technikangebot auf ihm genehme Tendenzen beschränken und dann beispielsweise nur christliche, nur islamische oder nur säkularisierte Web-Auftritte akzeptieren. Hingegen ist weniger klar, unter welchen Bedingungen Anbieter schlichter Internet-Connectivity, also die sogenannten Anschluß- oder Zugangsprovider in ihren Vertragsangeboten für Endkunden und Zwischenhändler *inhaltliche* Zugangsbedingungen stellen dürfen. Da der Anschluß fremder Hosts und Netze an eigene Vermittlungsknoten keinerlei gesetzliche Inhaltshaftung zur Folge hat[262], entfällt als Klauselmotiv und

260 Oben V. (S. 62 ff.) und VI. (S. 76 ff.).
261 Oben VII. (S. 91 ff.) und VIII. (S. 175 ff.).
262 Oben VII., S. 91 ff.

-grund der Wunsch, gesetzliche Pflichten im Verhältnis zum Kunden problemlos und – angesichts der Risiken und Schwierigkeiten inhaltlicher Bewertung – auch ohne den Nachweis der Rechtswidrigkeit umsetzen zu können. Vertragsklauseln, die explizit oder sonst hinreichend deutlich allein der Umsetzung vermeintlicher haftungsgesetzlicher Pflichten der Vermittlungsnetzbetreiber dienen, sind also gegenstandslos. Soweit darüber hinausgehende Sperrungsrechte vereinbart werden, insbesondere haftungsunabhängige und Befugnisse, mißliebige, aber gesetzlich zulässige Äußerungen zu unterbinden, stellt sich zunächst die Frage nach eventuell schon bestehenden Regelungen einer Inhaltsneutralität des Netzzugangs[263]. Selbst wenn danach Anschlüsse an Betreiber von *Hosts oder Netzen mit Hosts* nach inhaltlichen Kriterien vergeben und gesperrt werden dürften, steht noch nicht fest, dass Vermittlungsnetzbetreiber rechtmäßig auch einem anderen *Vermittlungsnetzbetreiber* den Zusammenschluß unter Hinweis auf die von dessen Endkunden verbreiteten Inhalte verweigern könnten. Existiert oder greift keine gesetzliche Sicherung inhaltsneutraler Internet-Anschlußmöglichkeiten, etwa weil kein Vermittlungsnetzbetreiber als marktbeherrschend gilt und nur ein solcher gebunden wäre, läßt sich untersuchen, ob objektiv-rechtliche Gehalte der Kommunikationsfreiheitsgarantie der jeweils einschlägigen Grundrechtsquelle (GG, EMRK, EGV usf.) – bzw. für den Bereich des Grundgesetzes auch Art. 87 f I GG[264] – eine solche Regelungsrichtung für das Internet vorgeben.[265] Zu erwägen wäre ferner, ob Rechte zur Sperrung im Falle bloß möglicher Rechtswidrigkeit oder gar von gesetzlich erlaubter Kommunikation eine unangemessene Benachteiligung der anderen Vertragspartei bedeuten und deshalb entsprechende Formularklauseln den §§ 305 ff. BGB zum Opfer fallen.

Ging es bis hierher primär um das vertikale Verhältnis zwischen dem jeweiligen Diensteanbieter und seinen potentiell kontrollierten Kunden, mögen doch auch eventuelle horizontale Kontrollabstimmungen unter den Internet-Dienstleistern einer Stufe fehleranfällig sein. Mängel solcher Abreden könnten auf die Wirksamkeit der zu ihrer Umsetzung mit Kunden vereinbarten Kontrollklauseln durchschlagen. Wenigstens drei Fehlertypen scheinen untersuchungswürdig.

So mag die Installation *freiwilliger Selbstkontrollmechanismen* trotz ihres Namens in concreto dergestalt von staatlichen Stellen initiiert, mitbestimmt oder gar erzwungen worden sein, daß die Kontrolle schon die Seite grundrechtlicher Freiheitsausübung nicht erreicht, das Klima der grundrechtlich gebundenen Sphäre aber nicht verträgt.

Sind die Abstimmungen auf Providerebene hingegen hinreichend staatsfrei und rechtlich der bürgerlichen Freiheit ihrer Teilnehmer zuzurechnen, bleibt zum zweiten

263 Was hier nicht untersucht wird.

264 Es ließe sich der inhaltsneutrale Internet-Anschluß zu den „angemessene[n] und ausreichende[n] Dienstleistungen" zählen, die der Bund „im Bereich [...] der Telekommunikation flächendeckend" zu gewährleisten hat.

265 Inhaltsneutralität kann sich auch faktisch aus der Politik marktbeherrschender Vermittlungsnetze ergeben. In den Zeiten der Existenz eines maßgeblichen Internet-Backbones in den USA, desjenigen der National Science Foundation, bedeutete die (unmittelbare oder mittelbare) Verbindung zu diesem Netz den Anschluß an „das" Internet. Alle Zusammenschlüsse mit dem NSF-Net waren frei von inhaltlichen Bedingungen. Die grundsätzlich gegebene Möglichkeit, ein (hinreichend großes) Vermittlungsnetz im Falle inhaltlicher Bedingungen anderer Netzbetreiber inhaltsneutral unmittelbar an das NSF-Net anzuschließen, sicherte das Prinzip inhaltsneutraler Netze.

Wettbewerbsrecht zu beachten und ist drittens nicht ausgeschlossen, dass der Markt des „Zugangs zu öffentlichen Kommunikationsnetzen" besonderen Anforderungen unterliegt.

Vereinbaren Vermittlungsnetzbetreiber, bestimmte Inhaltskontrollrechte oder -mechanismen zur Bedingung aller Verträge mit Dritten zu machen, kann schnell ein Inhaltskontrollkartell entstehen, das den Markt gegen Konkurrenten abschottet, die – gesetzeskonform – ihren Kunden lieber kontrollfreie oder doch weniger überwachte Anschlüsse anbieten wollen. Ungeachtet einer etwaigen wettbewerbsrechtlichen Rechtswidrigkeit solchen Vorgehens bedeutet die Teilnahme am Kontrollkartell als Marktzutrittsbedingung für Anschlußanbieter, daß die Nachfrager des Kommunikationswegs Internet keine Äußerungsmöglichkeit finden, ohne sich – jedenfalls im Schrankengrenzbereich – fremden Inhaltskontroll- und -bestimmungsbefugnissen zu unterwerfen. Schließt aber die abgestimmte Vergabe von Netzanschlüssen unter der Bedingung der Einwilligung in fremde Inhaltskontrolle die – gesetzlich zulässige und gesetzlich als Möglichkeit nicht beseitigbare – von solcher Kontrolle freie Äußerung im Internet aus, trifft das nicht nur die für öffentliche Kommunikationsnetze zentrale Idee der Inhaltsneutralität der Infrastruktur im Kern, sondern ruft auch die Frage nach objektivrechtlichen Gewährleistungsverpflichtungen der jeweils zuständigen Hoheitsgewalt respektive entsprechenden Gehalten der Kommunikationsfreiheitsgarantien auf den Plan. Ob solche Überlegungen innerhalb oder neben kartellrechtlichen Normierungen stattzufinden hätten, kann hier offenbleiben.

2. *Differenzierung tut Not – Was auf dem eigenen Grundstück gesagt werden darf, mag jeder selbst und vertraglich regeln, aber über die öffentlichen Straßen und Plätze dürfen auch die Anderen ihre Kommunikation transportieren*

Wo immer man die Wirksamkeitsgrenzen letztlich ziehen mag, sollte doch bei rechtlicher Betrachtung nur wenig Verständnis dafür aufgebracht werden, wenn eine Privatisierung der Entscheidung über die im öffentlichen Internet zu sperrenden Kommunikationsinhalte – nach dem Gusto oder Konsens der jeweils tonangebenden politisch Korrekten – *ganz undifferenziert begrüßt* wird.[266] Tatsächlich verlangt kaum etwas schärfere *Differenzierung*. Der Unbedarfte sieht dem vor ihm stehenden Internet-Knoten im Zweifel noch nicht einmal an, ob es sich um einen als WWW-Server-Host arbeitenden Endknoten und damit um einen privaten Ort handelt, der der Inhaltsfreiheit und politischen Korrektheit seines Betreibers bzw. Nutzers zur Verfügung steht, oder ob er einen Vermittlungsknoten des öffentlichen Internets vor sich hat, dessen Aufrüstung um jeglichen Inhaltsfilter freiheitliche Grundstrukturen der Gesellschaft in Frage stellt: Der politisch korrekte Inhaltsanbieter, verfüge er über einen eigenen oder nutze er einen fremden Host, geht mit einer solchen Ausrichtung seinem Metier nach, nicht anders als

266 Als Grund hört man etwa, die internationale Wirtschaft könne einfacher als die durch die Meinungsfreiheit unterschiedlich gebundenen Staaten nach weltweit harmonisierten Regeln den politischen und unpolitischen Schmutz bekämpfen; in diese Richtung am Beispiel der „Bekämpfung von Hass im Internet" *Sieber*, ZRP 2001, 97 (102).

seine inkorrekten Konkurrenten; der nach inhaltlicher Ausrichtung differenzierende WWW-Server-Host- oder Druckmaschinen-Vermieter ist sicherlich nicht der Regelfall, gleichwohl aber weithin nur mit seiner eigenen Freiheit beschäftigt. Und jeder hat das Recht, sein Firmen- oder Organisationsnetz oder auch seinen Internet-Host mit beliebigen URL-Blocks und anderen Inhaltsfiltern nach freiem Belieben abzuschotten. Der Straßennetzbetreiber hingegen, der die von dem Grundstück des politisch Inkorrekten Kommenden am Übergang zur öffentlichen Straße daraufhin kontrolliert, ob und welche Äußerungsträger sie zur Verbreitung bei sich führen, diese ggf. inhaltlich überprüft und unterbindet, stellt die Existenz der Gesellschaft als Kommunikationsraum in Frage, in dem die Bürger verfehlte wie richtige Einstellungen vertreten und kommunikativ bekämpfen, während der Staat die sehr viel weiteren Grenzen gesetzlich verbotener Kommunikation mit freiheitswahrenden Mitteln sanktioniert.[267]

3. Relevanz und Irrelevanz wirksamer Klauseln

Die Wirksamkeit einer konkreten Kontrollklausel unterstellt, bleibt ihr Verhältnis zu einer – da nicht existent – vermeintlichen gesetzlichen Haftung klärungsbedürftig. Dabei soll hier nur die Situation des Anschlußproviders etwas näher betrachtet werden.

Die Vereinbarung eines Kontroll*rechts* begründet zunächst keine *Pflicht* des Providers, geschweige denn Ansprüche Betroffener im Sinne eines Vertrages mit Schutzwirkung für Dritte. So bleibt die Klausel ohne praktische Relevanz, wenn der Provider dem Sperrungsbegehren Dritter entgegentritt. Da diesem die Anspruchsgrundlage fehlt, muß der Dritte den Prozeß gegen den Anschlußprovider verlieren, ob er denjenigen gegen den sich Äußernden gewinnt, hängt von der Rechtswidrigkeit der Äußerung ab.[268]

Nun ist es nicht ausgeschlossen, daß ein Anschlußprovider, sei es mit oder ohne Streithilfe des Anschlußinhabers[269], seine Haftungsfreiheit gerichtlich klären lassen will. Wenn er jedoch auf das Unterlassungsbegehren des Dritten hin die fragliche Äußerung untersucht, sie vertretbar für bedenklich erachtet und – womöglich nach Abmahnung – den Anschluß (mit oder ohne Vertragskündigung aus wichtigem Grund) sperrt,

267 Angesichts der fast beliebigen räumlichen Überschneidung und Überschneidbarkeit der Internet-Vermittlungsnetze im Raum sind politisch korrekte wie inkorrekte Vermittlungsnetzbetreiber als quantitative Ausnahme mit einer insgesamt immer noch inhaltsneutralen Netzinfrastruktur vereinbar.

268 Die Beteiligung des sich Äußernden an dem Prozeß zwischen Betroffenem und Provider entscheidet darüber, ob der sich Äußernde schon gegen das letztinstanzliche Urteil in diesem Prozess Verfassungsbeschwerde einlegen kann oder erst einen Prozeß gegen seinen Provider anstrengen muß. Auch ohne Beteiligung des Betroffenen kann sich der Provider darauf berufen, die Haftungsgesetze verstießen im Falle der Anwendung auf ihn gegen die Freiheitsrechte des sich Äußernden. Während die Fachgerichte die Unvereinbarkeit einer entscheidungserheblichen Gesetzesauslegung mit Grundrechten Dritter zweifelsfrei zu beachten haben, ist allerdings unklar, ob das Bundesverfassungsgericht die Unvereinbarkeit der Haftung des Providers (allein) mit Grundrechten der Äußernden auf die Verfassungsbeschwerde des Providers hin untersuchen würde (dazu näher oben, VII. 5. b ee, S. 171 f.).

269 Über das von § 66 I ZPO als Interventionsgrund geforderte rechtliche Interesse dürfte der sich äußernde Anschlußinhaber schon mit der Befürchtung eines Regreßanspruchs des Providers verfügen; hingegen scheint ein Streitverkündungsgrund (§ 72 I ZPO) für den Provider aus demselben Anspruch angesichts des Erfordernisses *alternativer* Haftung von Streitverkünder und Streitverkündungsempfänger wenigstens zweifelhaft.

kann es in einem eventuellen Prozeß des sich Äußernden gegen den Provider um die Wiederaufnahme der Durchleitung darauf ankommen, welche Bedeutung der Kontrollklausel zukommt. Beruft der Provider sich darauf, er wolle mit der Sperrung einer (möglichen) gesetzlichen Pflicht nachkommen, liegt der Sperrungs- bzw. Kündigungsgrund der (möglichen) Gesetzespflicht nicht vor und der Durchleitungsanspruch besteht einredefrei fort. Selbst wenn die Haftungsfreiheit der Anschlußprovider gerichtlich erst noch eindeutig zu klären sein sollte, dürfte bis dahin lediglich ein Verschulden des Providers entfallen, ohne daß deshalb die Berufung auf die rechtlich nicht existente Haftung einen Sperrungsgrund begründen könnte. Die Klausel ändert ebenfalls nichts. Soweit sie, was im Falle der Anschlußprovider nahe liegen mag, allein der Durchsetzung anderweitig bestehender inhaltsbezogener Sperrungspflichten im Verhältnis zum Kunden dienen soll, greift sie wegen der Nichtexistenz einer solchen Haftung(smöglichkeit) ins Leere, wenn sie aus diesem Grund nicht sogar nichtig sein sollte (vgl. soeben 1.). Soweit sie über die Umsetzung gesetzlicher Verpflichtungen hinaus und unabhängig von solchen ein eigenständiges Inhaltskontroll- und -bewertungsrecht des Providers begründen soll, kann diese haftungsunabhängige Grundlage nur berücksichtigt werden, wenn der Provider sie als Kündigungsgrund aktiviert. Dann allerdings, wiederum die Gültigkeit einer solchen Vereinbarung unterstellt, verlöre der sich Äußernde den Prozeß ohne Klärung der Haftungsfrage[270]. Es bliebe dann den Betreibern der funktionsgemäß inhaltskontaktlosen Internet-Infrastruktur überlassen, im Rahmen ihrer Klauseln über die Äußerungsfreiheit auf den öffentlichen Datenstraßen zu bestimmen.

270 Das Gericht kann der Frage gesetzlicher Inhaltshaftung des Vermittlungsnetzbetreibers auch im Falle des Obsiegens ausweichen, wenn es zu dem Trick greift, die Äußerung inhaltlich zu prüfen, und dann bspw. „schon“ wegen der Rechtmäßigkeit der Äußerung der Klage stattgibt.

Schluß

Am Anfang stand der Wunsch von Soldaten, ihr Kommunikationsnetz unverwundbar zu machen. Das führte zu einer Datentransportinfrastruktur, in der die militärisch empfindlichen Zentralen in Gestalt der Vermittlungsnetze dümmer, unwichtiger, austauschbarer, die Endgeräte hingegen klüger wurden. Im Zusammenspiel mit der Entwicklung des WorldWideWeb als einer von vielen Anwendungen für diese Netze entstand als Nebenprodukt ein Kommunikations- und Veröffentlichungsweg, der insbesondere mit seiner technischen Effektivität, seiner leichten Verfügbarkeit und seiner doppelten Verbreiterlosigkeit tatsächlich-technische Verbreitungshürden in ungeahntem Ausmaß beseitigt hat und weiter beiseite räumt.

Ob das Internet die Mündigkeit der Menschen im Sinne der Fähigkeit und des Willens zu eigenem Denken und eigenem Urteil fördern oder als perfektioniertes Fernsehen die passive Aufnahme vorgesetzter Weltentwürfe intensivieren wird, ist offen oder nicht offen. Jedenfalls aber ist es höchstens am Rande eine Frage des Rechts. Hingegen stellen das Recht und insbesondere die Äußerungsgrundrechte sicher, daß die rechtliche Mündigkeit der Menschen unter Einschluß des Rechts zu vormundloser öffentlicher Äußerung, die offline aufgrund hoher technischer Kosten Wenigen vorbehalten ist, online nicht dadurch beseitigt wird, dass die inhaltskontaktlosen Betreiber der öffentlichen Datentransportwege für fremde Äußerungsinhalte verantwortlich und so zu Kontrolleuren und Vormündern gemacht werden.

Literatur

Achenbach, Hans, Alte und neue Fragen zur Pressebeschlagnahme, NStZ 2000, 123.

Altenhain, Karsten, Die strafrechtliche Verantwortung für die Verbreitung mißbilligter Inhalte in Computernetzen, CR 1997, 485.

Alternativkommentar zur StPO in 3 Bänden, hrsg. von Rudolf Wassermann, 1998.

Bettermann, Karl August, Die allgemeinen Gesetze als Schranken der Pressefreiheit, JZ 1964, 601.

Bleisteiner, Stephan, Rechtliche Verantwortlichkeit im Internet, 1999.

Borowka, Petra, InterNetworking – Wege zum strukturierten Netzwerk, 2. Aufl. 1998.

Büchner, Wolfgang u. a. (Hrsg.), Beck'scher TKG-Kommentar, 2. Aufl. 2000.

Bullinger, Martin, Ordnung oder Freiheit für Multimediadienste, JZ 1996, 385.

– Multimediale Kommunikation in Wirtschaft und Gesellschaft, ZUM 1996, 749.

– / *Mestmäcker, Ernst-Joachim,* Multimediadienste, 1997.

Conradi, Ulrich / Schlömer, Uwe, Die Strafbarkeit der Internet-Provider, 2. Teil, NStZ 1996, 472.

Cornils, Karin, Der Begehungsort von Äußerungsdelikten im Internet, JZ 1999, 394.

Determann, Lothar, Kommunikationsfreiheit im Internet, 1999.

di Fabio, Udo, Das Recht offener Staaten, 1998.

Engel, Christoph, Inhaltskontrolle im Internet, AfP 1996, 220.

Engel-Flechsig, Stefan / Maennel, Frithjof A. / Tettenborn, Alexander, Das neue Informations- und Kommunikationsdienste-Gesetz, NJW 1997, 2981.

Fiedler, Christoph, Die formale Seite der Äußerungsfreiheit – Zensurverbot und Äußerungsgrundrechte, 1999.

– BVerfGE 7, 198 – Lüth – Freiheitsrechte, Gesetze und Privatrecht am Beispiel des Art. 5 I, II, in: J. Menzel (Hrsg.), Verfassungsrechtsprechung, 2000, S. 97.

Freytag, Stefan, Haftung im Netz – Verantwortlichkeit für Urheber-, Marken- und Wettbewerbsrechtsverletzungen nach § 5 TDG und § 5 MDStV, 1999.

– Providerhaftung im Binnenmarkt – Verantwortlichkeit für rechtswidrige Inhalte nach der E-Commerce-Richtlinie, CR 2000, 600.

Germann, Michael, Gefahrenabwehr und Strafverfolgung im Internet, 2000.

Hein, Mathias, TCP/IP Internet-Protokolle im professionellen Einsatz, 4. Auflage 1998.

Herberger, Maximilian, Internet-Rechtsprechung 1999/2000 – Inhalte und Trends in der Rechtsprechung, NJW 2000, 2082.

Hoeren, Thomas, Anm. zu OLG München, 8.3.2001 – 29 U 3282/00, MMR 2001, 379.

– Anm. zur Verf. d. Generalbundesanwalts v. 26.11.97 – 2 BJs 104/96-4, MMR 98, 97.

– Ist Felix Somm ein Krimineller?, NJW 1998, 2792.

– / *Pichler, Rufus,* Zivilrechtliche Haftung im Online-Bereich, in: U. Loewenheim / F. A. Koch (Hrsg.), Praxis des Online-Rechts, 1998, S. 381.

– / *Sieber, Ulrich* (Hrsg.), Handbuch Multimedia-Recht, Loseblatt, 1999 ff.

Hoffmann-Riem, Wolfgang / Schulz, Wolfgang, Hamburgisches Medienrecht, 1997.

Holznagel, Bernd / Kussel, Stephanie, Möglichkeiten und Risiken bei der Bekämpfung rechtsradikaler Inhalte im Internet, MMR 2001, 347.

Hornig, Michael, Möglichkeiten des Ordnungsrechts bei der Bekämpfung rechtsextremistischer Inhalte im Internet, ZUM 2001, 846.
Isenberg, David, Rise of the stupid Network, 1997, teilw. Abdruck in: Computer Telephony, August 1997, p. 16; vollst. zugänglich über http//www.isen.com (5.10.2001).
– The Dawn of the Stupid Network, ACM Networker 2.1, February/March 1998, p. 24; zugänglich auch über http//www.isen.com (5.10.2001).
Jarass, Hans D. / Pieroth, Bodo, Grundgesetz für die Bundesrepublik Deutschland, Kommentar, 5. Auflage 2000.
Jescheck, Hans-Heinrich / Weigend, Thomas, Strafrecht, Allg. Teil, 5. Aufl. 1996.
Kleinknecht, Theodor / Meyer-Goßner, Karlheinz, Strafprozeßordnung, 44. Aufl. 1999.
Klug, Ulrich, Das Aufstacheln zum Angriffskrieg (§ 80a StGB). Allgemeine und spezielle Interpretationsprobleme, in: Theo Vogler (Hrsg.), Festschrift für Hans-Heinrich Jescheck, 1985, Erster Halbband, S. 583.
Knothe, Matthias, Neues Recht für Multi-Media-Dienste, AfP 1997, 494.
Koenig, Christian / Loetz, Sascha, Sperrungsanordnungen gegenüber Network- und Access-Providern, CR 1999, 438.
Köhntopp, Kristian / Köhntopp, Marit / Seeger, Martin, Sperrungen im Internet, K&R 1998, 25.
Koch, Frank A., Zivilrechtliche Anbieterhaftung für Inhalte in Kommunikationsnetzen, CR 1997, 193.
Kröger, Detlef / Moos, Flemming, Regelungsansätze für Multimediadienste – Mediendienstestaatsvertrag und Teledienstegesetz, ZUM 1997, 462.
Lackner, Karl / Kühl, Kristian, Strafgesetzbuch, 24. Auflage 2001.
Ladeur, Karl-Heinz, Untersagungsanordnungen gegen Btx-Informationsangebote, NJW 1986, 2748.
– Zur Kooperation von staatlicher Regulierung und Selbstregulierung des Internet, ZUM 1997, 372.
– Monitoring and Blocking Illegal Content on the Internet – a German and Comparative Law Perspective, GYIL 41 (1998), 55.
Leipziger Kommentar, Strafgesetzbuch, hrsg. von *Burkhard Jähnke u. a.*, 11. Aufl., Lfg. 34, §§ 73 – 76a, 2000.
Lemke Michael u. a. (Hrsg.), Heidelberger Kommentar zur StPO, 2. Auflage 1999.
Lerche, Peter, Grundrechtsschranken, in: J. Isensee, P. Kirchhof (Hrsg.), Handbuch des Staatsrechts der Bundesrepublik Deutschland, Bd. V, 1992, § 122, S. 775 (zitiert: HbStR V).
Löffler, Martin, Presserecht, 3. Auflage (unter Mitarbeit von *K. E. Wenzel* und *K. Sedlmaier*) 1983; 4. Auflage (bearb. von *H. Achenbach* u. a.) 1997 (zit.: *Bearbeiter,* in: Löffler, Presserecht).
Lohse, Wolfram, Verantwortung im Internet – Eine Untersuchung am Beispiel der Meinungsäußerung, 2000.
Luhmann, Niklas, Die Gesellschaft der Gesellschaft, Teilbd. I, 1997.
Mayer, Patrick G., Das Internet im öffentlichen Recht, 1999.
Möhring/Nicolini, Urheberrechtsgesetz, Kommentar, hrsg. von Käte Nicolini u. Hartwig Ahlberg, 2. Aufl. 2000.

Moritz, Hans-Werner, Anmerkung zum Urteil des AG München v. 28.5.1998 – 8340 Ds 465 Js 173158/95, CR 1998, 505.
Münch, Ingo von (Begr.) / *Kunig, Philip* (Hrsg.), Grundgesetz-Kommentar, Bd. 1, 5. Auflage 2000 (zitiert: v. Münch/Kunig).
Pankoke, Stefan L., Von der Presse- zur Providerhaftung, 2000.
Pelz, Christian, Die strafrechtliche Verantwortlichkeit von Internet-Providern, ZUM 1998, 530.
Pfeiffer, Gerd / Fischer, Thomas, Strafprozeßordnung, Kommentar, 3. Auflage 2001.
Ress, Georg, Menschenrechte, europäisches Gemeinschaftsrecht und nationales Verfassungsrecht, in: H. Haller u. a. (Hrsg.): Staat und Recht, Festschrift für Günther Winkler, 1997, S. 897.
Roßnagel, Alexander (Hrsg.), Recht der Multimediadienste, Loseblatt, 1999 ff.
Schönke/Schröder, Strafgesetzbuch, Kommentar, von *Theodor Lenckner u. a.*, 26. Auflage, 2001.
Schulz, Wolfgang, Jugendschutz bei Tele- und Mediendiensten, MMR 1998, 182.
Sieber, Ulrich, Strafrechtliche Verantwortlichkeit für den Datenverkehr in internationalen Computernetzen (1) und (2), JZ 1996, 429 und 494.
– Kontrollmöglichkeiten zur Verhinderung rechtswidriger Inhalte in Computernetzen (I) und (II), CR 1997, 581und 653.
– Anm. zu AG München, 28.5.1998 – 8340 Ds 465 Js 173158/95, MMR 1998, 438.
– Verantwortlichkeit im Internet – Technische Kontrollmöglichkeiten und multimediarechtliche Regelungen, 1999 (*zitiert:* Verantwortlichkeit).
– Die Bekämpfung von Hass im Internet, ZRP 2001, 97.
Spindler, Gerald, Störerhaftung im Internet, K&R 1998, 177.
– Urheberrecht und Haftung der Provider – ein Drama ohne Ende?, zugl. Anm. zu OLG München, 8.3.2001 – 29 U 3282/00, CR 2001, 324.
– Anmerkung zu OLG Hamburg, 4.11.1999 – 3 U 274/98, MMR 2000, 279.
– Verantwortlichkeit von Diensteanbietern nach dem Vorschlag einer E-Commerce-Richtlinie, MMR 1999, 199.
– Der Entwurf zur Umsetzung der E-Commerce-Richtlinie, ZRP 2001, 203.
Tanenbaum, Andrew S., Computer Networks, 3rd ed. 1996, dt. Ausgabe: Computernetzwerke, 1997.
Tröndle/Fischer, Strafgesetzbuch, erl. von *Thomas Fischer,* 50. Auflage 2001.
Waldenberger, Arthur, Zur Verantwortung von Providern für Urheberrechtsverletzungen im Internet, Anmerkung zu OLG München, 8.3.2001 – 29 U 3282/00, MMR 2001, 378.
Walther, Zur Anwendbarkeit der Vorschriften des strafrechtlichen Jugendmedienschutzes auf im Bildschirmtext verbreitete Mitteilungen, NStZ 1990, 523.
Weber, Adolph Dietrich, Über Injurien und Schmähschriften, 3. Abtheilung, 1800; zitiert nach der 2. Auflage 1811.
Zimmermann, Andreas, Polizeiliche Gefahrenabwehr und das Internet, NJW 1999, 3145.